远望中国发展
十大领域的战略分析

LOOKING FORWARD TO CHINA'S FUTURE

Strategic Analysis of Ten Critical Fields

张国有 ◎ 主编

北京大学出版社
PEKING UNIVERSITY PRESS

图书在版编目(CIP)数据

远望中国发展:十大领域的战略分析/张国有主编.—北京:北京大学出版社,2023.6

(光华思想力书系)

ISBN 978-7-301-33366-2

Ⅰ.①远… Ⅱ.①张… Ⅲ.①中国经济—经济发展—研究 Ⅳ.①F124

中国国家版本馆 CIP 数据核字(2023)第 067995 号

书　　　名	远望中国发展——十大领域的战略分析 YUANWANG ZHONGGUO FAZHAN——SHIDA LINGYU DE ZHANLÜE FENXI	
著作责任者	张国有　主编	
责 任 编 辑	贾米娜	
标 准 书 号	ISBN 978-7-301-33366-2	
出 版 发 行	北京大学出版社	
地　　　址	北京市海淀区成府路 205 号　100871	
网　　　址	http://www.pup.cn	
微信公众号	北京大学经管书苑(pupembook)	
电 子 信 箱	em@pup.cn	
电　　　话	邮购部 010-62752015　发行部 010-62750672 编辑部 010-62752926	
印 刷 者	北京宏伟双华印刷有限公司	
经 销 者	新华书店 720 毫米×1020 毫米　16 开本　21.5 印张　336 千字 2023 年 6 月第 1 版　2023 年 6 月第 1 次印刷	
定　　　价	68.00 元	

未经许可,不得以任何方式复制或抄袭本书之部分或全部内容。

版权所有,侵权必究

举报电话:010-62752024　电子信箱:fd@pup.pku.edu.cn

图书如有印装质量问题,请与出版部联系,电话:010-62756370

前　言

社会主义现代化是中国未来30年发展的国家行动指向。中国未来的发展充满期待、变动、挑战和机遇。本书是一本研究论文集，十多位研究者沉入现实，亲近问题，在多领域对中国未来发展做出指向性的研究，从不同视角发表真知灼见。

例如，中国经济的区域布局将来有什么变化，国家科技政策的重点将来放在哪里，中国制造的母机系统格局将来如何改造，农村农业农民现代化道路如何认识、如何选择，中国中医药健康产业将来如何持续发展，中国的生态足迹处于怎样的状态、有何发展趋势，如何在数字技术基础上改造废弃物处理流程，"一带一路"沿线国家和地区如何发展才能更具持续性，中国经济现代化将展现怎样的愿景，如何将国民经济转向以国民素质为基础的轨道上来，等等。

与本书相关的研究始于北京大学光华管理学院"光华思想力"项目中的"远望15年中国发展研究"课题。该研究的侧重点在于关注国民经济发展的趋势性问题及中央政府干预的重点。中央政府用中央规划的方式来组织和协调国民经济的发展。从1953年开始，我国已实施十三个五年计划或规划，目前正在实施第十四个五年规划。"远望15年中国发展研究"主要以三个五年规划为远望周期，选择关键议题，进行战略分析。为什么要远望未来，因为未来充满了我们过去熟悉但将来陌生的问题，因为未来是国家、企业、家庭等生存和更好地生存的延续。

个人、家庭、企业、社团、政府、政党、国家，这些人类的个体及群组，无论构成形态如何，其目标都是生存和更好地生存。人类赖以生存的地球，自身并无知觉,人类将"未来"加给了地球,于是有了"智慧地球"的期待。地球上的植物、动物、无生命物,都被人类这种高等动物赋予了未来的意义,于是有了地球的足迹,有了碳协议、碳达峰、碳中和。人类还制造出机器人,来承担其不愿做、做不了、做不好的事情。机器人延续着人类文明。

地球上的人类群组都在不同的层次设想没有到来的时间里那些没有到来的事情。什么时候将发生什么事情?我们要不要做这样的事情?做这样的事情对生存和更好地生存是否有利?……这些问题人类不能不面对,不能不对此有所作为。如果不作为,人类的生存和更好地生存就将受到威胁。有人说,人类是趋于消亡的,但人类所做的一切都是为了避免消亡,并且使自己尽可能健康快乐。

如今,我们面临的是信息社会中的数字技术时代。以后的远望周期将越来越多地遇到因数字技术而得以重塑的各种问题。在远望过程中,我们将持续地想象未来、创造未来、经营未来。现在面临的是数字技术,虚拟空间,智能机器人,无人工厂,没有管理者的管理,以及星空通信、探索与旅行。无论你是否喜欢,未来的场景都在一步步靠近我们。

例如,建设起一个又一个相互关联并能自由穿梭的虚拟社区,在其中生活和工作。人们用虚拟现实的头盔、增强现实的眼镜、智能手机或更新的沉浸式工具在虚拟社区里交往、办公、游乐,去看虚拟戏剧,去听虚拟音乐会,在线欣赏艺术作品,进行艺术品创作,在线试穿服装;还可进入虚拟办公室,坐在一起讨论问题,进行网上办公。这样的未来场景,你喜欢吗?这样的未来场景,有什么问题吗?[①]

又如,建设不同的数字态观光旅游平台,人们除实地旅游以外,还可线上自由观光。资料显示,截至2021年8月,进入世界遗产名录的世界遗产共有1 154项,其中世界文化遗产有897项。若将实地旅游的目标设定为世界文化遗产,假定平均15天游览一项,就得37年。这样的实地旅游,世上很难有人能够做到,但数字态观光旅游平台可以实现。将来人们可以使用数字

[①] 关于该问题的思考源于《什么是"元宇宙"?它将如何运转?》,参考消息网,2021年10月30日。

技术工具在线观赏鹿特丹的风车村、莫斯科的克里姆林宫、印度的泰姬陵、埃及的金字塔、美国的独立大厅、澳大利亚的卡尔顿园林等；可以用数字孪生技术还原不复存在的文化遗产，如北京的圆明园、希腊罗得斯岛的太阳神巨像、伊拉克的巴比伦空中花园等；还能创造出太空三维全景式视觉效果，线上访问国际空间站，越过月球、土星或系外行星，飞向更遥远的星空。①这些未来场景，你期待吗？

再如，自动驾驶的数字技术将成为汽车构成中的关键部分，汽车进入"数字技术驱动"时代。客户购买汽车时可以自己决定配有哪些装备，有的汽车企业在新车上已经装备好自动驾驶所需的硬件，如摄像头、传感器等，但需要什么样的自动驾驶服务，取决于另外购买什么样的服务软件。客户若订购自动驾驶系统，有的欧洲汽车企业则要收取199美元/月的费用。汽车电池的容量是额定的，若超过，则需另外付费。将来的汽车企业看起来更像是经营数字技术的企业，汽车只是数字技术的应用场景而已。大众汽车集团预测，21世纪20年代末，软件收入将成为集团第二大收入支柱，2030年与软件相关的销售额将达到1.2万亿美元。②如果你是汽车制造商或经销商，对这样的未来设想，有何感触？

还有，未来医学将不再是基于疾病的治疗医学，而是基于健康的健康医学。中医药有个宗旨，就是"治未病"，这是中华民族坚守了两千余年贡献给人类的基本理念。现在，西医药专家越来越深刻地认识到，现代医学专注于治疗疾病，努力治愈疾病，或改善病情，尽力避免变坏；未来的目标是保持健康、提高功能，尽力变得更好，让人享受得更多。在保证健康的前提下，有病才治病，而不是为了治病建造医院或实现盈利。现在的技术可以远程诊断、治疗以及进行健康咨询；按照患者的治疗需要，人工制造骨骼、气管、肠道等；而手机将成为一个能够持续记录健康参数并在身体出现异常时做出反应的"器官"。③面对这种趋势，你将作何感想？

---

① 关于该问题的思考源于《美媒："虚拟现实宇宙"欢迎你》，参考消息网，2021年10月31日。
② 关于该问题的思考源于《德媒文章：数字汽车的未来从现在开始》，参考消息网，2021年10月31日。
③ 关于该问题的思考源于《2061年的世界什么样？要长寿更要享受》，参考消息网，2021年10月24日。

上述的未来场景还有很多。远望它们有什么用呢？关键在于这些未来场景能否牵引现在的发展。如果这些未来场景与现在无关，那就无用；如果有关，那就有用。如果能从未来场景中受到启迪、提出一些问题，例如，现在的业务要不要往这个方向发展？如果要，有这个能力吗？如果特别想往这个方向发展，能力不够怎么办？……如此，远望未来就有了其牵引作用。问题在于，远望未来，能望多远？是未来3年、5年、8年、15年，还是30年、45年、100年？远望是为了今天的生存，远望的能力将影响今天的判断和决策。

举个黑马系列的例子。将黑马排列起来，近处的黑马比较大，看得比较清楚；远处的黑马比较小，看得不大清楚。越往远看，黑马就越来越小，越来越看不清楚，看上去就不像马了，而是像狗、像猫、像老鼠，最后看上去就是个黑点。这里，每一匹黑马，在战略上都被看作一个梯阶。从大黑马到小黑点，假设有二十余个梯阶，那么，远望就会引发三个问题：第一，从第一匹大黑马往远看，你能看得到、看得清、看得准的是哪些梯阶？第二，你看不到、看不清、看不准的又是哪些梯阶？第三，你将对哪些梯阶的问题做出判断和决策？

三个问题中，比较难的就是对于那些看不到或看不清或看不准的梯阶，要想办法看得到、看得清、看得准；更难的是要在看不到、看不清、看不准的情况下，对那些梯阶的问题做出判断和决策。这些判断和决策将影响今天的业务行为。这就是战略牵引作用。

在看不到、看不清、看不准的梯阶上，还要进行判断和决策。怎么办？这就需要人们在以往的事实和数据的基础上进行谋划、推论、推测，甚至猜测。这些行为就取决于人的经历、经验、学识、悟性、才智，取决于从别处学习、比较、借鉴的能力，进而进行有根据的判断或无根据的猜测，并承担由此所带来的所有收获与风险。每个人、每家机构都在力求进行更有价值的远望。

本书既是战略研究，又是对策建议，同时还是用以探讨和争论的文本。今后，我们将进一步沉入现实，亲近问题，远望未来，倾力求解，继续做好战略性研究。

张国有

2023年5月

目 录
CONTENTS

着眼未来,改善经济空间格局,促进区域协调发展
………………………………………………………… 李国平 001

未来中国科技发展的某些战略构思
………………………………… 张国君 侯 锐 郭传杰 034

高端制造:机床产业的态势及中国高档数控机床的发展方向
………………………………………………………… 苏 铮 047

发展合作共有制经济,促进农业农村现代化
………………………………………………………… 王曙光 105

以康养民众为宗旨,促进中医药产业的持续发展
——以甘肃为例进行中医药产业链发展分析
……………… 张国有 韩晶岩 金 华 蒲永杰 陈映龙 139

可持续发展:中国的生态足迹及其趋势
………………………………………………………… 王会东 164

环境治理:废弃物处理流程的数字化改造
——以危险废物收集处理为例进行的思考
………………………………………………………… 张国有 185

持续发展"一带一路"上的国际经贸合作区
………………………………………………………… 武常岐 212

面向 2035：经济现代化的思考

　　……………………………………………………… 武亚军　235

国家战略：将"发展教育，增强国民素质"作为第一国策

　　……………………………………………………… 张国有　272

十个领域未来发展的战略关注点

　　……………………………………………………… 张国有　291

后　记 ………………………………………………………… 335

着眼未来,改善经济空间格局,促进区域协调发展[*]

李国平[①]

进入 21 世纪,我国经济已由高速增长阶段转向高质量发展阶段,正处在转变发展方式、优化经济结构、转换增长动力的时期,社会主要矛盾已经转化为人民日益增长的美好生活需要和不平衡不充分的发展之间的矛盾。

着眼未来,我国经济空间结构演化面临新的影响因素和外部环境。首先,经过多年的经济快速发展和空间结构的演进,我国一些地方已经开始面临城市劳动力供给短缺的问题,这将推进经济空间结构发展转为区域劳动力有限供给条件下的空间结构。其次,驱动地区经济增长的因素已经从自然禀赋等第一性地理因素转变为以规模经济、专业化分工以及知识要素为主导所形成的新空间集聚等第二性地理因素。最后,尽管当前全球经济增长速度放缓,贸易保护主义猖獗,经济全球化遭遇逆流,我国已经开始构建"以国内大循环为主体、国际国内双循环相互促进"的新发展格局,但我国经济与世界经济的互动性仍将越来越强。随着"一带一路"建设不断推进以及全国各地新一轮基础设施的投资和建设,我国在对外贸易、交通和通信等方面也获得了长足发展,全国高速铁路建设方兴未艾,贸易成本和运输成本不断下降,势必影响未来我国经济空间结构的演化过程。

目前,我国经济空间结构发展也面临一系列突出问题,其中最为综合的表现是区域分化现象突出,部分地区在全国经济发展中地位下降过快,空间

---

[*] 部分内容在北京大学远望 15 年中国发展座谈会上做过交流。

[①] 李国平,北京大学政府管理学院教授,北京大学首都发展研究院院长,北京大学首都高端智库首席专家。

发展格局又开始出现明显的不平衡。因此,如何重塑和改善经济空间格局与国土开发结构,重振北方地区特别是东北地区和西北地区经济,实现全国经济均衡和可持续发展,是今后一个时期我国区域经济发展与政策研究的核心命题。

一、中国区域经济空间结构演变态势及其问题

中华人民共和国成立七十余年来特别是改革开放四十余年来,我国经济空间结构发生了很大变化,呈现出从东部沿海率先发展的非均衡发展向东、中、西部相对均衡发展的转变,但近年来东北地区占全国的经济份额快速下降,区域相对均衡发展态势发生了明显的逆向变化。

(一)中国区域经济空间结构演变态势

改革开放之前,我国实施向内地倾斜、均衡布局的区域发展战略,形成了沿海和内地两大板块的经济空间格局。改革开放之后,由于实施东部沿海地区优先发展的战略,我国区域经济总体呈现出不均衡的增长格局,区域差距不断扩大(见图1、图2)。

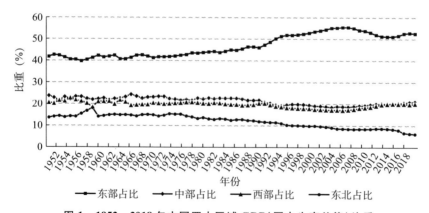

图1 1952—2018年中国四大区域GDP(国内生产总值)比重

资料来源:根据国家统计局官网资料整理分析。

2000年以来,国家先后实施了西部大开发、东北地区等老工业基地振兴、中部崛起等旨在缩小区域差异的区域发展战略,使得我国区域间差距呈

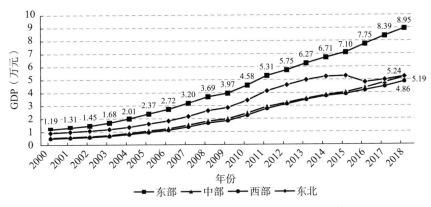

图 2　2000—2018 年中国四大区域人均 GDP 增长情况

资料来源：根据国家统计局官网资料整理分析。

现缩小态势，区域发展格局从东部沿海率先发展的非均衡发展逐步向东、中、西部相对均衡发展转变，中部、西部地区占全国的经济份额近些年来都保持增长态势，与东部沿海地区的差距逐渐缩小。从 2018 年中国各省区市①经济份额也可以看出，我国沿海地区和中部地区经济份额比较大。

中国经济空间格局的变化呈现出明显的阶段性特征。根据分省区市的基尼系数可以看出，2000—2017 年，中国区域经济总体呈现出不均衡的增长格局，区域差距持续扩大，到 2006 年达到峰值；2006—2014 年，中国区域间差距开始呈现缩小的趋势；但 2014 年之后，区域差距又有所扩大（见图 3）。

图 3　2000—2017 年中国分省区市的基尼系数

---

①　若无特殊说明，本书所指的中国各省区市均指 31 个省（自治区、直辖市）和新疆生产建设兵团，不包括港、澳、台地区。

据此,可将2000—2017年中国区域经济格局演化分为三个阶段:2000—2006年、2006—2014年、2014—2017年。三个阶段中,东部、中部、西部和东北地区以及31个省区市的经济份额发生了很大变化(见表1)。东部地区的经济份额在2000—2006年有所上升、2006—2014年有所下降,但2014—2017年又有所增加。中部地区的经济份额在2000—2006年有所下降,但在2006—2014年与2014—2017年都有所增加。西部地区的经济份额在第一阶段下降,第二阶段上升,第三阶段又有所下降。但东北地区三个阶段的经济份额均持续下降。

表1 中国各地区和各省区市经济份额分阶段变动情况

地区	经济份额变动(%)		
	2000—2006年	2006—2014年	2014—2017年
东部	**2.04**	**−4.34**	**1.71**
北京	0.28	−0.37	0.19
天津	0.19	0.38	−0.11
河北	−0.19	−0.63	−0.28
上海	−0.30	−1.10	0.17
江苏	0.67	0.17	0.63
浙江	0.53	−0.88	0.24
福建	−0.56	0.26	0.28
山东	0.95	−0.72	−0.11
广东	0.53	−1.51	0.68
海南	−0.08	0.05	0.02
中部	**−0.48**	**1.59**	**0.57**
山西	0.22	−0.23	−0.03
安徽	−0.32	0.42	0.14
江西	0.04	0.23	0.07
河南	0.19	−0.20	0.15
湖北	−0.32	0.73	0.19
湖南	−0.30	0.65	0.05

（续表）

地区	经济份额变动(%)		
	2000—2006年	2006—2014年	2014—2017年
西部	**-0.15**	**2.85**	**-0.28**
内蒙古	0.56	0.47	-0.70
广西	-0.07	0.25	-0.10
重庆	-0.10	0.41	0.21
四川	-0.25	0.44	0.20
贵州	-0.04	0.35	0.25
云南	-0.33	0.16	0.06
西藏	0.01	0.01	0.02
陕西	0.21	0.55	0.00
甘肃	-0.09	0.02	-0.12
青海	0.01	0.06	-0.03
宁夏	0.01	0.09	0.00
新疆	-0.07	0.05	-0.07
东北	**-1.40**	**-0.10**	**-1.99**
辽宁	-0.74	0.19	-1.42
吉林	-0.14	0.18	-0.25
黑龙江	-0.53	-0.47	-0.32

资料来源：根据国家统计局官网的省区市数据加工而来。

三个阶段各省区市经济份额的变化反映了中国经济空间格局的演化。2018年东部地区占全国经济的份额高达52.58%（见图4），但是从变动趋势来看（见图5），2010—2018年间东部地区的经济份额下降了0.51个百分点，三次产业部门增加值占全国的份额均呈现下降趋势，其中第三产业下降最为显著，降幅达2.80个百分点。与此同时，东北地区的经济下滑严重，2018年GDP占全国的份额仅为6.20%。中部、西部地区占全国的经济份额在不断上升，2018年比2010年分别上升了1.36和1.52个百分点，与东部地区的差距在不断缩小。

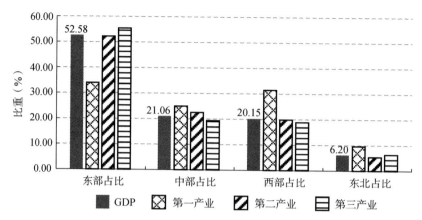

图 4　2018 年我国四大区域 GDP 及三次产业增加值占全国的份额

资料来源：根据国家统计局官网资料整理分析。

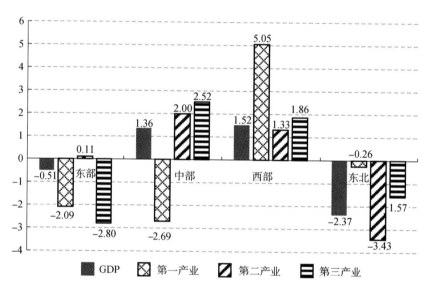

图 5　2010—2018 年我国四大区域 GDP 及三次产业增加值占全国的份额变动

资料来源：根据国家统计局官网资料整理分析。

（二）中国区域经济空间结构演变中的问题

1. 近年来区域增长分化明显，"三北"经济增长乏力，区域差异有扩大趋势

区域经济增长分化问题仍然突出，南北经济增速差距明显。2010—2018

年,以贵州、重庆为代表的西南地区经济增速最快,而东北、华北以及西北("三北")地区经济增长乏力,这些地区的绝大多数省区市经济占全国的份额都在下降(见图6),其中辽宁的经济下滑最为突出,2010—2018年经济份额下降了1.46个百分点。

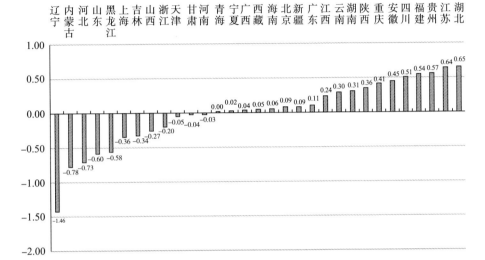

图6　2010—2018年我国各省区市GDP占全国的份额变动

资料来源:根据国家统计局官网资料整理分析。

2014年以来经济份额下降的省区市,除广西外,大多属于"三北"地区,包括河北、黑龙江、天津、山东、山西、内蒙古、青海、广西、甘肃、新疆、辽宁、吉林。

2000年以来,以东部、中部、西部和东北四大区域计算的区位基尼系数经历了上升、下降、再上升的过程,新的一轮上升始于2013年,已经从2013年的0.426上升到2018年的0.467,主要原因是东北地区占全国的份额下降(见图7)。若不控制东北地区、西北地区及其所属省区经济下行,区域差距可能会拉大。今后,有必要加大对东北、西北等地区的政策倾斜力度,以遏制会大概率出现的区域差距进一步扩大问题。

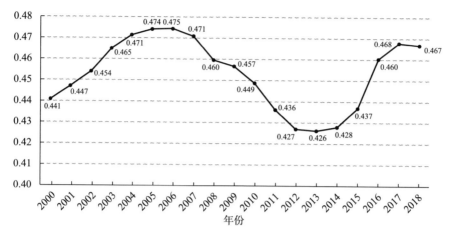

图7　2000—2018年以我国四大区域层面计算的区位基尼系数①

资料来源：根据国家统计局官网资料整理分析。

2. 中国区域经济增长已经呈现出从"东快西慢"的东西差距转化为"南快北慢"的南北分化

近年来，我国区域经济增长出现南北分化，北方经济增长相对比较慢，所占份额持续下降（见图8）。② 根据对南北方的划分，南方地区15个省区市的经济份额从2012年的56.99%增加到2018年的61.36%，北方地区16个省区市的经济份额却从43.01%下降到38.64%，下降了4.37个百分点。习近平总书记在《推动形成优势互补高质量发展的区域经济布局》一文中总结区域经济发展的新形势时指出，全国经济重心进一步南移。③ 显然，如何重振北方经济，促进中国经济空间结构向更加均衡的方向发展，已经成为今后我国区域协调发展的重要课题。

---

① 区位基尼系数计算公式为 $\text{Gini} = \dfrac{1}{2(N-1)} \sum\limits_{i=1}^{N} \sum\limits_{j=1}^{N} |\lambda_i - \lambda_j|$，式中，$\lambda_i$ 和 λ_j 分别为 i 省区市和 j 省区市地区生产总值占当年GDP的比重；N 为省区市的数量。

② 本文的南、北方地区划分为：南北以秦岭—淮河为界，东西以胡焕庸线为界，秦岭—淮河以南、胡焕庸线以东地区为南方地区，其余为北方地区。具体为：湖北、湖南、江西、安徽、江苏、上海、浙江、福建、广东、海南、云南、贵州、四川、重庆、广西15个省区市为南方地区，北京、天津、河北、山西、河南、山东、辽宁、吉林、黑龙江、内蒙古、宁夏、甘肃、陕西、西藏、青海、新疆16个省区市为北方地区。

③ 习近平：《推动形成优势互补高质量发展的区域经济布局》，求是网，2019年12月15日。

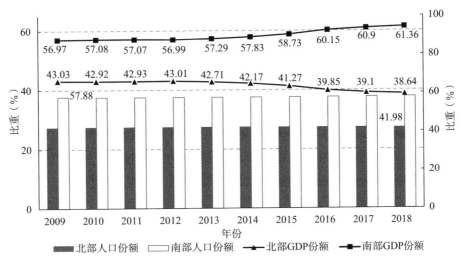

图 8　2009—2018 年南北地区人口与 GDP 份额变化

资料来源：根据国家统计局官网资料整理分析。

2014—2017 年，我国南方地区的 15 个省区市除广西外，经济占全国的份额均上升，其中广东上升最多，达 0.68 个百分点，其次为江苏，上升了 0.63 个百分点。我国北方地区的 16 个省区市除北京、河南、西藏份额增加，陕西、宁夏持平外，其他省区市份额均下降，其中，辽宁下降最多，达 1.42 个百分点（见表 2）。

表 2　中国南、北方各省区市经济份额变动情况

地区			经济份额变动（%）		
			2000—2006 年	2006—2014 年	2014—2017 年
南方地区	东南地区	上海	−0.30	−1.10	0.17
		江苏	0.67	0.17	0.63
南方地区	东南地区	浙江	0.53	−0.88	0.24
		福建	−0.56	0.26	0.28
		广东	0.53	−1.51	0.68
		海南	−0.08	0.05	0.02
		安徽	−0.32	0.42	0.14
		江西	0.04	0.23	0.07
		湖北	−0.32	0.73	0.19
		湖南	−0.30	0.65	0.05

（续表）

地区			经济份额变动(%)		
			2000—2006年	2006—2014年	2014—2017年
南方地区	西南地区	重庆	-0.10	0.41	0.21
		四川	-0.25	0.44	0.20
		贵州	-0.04	0.35	0.25
		云南	-0.33	0.16	0.06
		广西	-0.07	0.25	-0.10
北方地区	华北地区	北京	0.28	-0.37	0.19
		天津	0.19	0.38	-0.11
		河北	-0.19	-0.63	-0.28
		山东	0.95	-0.72	-0.11
		山西	0.22	-0.23	-0.03
		河南	0.19	-0.20	0.15
	西北地区	内蒙古	0.56	0.47	-0.70
		西藏	0.01	0.01	0.02
		陕西	0.21	0.55	0.00
		甘肃	-0.09	0.02	-0.12
		青海	0.01	0.06	-0.03
		宁夏	0.01	0.09	0.00
		新疆	-0.07	0.05	-0.07
	东北地区	辽宁	-0.74	0.19	-1.42
		吉林	-0.14	0.18	-0.25
		黑龙江	-0.53	-0.47	-0.32

资料来源：根据国家统计局官网的省区市数据加工而来。

注：南方地区再细分为东南、西南地区，北方地区再细分为华北、西北、东北地区，具体在下文中有详细阐述。

二、 导致中国区域经济空间结构变化及其问题的主要原因

经济空间结构变化是多种影响因素共同作用的长期结果。既有自然地理（包括自然条件、自然资源和区位因素等）这样的第一性因素，也有规模经

济、外部经济、分工与专业化等空间集聚这类第二性因素。不仅有土地、资本、劳动力这些传统的经济增长因素,还有知识、人才等新经济增长因素。自然与区位条件、产业结构特征、人口、劳动力和消费市场、交通基础设施及其可达性、科技创新能力以及区域政策等因素变化直接影响了我国区域经济空间结构的变化。

(一)自然与区位条件的影响

从自然条件来看,我国地形西高东低,呈现出三大阶梯,大的方面分为三大自然区,分别为东部季风区、西北干旱区和青藏高原区。西北干旱区和青藏高原区基本上都在胡焕庸线①以西地区,东部季风区基本上都在胡焕庸线以东地区,东部、中部以及东北地区的大部分都在胡焕庸线以东地区。我国属于大陆性季风气候,东北、西北和青藏高原地区冬季寒冷也对宜居水平以及冬季生产活动产生了很大的影响。

从自然资源来看,我国北方地区的能源和矿产资源相对比较丰富,石油、天然气、煤炭和铁矿等主要能源主要分布在"三北"地区,其中石油主要分布在新疆、黑龙江和陕西,天然气主要分布在四川、新疆和内蒙古,煤炭主要分布在山西和内蒙古,而铁矿主要分布在辽宁、四川和河北。这种资源分布使得中国北方地区依托于能源和矿产资源开发,较早地开始了工业化,形成了集中的老工业基地以及资源型城市,也导致这些地区成为结构调整和转型压力相对比较大的地区。

区位条件主要反映某地距离主要市场包括国际市场的距离以及可达性。显然,我国沿海地区具有好的区位条件,改革开放以来实施的沿海开放战略也是考虑到区位条件,重点支持东部地区率先发展的。综合来看,我国东部地区、中部地区以及西部地区中的西南地区经济增长较快,东北地区和西北地区地位出现下降,这在一定程度上是因为受到了自然和区位条件的较大影响。

---

① 胡焕庸线即指从黑龙江的瑷珲到云南腾冲的一条线,为中国人口地理分界线(中国科学院国情分析研究小组根据2000年资料统计分析,胡焕庸线东南侧以占全国43.18%的国土面积集聚了全国93.77%的人口和95.70%的GDP)。

(二)产业结构与产业竞争力因素的影响

1. 2000 年以来,影响经济份额下降省区市的主导因素

区域经济格局演化与区域产业结构演进以及区域产业优势变迁密切相关。将 2000—2006 年、2006—2014 年和 2014—2017 年三个阶段各区域经济占全国份额的变动分解为三个分量,即反映产业结构效应的结构偏离分量(Industry Mix Effect,IM)、反映区域竞争力的区域(或竞争)偏离分量(Competitive Effect,CE)以及反映产业结构与区域竞争力之间相互作用的分配偏离分量(Allocation Effect,AE),重点关注经济份额呈现下降趋势的 12 个省区市,分阶段分析其经济份额的变动是由结构效应主导还是由竞争效应主导。将各效应分解为 8 个行业分量,分析哪些行业的变动影响较大。

2000—2006 年,这 12 个省区市中广西和新疆经济份额的变化主要由结构效应导致,而甘肃、辽宁、吉林、天津、山东、山西、内蒙古、青海、河北和黑龙江的经济份额变化主要源自竞争效应(见表 3)。

表 3 2000—2006 年 12 个省区市经济份额变动及效应分解

地区	经济份额变动(%)	IM	CE
广西	-0.070	**-0.099**	0.139
甘肃	-0.089	-0.017	**-0.064**
新疆	-0.074	**-0.048**	-0.001
辽宁	-0.736	0.097	**-0.675**
吉林	-0.142	-0.055	**-0.097**
天津	0.192	0.064	**0.103**
山东	0.955	0.046	**0.853**
山西	0.224	0.009	**0.204**
内蒙古	0.563	-0.077	**0.718**
青海	0.011	-0.003	**0.023**
河北	-0.187	-0.027	**-0.140**
黑龙江	-0.526	0.089	**-0.504**

资料来源:根据国家统计局官网的省区市数据加工而来。

进一步分别将结构效应和竞争效应分解成行业分量(见表4),可以看出,2000—2006年,广西和新疆的结构效应主要受工业影响;甘肃的竞争效应主要受其他行业影响,而辽宁、吉林、天津、山东、山西、内蒙古、青海、河北和黑龙江的竞争效应受工业影响最大。

表4 2000—2006年12个省区市经济份额变动及效应分解

地区	IM	CE	农林牧渔业	工业	建筑业	批发零售和住宿餐饮业	交通运输、仓储和邮政业	金融业	房地产业	其他行业
广西	**−0.099**	0.139	0.171	**−0.230**	−0.003	0.057	−0.004	−0.057	−0.031	−0.003
甘肃	−0.017	**−0.064**	0.006	−0.002	−0.011	−0.022	0.016	−0.016	−0.009	**−0.027**
新疆	**−0.048**	−0.001	0.058	**−0.131**	0.037	−0.040	0.031	−0.014	−0.029	0.039
辽宁	0.097	**−0.675**	0.072	**−0.595**	0.015	−0.106	−0.014	0.032	0.019	−0.097
吉林	−0.055	**−0.097**	0.007	**−0.042**	0.000	−0.014	−0.021	−0.021	−0.024	0.018
天津	0.064	**0.103**	−0.025	**0.063**	0.011	0.035	−0.001	0.037	0.003	−0.019
山东	0.046	**0.853**	0.031	**0.624**	0.027	0.097	0.130	−0.049	0.003	−0.010
山西	0.009	**0.204**	−0.011	**0.205**	0.009	0.011	0.028	−0.022	−0.015	−0.001
内蒙古	−0.077	**0.718**	0.018	**0.394**	0.050	0.063	0.039	0.020	0.029	0.104
青海	−0.003	**0.023**	0.001	**0.031**	0.000	−0.002	−0.001	−0.003	−0.002	−0.001
河北	−0.027	**−0.140**	0.047	**−0.141**	−0.035	−0.051	0.090	−0.041	0.093	−0.102
黑龙江	0.089	**−0.504**	0.067	**−0.377**	−0.029	−0.072	−0.008	0.023	−0.049	−0.060

资料来源:根据国家统计局官网的省区市数据加工而来。

注:表中对广西和新疆的结构效应进行了行业分解,对其他省区的竞争效应进行了行业分解。

2006—2014年,这12个省区市经济份额的变化都主要受竞争效应影响(见表5)。

表 5　2006—2014 年 12 个省区市经济份额变动及效应分解

地区	经济份额变动（%）	IM	CE
广西	0.252	−0.026	**0.380**
甘肃	0.021	−0.012	**0.036**
新疆	0.047	−0.014	**0.051**
辽宁	0.187	−0.001	**0.208**
吉林	0.181	−0.019	**0.247**
天津	0.381	0.019	**0.315**
山东	−0.722	−0.181	**−0.359**
山西	−0.231	−0.020	**−0.131**
内蒙古	0.473	−0.036	**0.532**
青海	0.058	0.003	**0.057**
河北	0.626	−0.132	**−0.563**
黑龙江	−0.470	−0.075	**−0.265**

资料来源：根据国家统计局官网的省区市数据加工而来。

进一步将竞争效应分解成行业分量（见表 6），可以看出，2006—2014 年，广西、辽宁、吉林、山东、山西、内蒙古、青海、河北和黑龙江的竞争效应主要受工业影响，新疆的竞争效应主要受房地产业影响，甘肃的竞争效应主要受金融业影响，而天津的竞争效应主要受其他行业影响。

表 6　2006—2014 年 12 个省区市经济份额变动及效应分解

地区	CE	农林牧渔业	工业	建筑业	批发零售和住宿餐饮业	交通运输、仓储和邮政业	金融业	房地产业	其他行业
广西	**0.380**	−0.007	0.338	0.043	−0.028	0.029	0.040	0.003	−0.039
甘肃	**0.036**	0.011	−0.014	0.011	0.001	−0.014	0.024	0.003	0.014
新疆	**0.051**	0.023	−0.028	0.016	−0.001	0.014	0.004	0.022	0.002
辽宁	**0.208**	0.009	0.268	0.006	−0.053	0.018	−0.014	0.037	−0.063

（续表）

地区	CE	农林牧渔业	工业	建筑业	批发零售和住宿餐饮业	交通运输、仓储和邮政业	金融业	房地产业	其他行业
吉林	**0.247**	-0.010	**0.321**	0.005	-0.037	-0.007	-0.013	0.009	-0.022
天津	**0.315**	-0.037	0.122	0.007	0.021	0.001	0.057	0.015	**0.129**
山东	**-0.359**	-0.052	**-0.672**	-0.069	0.317	-0.077	-0.002	0.032	0.164
山西	**-0.131**	0.037	**-0.158**	-0.011	-0.018	-0.023	0.003	0.067	-0.028
内蒙古	**0.532**	0.008	**0.381**	0.006	0.045	0.027	0.039	0.008	0.017
青海	**0.057**	0.007	**0.037**	0.005	0.005	0.000	0.008	0.001	-0.006
河北	**-0.563**	-0.008	**-0.202**	-0.058	-0.073	0.018	-0.026	-0.012	-0.201
黑龙江	**-0.265**	0.099	**-0.454**	-0.034	0.035	-0.022	0.142	0.000	-0.031

资料来源：根据国家统计局官网的省区市数据加工而来。

2014—2017年，这12个省区市中山东和河北经济份额的下降由结构效应主导，广西、甘肃、新疆、辽宁、吉林、天津、山西、内蒙古、青海、黑龙江经济份额的下降主要源自竞争效应（见表7）。

表7　2014—2017年12个省区市经济份额变动及效应分解

地区	经济份额变动(%)	IM	CE
广西	-0.103	-0.039	**-0.092**
甘肃	-0.118	0.008	**-0.140**
新疆	-0.071	-0.006	**-0.073**
辽宁	-1.420	-0.049	**-1.355**
吉林	-0.253	-0.044	**-0.184**
天津	-0.108	0.025	**-0.155**
山东	-0.110	**-0.093**	-0.043
山西	-0.032	-0.001	**-0.037**
内蒙古	-0.697	-0.066	**-0.602**

（续表）

地区	经济份额变动(%)	IM	CE
青海	−0.027	−0.002	**−0.028**
河北	−0.284	**−0.127**	−0.088
黑龙江	−0.320	−0.006	**−0.394**

资料来源：根据国家统计局官网的省区市数据加工而来。

进一步将竞争效应分解成行业分量（见表8），可以看出，2014—2017年，广西、甘肃、新疆、辽宁、吉林、天津、山西、内蒙古、青海、黑龙江的竞争效应主要受工业影响，山东和河北的结构效应主要受其他行业影响。

表8　2014—2017年12个省区市经济份额变动及效应分解

地区	IM	CE	农林牧渔业	工业	建筑业	批发零售和住宿餐饮业	交通运输、仓储和邮政业	金融业	房地产业	其他行业
广西	−0.039	**−0.092**	0.020	**−0.096**	0.006	−0.008	0.007	−0.003	0.004	−0.022
甘肃	0.008	**−0.140**	−0.009	**−0.101**	−0.003	−0.004	−0.007	0.002	−0.010	−0.009
新疆	−0.006	**−0.073**	−0.003	**−0.029**	0.006	0.006	0.009	−0.022	−0.014	−0.026
辽宁	−0.049	**−1.355**	−0.072	**−0.699**	−0.040	−0.059	−0.053	−0.033	−0.069	−0.330
吉林	−0.044	**−0.184**	−0.050	**−0.096**	−0.017	−0.009	−0.004	0.005	−0.017	0.005
天津	0.025	**−0.155**	−0.035	**−0.089**	−0.019	−0.006	−0.012	−0.013	−0.002	0.020
山东	**−0.093**	−0.043	−0.029	0.161	−0.047	0.289	−0.060	−0.184	−0.024	**−0.199**
山西	−0.001	**−0.037**	−0.020	**−0.020**	−0.001	−0.014	0.007	−0.001	−0.007	0.019
内蒙古	−0.066	**−0.602**	−0.011	**−0.375**	−0.025	−0.033	−0.041	0.005	−0.038	−0.084
青海	−0.002	**−0.028**	0.001	**−0.030**	0.002	−0.002	0.001	0.001	−0.002	0.002
河北	**−0.127**	−0.088	0.126	0.181	−0.030	−0.113	0.150	−0.090	−0.034	**−0.316**
黑龙江	−0.006	**−0.394**	0.010	**−0.281**	−0.027	−0.006	−0.004	−0.018	−0.025	−0.042

资料来源：根据国家统计局官网的省区市数据加工而来。

注：表中对山东和河北的结构效应进行了行业分解，对其他省区市的竞争效应进行了行业分解。

2. 第二产业发展缓慢是导致部分省区市经济份额下降的主要因素

我国第二产业布局比较集中。2018年,广东、江苏和山东三个省第二产业增加值占全国的份额分别为10.81%、10.96%和8.94%,占比加起来近1/3。近年来,辽宁、黑龙江、内蒙古、山东等省区第二产业发展缓慢,份额下降过快(见图9),主要原因是第二产业内部结构调整缓慢导致的竞争力下降,作为未来经济增长主要驱动力的高技术制造业仍主要集中在广东、江苏等工业发达省份。

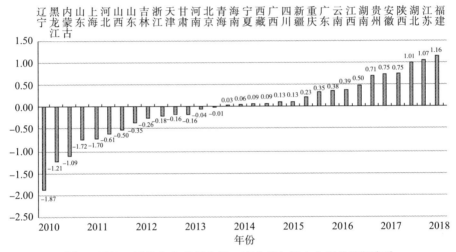

图9 2010—2018年各省区市第二产业增加值占全国的份额变动

资料来源:根据国家统计局官网资料整理分析。

3. 高技术制造业发展滞后是导致部分省区市第二产业竞争力下降的主要因素

从不同类型工业增加值规模的空间分布来看,广东、江苏、山东三个沿海省份处于工业发展第一梯队,其中江苏在资本密集型和技术密集型行业处于领先地位,而山东则在劳动密集型和资源密集型行业上的发展规模最大。处于第二梯队的则是河南、浙江、湖南、湖北、河北等东中部省份;西部地区仅有四川、内蒙古、重庆三省区市挤进了各类型工业份额前九位,且排名靠后;东北三省在各类型工业中发展规模均处于中下游,没有一个省份进入各类型工业份额前九位(见表9)。

表9 2016年我国各类型工业份额前九位的省区市

劳动密集型		资源密集型		资本密集型		技术密集型	
地区	份额(%)	地区	份额(%)	地区	份额(%)	地区	份额(%)
山东	15.36	山东	12.05	江苏	20.17	江苏	18.16
广东	10.71	江苏	9.04	山东	16.21	广东	15.55
江苏	10.67	河南	8.01	河南	8.27	山东	11.06
河南	8.07	广东	7.90	广东	7.89	浙江	6.16
浙江	6.67	河北	6.51	浙江	6.94	河南	4.65
福建	6.54	浙江	4.31	湖南	5.04	湖北	4.33
湖北	5.27	四川	3.78	安徽	4.31	上海	4.25
安徽	4.10	内蒙古	3.66	上海	4.09	安徽	3.57
四川	3.95	湖南	3.39	四川	3.76	重庆	3.42

资料来源:《中国工业统计年鉴2017》。

从我国高技术制造业各行业在省级层面的比较优势来看,从行业规模和比较优势两个维度,以各省区市高技术制造分行业主营业务收入占全国份额位居前20%,以及行业相对专业化程度大于1.2为界限,综合判断各行业的主要集聚省区市。

由表10可以看出,高技术制造业内部各行业主要集中在一个或者两个省区市,且地域分工特征明显。广东主要专注于电子及通信设备制造业,江苏在医疗设备及仪器仪表制造业以及信息化学品制造业上的产值规模和比较优势都非常突出,山东在医药制造业上具有优势,航空、航天器及设备制造业则主要集中在天津和陕西。

表10 2016年高技术制造业各行业的主要集聚省区市

	地区	山东	河南	吉林	江西	
医药制造业	份额(%)	16.1	8.0	6.6	4.4	
	区位熵	2.02	1.67	4.88	1.75	
	地区	天津	陕西	辽宁	四川	北京
航空、航天器及设备制造业	份额(%)	23.8	16.8	8.1	7.6	7.5
	区位熵	9.72	10.79	8.57	1.94	2.67

（续表）

	地区	广东				
电子及通信设备制造业	份额(%)	35.3				
	区位熵	1.44				
	地区	上海	重庆	四川	福建	
计算机及办公设备制造业	份额(%)	10.4	10.4	8.1	4.8	
	区位熵	2.29	3.27	2.08	1.66	
	地区	江苏	山东	浙江	北京	
医疗设备及仪器仪表制造业	份额(%)	38.1	10.6	7.0	3.7	
	区位熵	1.91	1.33	1.82	1.32	
	地区	江苏	江西	浙江	陕西	湖北
信息化学品制造业	份额(%)	41.2	8.6	5.2	4.8	4.7
	区位熵	2.07	3.39	1.36	3.11	1.71

资料来源：《中国高技术产业统计年鉴2017》。

4. 第三产业在部分中心城市的集中发展也在一定程度上影响了中国区域经济空间格局的变化

我国第三产业主要分布在北京、上海、广东、江苏、山东、浙江、河南、四川等省市，其份额增量则主要在河南和长江流域各省市（见图10）。

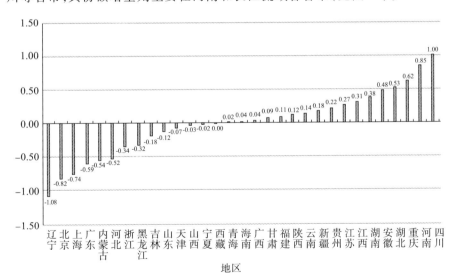

图10 2010—2018年各省区市第三产业增加值占全国的份额变动

资料来源：根据国家统计局官网资料整理分析。

从生产性服务业各行业的分布来看,信息服务业、科技服务业、商务服务业这三个知识密集型高端生产性服务的集聚特征更明显,其地域分工模式符合中心地理论特点,呈现等级规模结构,比较优势主要集中在少数城市;而金融服务业和交通运输业的地域分工相对分散,金融服务作为重要的中间投入服务,在64%的城市均属于比较优势行业,随着我国交通网络的快速建设,在交通运输上具备比较优势的城市范围得到扩大,且大部分连接成片。

(三)人口、劳动力与消费市场因素的影响

人作为经济活动的载体,其空间布局对于地理景观的再造以及经济活动的集散具有重要影响。人口与经济发展之间相互影响:一定的人口是经济发展的基础和支撑,而经济结构的调整又会通过对就业结构的影响间接对人口诸多要素产生反作用。目前我国的人口主要分布在东部、中部经济发达省市,且主要集中在区域性中心城市,与经济的空间分布较为匹配;从常住人口的变化来看,人口仍处于向经济发达地区集聚的阶段,新疆、西藏受国家政策扶持的影响人口增速较快,受人口外迁的影响不大,但东北地区人口流失严重,如不改变这种趋势,将严重制约地方经济的发展。

劳动力的质和量在空间上的差异将直接影响到产业选择及其生产效率。这种差异不仅是劳动力迁移的主要动因,也成为企业选择经济区位的主要因素。从劳动力的规模来看,广东、江苏、山东等发达省份是劳动力的主要集聚区,劳动力密集区则是北京、上海这类人口密集地区。

劳动力的质体现为人力资本,是指人所拥有的知识、技能、经验等。能够获取高素质劳动力(主要是受教育程度比较高的劳动力)的区域,便成为最适合现代经济活动发展与布局的区域。从大专及以上受过高等教育人口比例的空间分布来看,高素质劳动力主要集中在沿海三大都市圈。

消费是推动经济增长的主要动力,其规模和水平将对经济活动的区位选择产生重要影响。消费受经济发展水平、人口规模和结构等的影响。长三角、京津冀、珠三角地区是我国消费市场规模最大和水平最高的地区,长江经济带沿线地区的社会消费总额较高,但居民消费水平仍有待提高;西南地区消费市场增长较为明显,其中以贵州、重庆的增长最为突出,而东北地区受人口流失和经济乏力的影响,消费市场低迷,这又进一步影响了经济要素的流入,形成恶性循环。

(四) 城镇化与城市发展因素的影响

城镇化与经济发展和产业升级过程密切相关。我国城镇化进程是与工业化紧密联系、互相适应、互相促进的过程。中华人民共和国成立初期,城镇化布局是与我国工业体系布局密切相关的,东北老工业基地以及北部地区的内蒙古、新疆等的城镇化水平处于全国领先地位。而中部、东部地区人口稠密,自古以来就是重要的农业地区,农业人口数量大、比重高。近年来,我国区域之间的城镇化过程呈现出收敛的态势,2005—2017 年全国各省区市城镇化率之间的泰尔指数①逐渐下降,说明各省区市之间的城镇化水平有趋同的趋势。从四大地区的城镇化水平看,中部、西部地区低于全国平均水平,东部、东北地区高于全国平均水平。从曲线的陡峭程度来看,中部、西部地区城镇化水平上升速率较快,东北地区城镇化呈现出显著放缓的趋势(见图 11)。

从全国范围来看,各省区市城镇化水平的空间格局从"北高南低"向"东高西低"转变。尽管早期的工业化奠定了中国北部省区的城镇化基础,但是随着后来的经济增长的区域差异,东部地区的城镇化发展明显快于东北地区以及西部地区。早期的城镇化多以工业化带动,但是随着产业结构转型升级以及城市产业结构服务化水平的提高,城市就业增加开始主要依靠服务业带动。因此,经济发展水平较高的东部沿海地区,服务业更为先进和发达,更加能够吸纳农业释放出的劳动力。加之经济落后地区的人口倾向于向经济发达的东部地区迁移,更加快了东部地区的城镇化进程。

---

① 泰尔指数(Theil index)通常用来衡量个人之间或地区之间某指标(例如收入、人口等)的不平衡分布程度。本章采用的泰尔指数的计算方法为:$T = \frac{1}{n} \sum_{i=1}^{n} \frac{y_i}{\bar{y}} \log(\frac{y_i}{\bar{y}})$,其中,$y_i$ 表示某一地区的城镇化率,$\bar{y}$ 表示全国城镇化率平均水平。泰尔指数的取值范围为 0 到 1,泰尔指数越大说明不平衡分布越明显,也即地区间城镇化水平差异越大;泰尔指数越小说明分布越平均,也即地区间城镇化水平越相近。

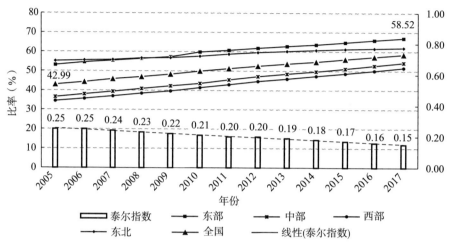

图 11　2005—2017 年四大地区城镇化率及全国城镇化收敛趋势

资料来源：根据国家统计局官网资料整理分析。

2017 年全国城镇化率排名前十的省区市中，有七个来自东部地区，排名后十位的地区全部为中部、西部地区。北京、天津、上海城镇化率已超过 80%，遥遥领先于其他省区市；仍有六个省区城镇化率不到 50%。我国内部各省区市的城镇化水平是非常不均匀的，且空间格局始终处于变动的过程之中。城镇化发展的地区差异已经对我国区域经济的差异产生了重要影响。

中心城市及其辐射带动的城市圈和城市群是我国区域经济增长的主要空间载体。随着中国城镇化进程的加快，2019 年中国城镇化水平已经达到 60.6%。大城市以及城市圈和城市群已成为我国区域经济发展的引擎，是区域经济和人口集聚的主要空间载体。城市群一直是中国经济的重要载体。"十三五"规划纲要列出了 19 个城市群，目前承载了全国 78% 的人口，贡献了超过 80% 的 GDP。其中，京津冀、长三角、珠三角、成渝、长江中游等城市群以 10.4% 的国土面积集聚了近 40% 的人口，创造了超过一半的 GDP。

城市作为人口和现代经济活动最重要的舞台，城市的发展直接影响到经济的发展。一般来说，大城市是城市人口集中的热点地区，这与我国长期的大城市偏向的发展模式有关，大量的投入和政策利好使大城市的发展优于其他中小城市。因此，区域中规模较大的城市会成为地区承接人口的重要平台,一个区域所拥有的大城市规模越大、数量越多,城镇化的发展前景也就越好。我国市区常住人口超过 500 万的特大城市多集中在东部地区,东北地区暂时还没有市区人口超过 500 万的超大城市(见表 11)。

表 11　2017 年中国分区域城市规模等级

城市规模(城区人口)	东部	中部	西部	东北
超大城市(1 000 万及以上)	上海、北京、深圳	—	重庆	—
特大城市(500 万～1 000 万)	天津、广州、南京	武汉	成都	—
大城市(Ⅰ型)(300 万～500 万)	杭州、济南、青岛	郑州	西安、昆明	沈阳、哈尔滨、大连、长春
大城市(Ⅱ型)(100 万～300 万)	苏州、石家庄、汕头、福州、无锡、东莞、徐州、厦门、唐山、宁波、邯郸、临沂、淄博、常州、温州、烟台、保定、济宁、佛山、淮安、潍坊、盐城、南通、惠州、海口、扬州、泉州、绍兴	太原、长沙、南昌、合肥、洛阳、南阳、赣州、大同、衡阳、株洲、襄阳、淮南、芜湖	南宁、乌鲁木齐、贵阳、兰州、包头、呼和浩特、柳州、西宁、泸州、银川、遵义、自贡、南充	鞍山、抚顺、吉林、大庆、齐齐哈尔

(五) 交通因素的影响

交通作为联系地理空间中社会经济活动的纽带,是社会化分工成立的根本保证。交通技术与手段决定着空间相互作用的深度和广度,因此是影响经济活动区位选择的重要因素之一。我国交通基础设施条件的改变在一定程度上影响到我国区域经济空间格局的变化。由于受地形条件限制和经济社会发展水平差异的影响,我国铁路、航道、公路(高速公路)的空间分布呈现明显的东密西疏、南密北疏的特征。

尽管这些年来各地普遍加大了对交通基础设施建设的力度,我国各地的交通条件均有很大改善,但交通基础设施发展不均衡问题也极为突出。原有的交通基础设施好的东北地区已经被中部地区超越,西部地区特别是西南地区的交通条件得到快速改善,这样也使得这些地区的投资环境变得更好,相反,一些地区则变得相对落后了,目前西南地区的贵州已经实现了县县通高速,高速公路单位里程密度已经超过原有交通条件较好的东北地区中条件最好的辽宁。

从四大区域来看,东部地区的交通基础设施一直比较领先,就高速公路而言,1996年东部地区的密度为每平方公里2.2米,东北地区为0.81米,中部地区为0.61米,西部地区为0.01米;到2000年中部地区超过东北地区,为2.85米,东北地区为2.17米,之后差距继续扩大,2018年东部地区为44.55米,中部地区为35.03米,东北地区为15.01米,西部地区为7.79米(见表12)。

表12　2009—2018年各地区铁路路网与高速公路路网密度

单位:米/平方公里

年份	铁路路网密度				高速公路路网密度			
	东部	中部	西部	东北	东部	中部	西部	东北
2009	21.07	19.17	4.77	17.24	26.21	17.13	2.69	6.20
2010	22.17	20.34	5.20	17.49	29.15	19.56	3.10	7.94
2011	23.80	20.53	5.29	17.61	30.57	21.80	3.68	11.53
2012	24.68	21.80	5.44	19.10	33.41	25.49	4.22	12.77
2013	27.19	22.57	5.74	19.22	34.94	27.34	4.91	12.90
2014	29.05	25.40	6.34	19.35	36.58	29.00	5.55	13.15
2015	31.34	26.47	6.95	21.21	38.76	31.62	6.40	13.77
2016	31.88	27.44	7.30	20.96	40.73	33.47	6.91	14.51
2017	32.32	27.44	7.56	21.21	41.82	34.15	7.40	14.63
2018	34.51	28.02	7.69	22.82	44.55	35.03	7.79	15.01

资料来源:根据国家统计局官网资料整理分析。

(六)科技创新、技术研发因素的影响

创新已经成为近年来经济增长的核心驱动力。科技创新投入差异在一定程度上也是导致区域经济增长差异的原因。2018年全国研发(R&D)经费已近

2万亿元,研发投入强度(研发支出占名义 GDP 的比重)也从 2011 年的 1.84% 上升至 2.19%,增加了 0.35 个百分点。研发投入强度省区市间的差异巨大,部分地区和省区市的投入强度甚至出现减少,东北地区从 1.28%下降到 1.25%,西南地区则从 1.04%上升到 1.40%(增加了 0.36 个百分点),这些科技投入的变化也是导致这些省区市经济增长出现差异的主要原因(见表 13、表 14)。

表 13 全国各区域研发投入强度

单位:%

分类	地区	2011 年	2014 年	2016 年	2018 年
四大区域(现)	东部	2.14	2.50	2.65	2.74
	中部	1.19	1.42	1.50	1.71
	西部	1.04	1.13	1.24	1.35
	东北	1.28	1.27	1.27	1.25
五大区域(新)	东南	1.83	2.17	2.30	2.49
	华北	1.96	2.24	2.36	2.37
	西南	1.04	1.12	1.25	1.40
	东北	1.28	1.27	1.27	1.25
	西北	1.04	1.14	1.23	1.27

表 14 全国各省区市研发投入强度

地区	2011 年	2014 年	2016 年	2018 年
全国	1.84	2.05	2.10	2.19
北京	5.76	5.95	5.96	6.17
天津	2.63	2.96	3.00	2.62
河北	0.82	1.06	1.20	1.39
山西	1.01	1.19	1.03	1.05
内蒙古	0.59	0.69	0.79	0.75
辽宁	1.64	1.52	1.69	1.82
吉林	0.84	0.95	0.94	0.76
黑龙江	1.02	1.07	0.99	0.83
上海	3.11	3.66	3.82	4.16

（续表）

地区	2011年	2014年	2016年	2018年
江苏	2.17	2.54	2.66	2.70
浙江	1.85	2.26	2.43	2.57
安徽	1.40	1.89	1.97	2.16
福建	1.26	1.48	1.59	1.80
江西	0.83	0.97	1.13	1.41
山东	1.86	2.19	2.34	2.15
河南	0.98	1.14	1.23	1.40
湖北	1.65	1.87	1.86	2.09
湖南	1.19	1.36	1.50	1.81
广东	1.96	2.37	2.56	2.78
广西	0.69	0.71	0.65	0.71
海南	0.41	0.48	0.54	0.56
重庆	1.28	1.42	1.72	2.01
四川	1.40	1.57	1.72	1.81
贵州	0.64	0.60	0.63	0.82
云南	0.63	0.67	0.89	1.05
西藏	0.19	0.26	0.19	0.25
陕西	1.99	2.07	2.19	2.18
甘肃	0.97	1.12	1.22	1.18
青海	0.75	0.62	0.54	0.60
宁夏	0.73	0.87	0.95	1.23
新疆	0.50	0.53	0.59	0.53

资料来源：根据国家统计局相关年份《全国科技经费投入统计公报》整理得到。

新技术方法、技术手段以及新生产工具、新管理方式等的出现，一方面可以使新的经济活动成为可能，另一方面可以改变经济活动中的生产要素组合。伴随着现代经济活动对技术依赖程度的加深，技术与知识已经成为影响经济活动区位选择的最重要因素之一，技术进步已成为经济模式转换的基本力量以及经济增长的关键因素。在专利的申请授权量方面，东部沿海地区和四川具有较明显的优势，其中江浙地区和广东的专利申请授权量最大,这些地区的技术市场成交额也相对较高。北京处于技术市场交易的中心地位,交易额占全国的份额高达36.1%,其次是湖北和陕西,占比分别为8.3%和7.3%。这些地区的技术市场成交额也相对较高。

(七)区域政策与对外开放因素的影响

区域政策反映了政府对地区发展的基本导向,是政府为实现增加就业、促进技术进步、优化升级产业结构、保护生态环境等目标所采取的措施。政策直接影响到一个区域发展某种行业的条件和约束,良好的政策环境有利于经济活动的开展,从而成为吸引经济活动集聚的因素之一。开发区是集中体现产业政策及其导向的经济活动区域。为促进特定产业的发展,政府会直接设立引导相关生产要素和经济活动流入的开发区。根据国家各部门联合发布的《中国开发区审核公告目录》(2018年版),按省区市分类统计后可以发现:我国的国家级开发区政策仍重点支持东部沿海地区和边境口岸地区,对内陆地区的布局相对较少。

三、着眼未来,改善经济空间格局,促进区域协调的对策建议

解决我国区域发展中存在的区域分化以及区域差异扩大问题,重塑及改善经济空间发展格局,促进区域协调发展,是今后我国区域发展中的重大课题。尤其在继续保持东部、南部增长优势之外,需要特别关注东北、西北地区的发展问题。

1. 优化区域空间结构,对中国区域进行重新划分,由现在的四大区域划分为五大区域,并制定差异化的区域政策

我国大的区域划分,南北应以秦岭—淮河为界,东西应以胡焕庸线为界,另外可以将东北单独划出,并将西部地区根据资源禀赋及其定位分为西北(含青藏)和西南两个地区。具体方案为:华北地区,包括北京、天津、河北、山西、河南、山东6省市;东南地区,包括湖北、湖南、江西、安徽、江苏、上海、浙江、福建、广东、海南10省市;东北地区,包括辽宁、吉林、黑龙江3省;

西北地区,包括内蒙古、宁夏、甘肃、陕西、西藏、青海、新疆7省区;西南地区,包括云南、贵州、四川、重庆、广西5省区市。

重新划分中国区域的主要理由有以下几个方面:一是更加符合中国的自然地理条件,体现区域内的一致性和区域间的最大差异性,与中国三大自然区、胡焕庸线、秦岭—淮河南北地理分界线、关内关外等地理标志性界线相吻合;二是反映了历史发展基础、经济发展现状、社会文化以及未来发展方向的一致性;三是区域内部的联系比以往四大区域更加紧密,中国的四大区域更多的是地理区域,而非经济区域,比方说原中部区域内部省份的联系并不是很紧密,甚至可以说区外联系大于区内联系,原东部地区地形过于狭长,南北联系也不是很紧密;四是新的五大区域从形态上看更接近于圆形,这样便于交通组织、经济联系以及发挥区域中心城市的辐射带动作用。

新五大区域中面积最大和人口密度最小的是西北地区,面积占全国的57.30%,人口密度为23.91人/平方公里;人口最多的是东南地区,人口为5.62亿,占全国的40.26%;经济总量最大和人均GDP水平最高的也是东南地区,2018年GDP为44.72万亿元,占全国的近一半(48.89%),人均GDP为7.95万元(见表15)。

表15　2018年我国新五大区域基本情况一览

区域		面积		人口			GDP		人均GDP
		万平方公里	比重(%)	总量(亿人)	比重(%)	密度(人/平方公里)	总量(万亿元)	比重(%)	万元
北方地区	东北	80.63	8.40	1.08	7.76	133.95	5.68	6.20	5.24
	西北	551.97	57.30	1.32	9.42	23.91	7.02	7.68	5.34
	华北	69.29	7.20	3.46	24.8	499.35	22.65	24.76	6.54
	小计	701.89	72.90	5.86	41.98	83.49	35.35	38.64	6.03
南方地区	东南	135.90	14.10	5.62	40.26	413.54	44.72	48.89	7.95
	西南	125.06	13.00	2.48	17.76	198.30	11.41	12.47	4.60
	小计	260.96	27.10	8.10	58.02	310.39	56.13	61.35	6.93
全国	合计	962.85	100.00	13.96	100.00	144.99	91.48	100.00	6.55

资料来源:根据国家统计局官网资料整理分析。

在新的划分基础上,才有可能更有针对性地根据各个区域的特点制定差异化的区域发展政策。例如西南和西北地区在资源禀赋、发展条件和产业结构等方面均存在较大差异。西南地区随着长江经济带的建设,发展速度加快,具有发展先进制造业与现代服务业的新优势;而西北地区则在发展原材料、能源、矿产等基础原材料产业方面具有优势。因此,将原西部地区重新划分为西南和西北地区两个区域,就可有针对性地制定差异化的区域发展政策。

2. 为促进北方腹地发展,在国家"两横三纵"轴线的基础上,今后应加快推进青银发展轴建设

促进北方经济发展对于优化经济空间格局至关重要,因此需要有重点地发展区域或轴带支撑。我国区域空间结构仍以"点轴"模式为主,但正逐步向"网络化"模式迈进,已经呈现出"准网络化"的空间形态。未来,沿海与长江轴带(T字形结构)以及沿海、京广、长江、陇海—兰新(开字形结构)应继续成为中国经济的主要轴带。但为了支撑北方地区的经济发展,需要增加新的发展轴带。轴带开发要兼顾平衡南北、东西发展,在《全国国土规划纲要(2016—2030年)》中提出的"两横三纵"(以沿海轴带、京哈—京广轴带、包昆轴带为纵轴,以陇海—兰新线、沿长江通道为横轴)的基础之上,建议将青银发展轴(青岛—济南—石家庄—太原—银川)这一新的北方发展轴列入今后的发展规划。青银发展轴与陇海—兰新线所在轴类似,但位置更加深入北方腹地,其建设和发展将有利于扭转近年来山东、河北、山西、陕西以及宁夏等地经济增长乏力的状况,使之成为带动我国北方腹地发展,以平衡南北发展的重要发展轴带。

3. 大力推进产业结构转型升级,加快改变东北、西北地区以资源密集型行业为主导的产业格局

产业结构不合理是导致东北、西北地区经济份额快速下滑的重要原因。以资源型等传统产业为主,技术密集型特别是高技术产业比重低,竞争力不强,是导致经济份额持续下降的关键因素。从各省区市具有比较优势的工业类型来看(见表16),东部沿海地区的比较优势主要集中于资本密集型和

技术密集型行业,其中以长三角在这两类工业上的比较优势最为突出;西北地区和东北地区大多还处于以资源密集型行业为主导工业的发展阶段,其中以山西、甘肃、内蒙古、青海、新疆最为突出。今后,加快推进东北、西北等北方地区工业内部结构优化和转型升级,降低对资源型产业的依赖程度,增大技术集约型行业比重,将有助于遏制北方地区经济份额的进一步下降,促进区域协调发展。

表16 2016年我国各省区市区位熵大于1.2的工业类型

地区	劳动密集型	资源密集型	资本密集型	技术密集型
北京				1.43
天津		1.22		
河北		1.60		
山西		2.48		
内蒙古		2.12		
辽宁		1.45		
吉林				1.30
黑龙江	1.65	1.25		
上海			1.52	1.58
江苏			1.49	1.34
浙江			1.20	
安徽				
福建	1.74			
江西				
山东			1.25	
河南			1.20	
湖北	1.28			
湖南			1.48	
广东				1.38
广西		1.23		
海南		1.72		
重庆				1.68
四川				
贵州		1.69		

（续表）

地区	劳动密集型	资源密集型	资本密集型	技术密集型
云南	1.28	1.56		
西藏		1.98		
陕西		1.63		
甘肃		2.30		
青海		2.11		
宁夏		2.01		
新疆		2.10		

资料来源：《中国工业统计年鉴2017》。

4. 加大对东北、西北地区的人力资本和科技创新投入，切实增强发展新动能

创新作为经济增长的核心驱动力，增加经济增长迟缓地区的人力资本和科技创新投入就显得非常重要。近年来，东北地区在全国的经济地位快速下降，这与其人才流失和科技创新投入严重不足甚至下降密切相关。2011—2018年，全国研发投入强度从1.84%提高到2.19%，增加了0.35个百分点；而同期东北地区则由1.28%下降到1.25%，减少了0.03个百分点，已经从原来远高于西南地区到低于西南地区0.15个百分点。西北地区尽管有所增加，但目前也是略高于东北地区，且大大低于全国平均水平。东北地区的人口流失特别是科技人才的流失也直接影响到其消费能力提升和培育经济发展新动能。因此，今后国家应该针对东北地区及西北地区设立特殊地区的人力资本专项和科技专项，给予其特别支持。

5. 在强化全国交通基础设施网络建设中，对东北地区和西北地区的交通基础设施建设给予特别支持

西部大开发战略实施以来，我国西部地区特别是西南地区的交通条件得到很大改善，使得一段时期内我国区域差异在不断缩小。受自然条件、人口密度以及经济活动强度等影响，我国交通基础设施呈现东密西疏、南密北疏的特征显然有其合理性。但部分地区特别是东北地区交通基础设施建设大大低于全国水平，从几乎是全国最发达、最密集的交通网络演变成大大落后于中部地区以及西南地区部分省区市。今后，加大东北地区以及西北地区交通基础设施建设,显然有助于改善区域发展条件、吸引和留住产业投资,在客观上也会促进东北地区和西北地区的经济增长,遏制区域间差距的进一步拉大。

6. 提升北方地区的城镇化水平,加大建设国家中心城市以及大都市圈,以承载更多的人口和经济功能,避免东北地区人口的进一步流失

中心城市与城市群是支撑人口和经济活动的主要空间载体。伴随着我国经济结构的服务化转型,服务业发展将对经济空间格局的变化产生更加重要的影响,服务业中无论是高端的生产型服务业还是以消费为导向的消费型服务业,都直接受制于人口规模和消费能力,服务业发展与是否有高等级的大规模城市直接相关。提升北方地区的城镇化水平,加大力度推进建设国家中心城市以及大都市圈,增强对于新移民的吸引力,将能够承载更多的人口和经济功能。[1] 东北地区目前尚无国家规划认可的国家中心城市,应尽快将沈阳确定为国家中心城市,并通过提升东北地区中心城市的城市等级和影响力来吸引人口与经济活动。山东半岛城市群是我国非常重要的城市群,也在我国经济发展中发挥了重大作用,应尽快将青岛确定为该城市群中的国家中心城市,提升城市吸引力,这对于改变山东近年来经济增长下滑和培育新动能大有益处。

7. 支持西北地区和东北地区,抓住"一带一路"建设机遇,推进全方位对外开放

2013年开始的"一带一路"建设,使我国西北地区和东北地区在这一新的外部发展环境中能够获得新的机会与可能。国家应大力支持西北地区和东北地区依托各边境口岸,变开放的大后方为新的开放前沿。在西北地区和东北地区各选择部分沿边城市作为"开放特区"或"加工贸易服务区",集成全国最优惠的要素流动和税收政策,成为升级版的"特区"。通过加大西北地区和东北地区的开放力度,形成新的面向东北亚、中亚和欧洲的贸易、

---

[1] 华夏幸福产业研究院2020年1月发布的《中国都市圈"新移民"吸引力报告》对全国30个都市圈对于新移民的吸引力进行了评价,在全国30个都市圈中排名最后五位的分别是石家庄、太原、哈尔滨、乌鲁木齐、沈阳。

投融资、生产和服务网络,促进国际产能合作,有利于培育这些地区新的国际经济合作和竞争优势。

8.建立更加有效的区域合作机制,推进省区市之间的区域合作向实体化方向发展

由于区域间资源禀赋以及发展定位的差异,因此,要想形成优势互补、高质量发展的区域经济布局,就必须建立起更加有效的区域合作机制。国家层面上,除了要强化通过形成全国统一开放、竞争有序的商品和要素市场推进市场化进程,还要从"全国一盘棋"上考虑,全面建立生态补偿制度和完善财政转移支付制度,促进区域协调发展。可以发挥制度优势,总结多年来形成的区域间对口支援经验,将东北地区或西北地区的部分县市定为"特区",由发达省市管辖(托管),促使其形成新的增长极。

未来中国科技发展的某些战略构思*

张国君　侯　锐　郭传杰①

中国未来科技发展的关键在于加强科技基础的能力建设，提升国家创新体系的整体效能，坚守创新在现代化建设中的核心地位，积蓄发展新动能新优势。

中国科技将在"十三五"(2016—2020)的台阶上，开启"十四五"(2021—2025)的新征程。在"十三五"这个科技台阶上，全社会研发经费支出从1.42万亿元增长到2019年的2.21万亿元（以2015年年末的数据为基准）。基础研究和应用基础研究显著加强，关键核心技术不断突破。科技创新推动产业转型升级，支撑民生改善，区域创新水平快速提升，创新创业形成新生态。科技体制改革主体架构基本建立，科技开放合作迈出新步伐。中国的科技进步取得了丰硕成果，为今后的深化发展奠定了丰厚的基础。

未来一个时期，如何创造中国的科学技术发展环境？如何谋划科技发展战略？以下从四个方面提出若干设想。

一、新的科技革命、产业变革重塑创新版图和经济结构，形成新的挑战

进入21世纪以来，科学技术创新进入密集活跃期，新科技革命和产业变革正在重构全球创新版图、重塑全球经济结构。

---

* 部分内容在北京大学远望15年中国发展座谈会上做过交流。
① 张国君，中国人民解放军军事科学院战争理论和战略研究部研究室原副主任，研究员；侯锐，中国科学院信息工程研究所研究员、信息安全国家重点实验室副主任；郭传杰，国际欧亚科学院院士，中国科学院原党组副书记，中国科学技术大学原党委书记，研究员。

(一) 在信息科学技术、新能源、新材料领域的某些趋势与挑战

信息科学技术领域将呈现信息社会、三元计算、智能推动、摩尔定律减缓、泛在智能、P级能效等若干趋势。美国陆军部《2016—2045年新兴科技趋势报告》认为，未来30年内，万物互联将会迅速发展，移动设备、可穿戴设备、家用电器、医疗设备、工业探测器、监控摄像头、汽车、服装等越来越多的设备将连接到互联网上。通过万物互联，人们可以实时获取所需要的各种信息，加深对全局和局部、宏观和微观的了解，做出更加精准的判断。这种信息化技术创造的数据，将会给工作和生活带来新的信息科技革命。例如，在人工智能领域，其在视频分析、安全防范、语音识别、自然语言处理等领域得到的广泛应用，推动人工智能产业从感知智能向认知智能发展。智能服务呈现线下和线上的无缝结合，智能化应用场景从单一向多元发展。信息领域和医疗领域的科学家正在从不同角度探索人脑机制，进而推动类脑人工智能的快速发展。随着数据资源、运算能力、核心算法等数字技术的不断深化，人类对于大脑、智慧产生等机制会有更加深入的认识，人工智能技术将取得突破性进展。

在新能源、新材料领域，各国的能源资源状况有所不同，在能源结构低碳化发展中面临着许多共性、关键性的科学与技术挑战。一旦取得突破，必将推动新型战略性产业的形成。例如核聚变，已被发达国家作为化石能源的最佳替代品加强研发。新材料是新技术发展的基础，例如石墨烯，结构稳定、导电性强、韧度高、强度大，有望在半导体、光伏、能源、航空航天、国防军工、新一代显示器等领域带来革命性变革。我国石墨烯研发起步相对较晚，但发展迅速，目前整体上已接近国际先进水平，部分领域实现了领先。

(二) 在生命科学、生物工程、生态、环境、健康领域的某些趋势及挑战

在生命科学、生物工程领域，基因编辑、干细胞与组织再生、生命组学、单细胞测序技术、合成生物学、免疫治疗等新兴生命科学关键技术的重大突破，提高了人类认识和解析生命的能力，推动了生物医学研究进一步向精准、定量和可视化方向发展。生物技术与其他高技术的融合，形成了生物芯

片、生物信息、生物材料、生物能源、生物光电、生物传感器等新的技术领域，产生了生物技术群。未来科学家们有望找到导致人类衰老的基因族谱，并通过二次干预对这些基因进行重新编辑，从而增加人类的寿命。

在生态、环境、健康领域，未来的生态环境科技将强调以山、水、林、田、湖、草等作为生命共同体，研发生态环境保护与修复的系统性技术方案；以增强可持续性为导向，注重多学科交叉，融合人工智能、大数据、空天地一体化等突破性新技术，为国家"绿水青山"战略提供更系统的科学支撑；地基、空基、星基、月基构成的密集观测系统，使全球无缝实时监测成为可能，放射性、稳定同位素等分析技术也为地球环境诊断提供了新的方法；地球大数据科学工程将极大地提升数据信息的挖掘能力；地球环境模拟和地球过程全数字化模型的不断发展，使"智慧地球"成为可能。生态环境科技的发展将关注五个重大方面：气候变化的生态响应与环境减排；生态系统与坏境变化的交互作用及协同调控；环境污染对人类健康的影响机制与风险控制；环境治理的绿色化、资源化和系统化；智慧环境建设与精准化管理。

（三）在宇宙探测领域的某些趋势及挑战

对宇宙奥秘的探测正在向更远、更深、更广的方向发展。新科技系统的开发和应用，比如机器人、先进推进系统、轻便材料和增强制造，以及元件小型化等，正在降低把人和物送入太空的成本，又将为人类开启太空探索、探险的机会。诺贝尔物理学奖得主丁肇中带领的阿尔法磁谱仪团队2014年在欧洲核子研究中心公布了其最新研究成果，在业已完成的观测中，暗物质的六个特征已有五个得到确认，进一步显示暗物质可能存在。[①] 人类对宇宙的探测步伐将进一步加快。诸如人类将重返月球、登陆火星、开采小行星等更加伟大的科技探险都有可能出现。随着更多国家开始依赖天基设备，对太空的运营和控制有可能成为一个新的增长点。天基武器、反卫星手段受到某些国家军事部门的重视。

历次科技革命和产业变革都引发了生产方式及生活方式的巨大变革。

---

① 《丁肇中团队宣布发现暗物质存在迹象》，人民网，2014年9月22日。

当前,全球新一轮科技革命和产业变革深入发展,可能引发更为深入的变革。从微观到宇观各层次、各领域的技术都在加速突破,新方法、新手段不断涌现。科技的渗透性、扩散性、颠覆性特征,正在引发国际分工新的调整,重塑世界竞争格局,改变国家力量对比。如果缺乏独创独有的能力,不能实现科技自立自强,没有在战略性科技领域实现重大突破,就难以在新一轮科技和产业变革中赢得主动权。

(四)个别领域已超出,多数领域仍处于跟随阶段,某些领域还存在明显的不足及短板

中国的科技创新整体实力与改革开放初期相比,已经发生了根本的变化,在某些领域已经达到世界先进水平。尽管有"跟跑""并跑""领跑"的描述,个别领域已超出,但多数领域仍处于跟随阶段,某些领域还存在明显的不足及短板。就短板看,我国的科技创新能力还不适应社会高质量发展的要求,与国际先进水平相比还有很大差距。例如,重点领域关键核心技术受制于人的问题依然突出,芯片、操作系统、航空发动机、精密仪器与设备、重要药品等关键核心技术研发能力还比较薄弱;部分高端制造业基础工艺还比较落后;基础研究仍然薄弱,原始创新能力不足;高端人才、团队及人才培养储备需要加强,科技人才队伍的水平和结构需要进一步优化,尤其是能改变领域国际格局的战略科学家和能实现颠覆性创新的人才相对不足;创新体系整体效能还不高,科技资源围绕重大任务统筹配置不够,战略科技力量的支撑作用发挥不够,高水平的科技领军企业不足;在科技体制机制方面,创新体系中不同主体的定位及方向上重复布局、资源分散等现象还不同程度地存在;学术机构、行政决策、市场机制在科技资源配置中如何发挥作用需要进一步明确;社会公众、企业、政府对知识产权的认知度、保护意识、法规完善等需要进一步提高;全社会崇尚科学、鼓励创新的氛围还不太浓厚;政府职能转变还不到位,科技评价激励机制需要完善,有利于创新的政策环境和社会环境还需进一步优化等。这些领域的不足及短板,还需要较长时间的调整与改善。

二、着眼发展趋势，优化决策机制，协调资源配置，加强人才建设

党的二十大报告指出，从 2020 年到 2035 年基本实现社会主义现代化；从 2035 年到本世纪中叶把我国建成富强民主文明和谐美丽的社会主义现代化强国。中国的科技创新经历了改革开放，现在面临跟随过程中的自主创新、自立自强的挑战。今后我国科技将在更多领域步入"无人区"，既没有轨道，也没有标示，往什么方向发展，将由我们自己选择。今后，科研机构、高校、企业、政府将围绕经济社会发展和国家安全等重大需求，着眼发展趋势，优化决策体制，改革创新体系，提高科技供给效能。

（一）组建国家科技战略咨询委员会

加强科技创新战略研究和决策咨询，是推动科学技术引领发展的关键环节。为了帮助国家决策层及时了解和掌握全球的科技发展状况，增强决策的前瞻性、科学性和针对性，做好内部相关协调，发达国家普遍建立了政府科技顾问制度，形成科技发展的政府宏观决策咨询支撑机制。

组建国家层级的战略咨询机构，国际上已有先例。1957 年 11 月 7 日，时任美国总统的艾森豪威尔宣布成立"总统科学顾问委员会"，当时的目的主要是应对苏联发射卫星对美国造成的科技威胁。之后的十余年里，总统科学顾问委员会为美国的国防科研战略、环保政策、科技发展等做出了重大贡献。目前该委员会已经更名为"总统科技顾问委员会"，主要在科技发展战略层面为国家领导人提供咨询服务。

新一轮科技革命和产业变革正在加速推进。人才、知识、技术、资本等创新要素的全球流动速度、范围和规模达到空前水平。与之相随，科技战略与政策的决策复杂性日益增强，需要各界、各方面力量的参与及各类智库的参与。因此，在国家层面，组建国家科技战略咨询委员会十分必要。同时，还应建立全球科技发展信息数据库，预测全球科技发展动向，统筹多渠道的意见和建议，为国家高层提供综合性的科技决策与咨询服务，优化决策机制。

(二）建立相关机制,统筹协调科技资源的配置,实施两大计划

科技资源中的人、财、物、项目和成果,要确保成效,避免重复建设和资源浪费,就需要针对科技创新效率和质量,对科技资源配置进行统筹协调。例如,建立创新资源配置的信息交流制度,防止重复立项和资源的分散、浪费;强化科技预算的执行监督,确保财政科技投入目标的实现;建立政府采购自主创新产品的协调机制,由财政部门牵头,科技、发展改革等相关部门参加,组成协调机构,制定政府采购自主创新产品的具体办法,审查实施情况,协调和解决实施中遇到的困难和问题。再如,建立引进技术的消化吸收和再创新的协调机制,由国家综合经济部门牵头,科技、教育、财政、商务、税务、海关、质检、知识产权等相关部门参加,并组成协调机构,制定重大产业技术和装备引进政策,组织协调并监督重大引进技术的消化吸收再创新工作。还有,促进国家各创新系统、各创新要素之间的良性互动。以资源开放共享为准则,以技术市场、资本市场、人才市场为纽带,围绕产业链部署创新链,围绕创新链完善资金链和服务链,畅通科技与安全、经济的通道,加强各类创新主体之间的交流与合作,促进产、学、研、用紧密结合,构建多系统、多要素、多主体、多方向的协同互动与大众创新创业有机结合的创新网络。

集中两支队伍,实施两大计划。集中精兵强将,组织实施核心和尖端科学技术创新的"引领计划"。该计划设定有限目标,重点解决"卡脖子"的关键核心技术,以及今后10～20年关系到国家安全制高点、能开拓引领市场方向的前沿科技创新,如在人工智能、移动网络、生物科技、超新材料等领域进行遴选和布局。集中科技创新成果服务队伍,面向广大农村或偏远地区,实施科技创新成果"燎原计划"。结合"全面建成小康社会"和"现代化强国"的建设目标,以科技扶持、推广应用为先导,加大现有科技创新成果向"三农"转移转化和普及运用的力度,帮助广大农村加快现代化发展的步伐。

(三）深化创新人才体制机制改革,建设知识产权保护与运营的环境

进行基础研究和科技创新离不开高水平的创新人才。创新人才的特质

是习惯质疑、独立思考、敢为天下先，需要的是学术自由、兼容并包的宽松环境。从近些年各类"人才工程"的实施效果看，离预期的目标还有很大的距离。尤其在学术环境及评价标准上，过于看重名头、出身、文凭、论文，甚至行政官衔等，影响了青年才俊的成长。国内外某些创新活力强的区域为千百万创新创业者在制度规则上打造了创新发展的栖息地。今后的科技体制改革将由过去的支持机构和任务向更多支持优秀人才的方向转变，积极营造热爱科学、支持创新、宽容失败的文化环境。

在制度建设上，制定《科学技术创新法》，明确科技创新的方向，进一步提高科技创新人才的学习、工作和生活待遇，为科技创新人才营造宽松的社会环境。继续修订《国家科学技术奖励条例》，开展基于信任的科学家负责制、"揭榜挂帅"、经费使用"包干制"等科研项目管理改革试点，开展赋予科研人员职务科技成果所有权或长期使用权试点。激发科研人员和创新主体的积极性、创造性始终是科技体制改革的重要着力点。

在知识产权创造和保护方面，我国进步很快。2020年年底，每万人发明专利拥有量达到15.8件，知识产权质押融资总金额达到7 095亿元人民币，知识产权使用费进出口额由2015年的231.1亿美元提升到2019年的409.8亿美元，年均增长15.4%。[①] 保护知识产权就是保护创新。知识产权保护是创新原动力的基本保障，是吸引国际科技资源的核心要素，是塑造科技健康发展环境的基础组成部分。道理已经讲了许多年，现在面临的问题是制定和完善这方面的法律及细则，加强实施，强化知识产权创造、保护、运用的环境。这种环境的建设，涉及知识产权立法、司法、行政的方方面面，涉及科研人员、政府部门、高校、企业等各领域的主体。国外的世界一流大学在其章程及规则体系中都会特别关注发明、专利、版权、计算机软件、非专利材料、版税分配、许可证等所产生的利益冲突，都有专门的知识产权机构来负责知识产权政策、规则的制定及解释工作，解决相关的问题和纠纷，全面保护学者对于其脑力劳动成果的权利。在我国，应提升知识产权创造质量，全面加强知识产权保护。应该特别重视知识产权立法和规则的制定与实施。

---

① 《我国知识产权质量效益快速提升》，《人民日报》，2021年1月22日。

加快制定《知识产权保护法》,完善知识产权法律制度,加强知识产权执法。在基本法的基础上,制定和完善知识产权保护的专门法规、政策与细则,以期从制度规则上保护各个领域的知识产权,营造基础性的科技发展环境。

三、加强科学中心、国家实验室建设,集中关键领域,持续进行研究

对于国际经济社会和科学技术发展未来关注的重点方向,许多机构都进行了构思。例如,战略性前沿核心技术制高点、数字世界与智慧社会的建设、世界经济重心的迁移、国际秩序规则的重构与地缘竞争格局的调整、自然资源和能源的竞争、全球变暖和生态环境风险、世界人口出生率普遍下降和老龄化问题、社会治理挑战、科技伦理挑战等。上述趋势及挑战的应对都离不开基础性的科学研究。

(一)加强科学中心、国家实验室建设,坚守"从0到1"的基础研究

综合性国家科学中心是国家科技发展和创新体系建设的基础平台。建设综合性国家科学中心,有助于汇聚国内外一流科学家,突破一批重大科学难题和前沿科技瓶颈,显著提升基础研究水平,强化原始创新能力。国家实验室是完成国家使命的战略科技和科技创新的基础平台。建设国家实验室有助于提升战略性和前瞻性科技能力,有利于突破跨部门或机构进行科研合作的障碍,有利于集中多方优势资源,组织完成战略性的重大科技任务。应以国家实验室为引领,建立结构科学、运行顺畅的人才链、创新链、产业链、金融链和服务链,形成功能完备、相互衔接、全域辐射的科技创新基地,为实现创新突破、培育高端产业奠定基础。

我国自主创新能力不强的重要症结在于原创不足,根本原因在于"三个缺乏"和"三个过于":缺乏对全球科技发展方向的准确判断和预测,缺乏埋头苦干的高端科研人才,缺乏"板凳要坐十年冷"的科学家精神;不少科研机构和科研人员过于功利,过于追求经济效益,过于讲究实用和实惠。这种状

态与研究的积累有关,与评价机制有关。

加快关键核心技术攻关和实施重大科技任务,坚守"从0到1"的基础研究,这是科技自立自强的根本前提。基础研究不扎实,科技自立自强就是无源之水、无本之木。鼓励好奇心驱动的基础研究,加强从生产实践中提炼基础科学问题,促进基础研究和应用研究协同发展,这是今后要强调的重点。需要稳定支持冷门学科、基础学科研究,鼓励开展跨学科交叉研究,激发更多"从0到1"的原创成果,解决好关键核心技术攻关中的基础理论和底层技术瓶颈问题。

有序实施基础研究十年行动规划。拓展基础研究投入渠道,引导鼓励企业、社会资本加大对基础研究的投入;建设13个国家应用数学中心,加快实施一批前沿领域重大科技项目;把加强基础研究和应用基础研究摆在更加重要的位置,支持和鼓励广大科技工作者勇闯创新的"无人区"。

(二)着眼未来,集中某些关键领域和方向,持续性地进行研究与开发

面向中长期,要更加注重原始创新,全面加强基础研究和应用基础研究,加强科技创新的系统性布局,集中某些关键领域和方向,持续进行研究与开发。

在战略性基础研究领域,例如,在脑科学、脑与认知、量子科学、合成生物学、生物与基因安全、网络空间安全、空间科学、深海科学以及宇宙演化、物质结构、生命起源等方向集中进行研究;在前沿性核心技术领域,例如,在自主操作系统、量子技术、高速宽带通信技术、激光技术、超导技术、石墨烯开发技术等方向集中进行研究;在智能社会信息网络领域,例如,在"云—边—端"的无缝协同计算、持续学习、协同学习、知识图谱、场景自适应和数据安全技术等方向集中进行研究;在清洁可再生能源领域,例如,在氢燃料技术、太阳能技术、自然能收集存储技术等方向集中进行研究。

在绿色智能先进制造领域,例如,在精密机床、微电子技术、信息技术与计算机技术、自动化与自动控制技术、人工智能技术、现代设计理论与技术、材料加工与成形的新技术、现代管理科学与技术等方向集中进行研究;在健康中国医疗卫生保障科技领域,例如,在大规模疫情防控系统、智能健康检

测技术、远程诊疗技术、干细胞技术、中医理疗技术等方向集中进行研究；在生态环境科技领域，例如，在生态环境监测立体化、生态恢复技术等方向集中进行研究；在可持续高效农业科技领域，例如，在现代生物技术、杂交技术、物联网技术、新型作物栽培技术、智能机械自动化技术等方向集中进行研究；在深空深海探测应用领域，例如，在深空持续航行、物质探测和对地观测技术，深海进入、探测和资源开发技术等方向集中进行研究。

（三）重视产业共性技术的研究与开发

共性技术是介于基础性研究和市场化产品开发研究之间的技术，在知识转化为生产力的过程中起到承上启下的作用。共性技术研究通常涉及多个领域，交叉学科多、基础性强、覆盖面广，尤其与产业结合紧密。近十多年来，我国成立了许多重点实验室，科技部管理了二百余个国家重点实验室、二百余个工程技术研究中心，国家发展和改革委员会成立了一百余个工程研究中心、八十余个工程实验室。但从实际情况来看，国家宏观的产业共性技术政策和发展策略尚不明朗，原来承担共性技术研发任务的转制院所忙于产业化进程，相关基地和研究平台还处于各自为战状态。在基础研究—共性技术研发—产品开发的技术创新链条中，共性技术研发成为最薄弱的环节。

为此，政府应围绕产业基础研究、核心共性技术研究，尽快制定核心共性技术支撑体系建设的总体规划和战略布局，变项目支持、分散布点为集中起来进行重点创新基地建设并提供支持。另外，围绕国家战略新兴产业的部署，建设一批核心关键共性技术创新基地，如新能源和网络技术研究、高端智能制造技术科学研究、微电子技术研究、合成生物学工程研究、关键和高性能新材料研究等。还有，根据行业和产业技术特点，充分发挥行业骨干企业技术创新主体作用，建立相应的研发创新中心。如航天、石化、电网、通信等集中度高的行业，可以以企业为主，联合高等院校、研究机构和专业企业等构筑行业共性技术中心。

四、重塑国家创新体系，推动科技成果的产业应用，关注跨域融合性研究

以国家实验室为引领，建立结构合理、运行顺畅的人才链、创新链、产业链、金融链和服务链，形成功能完备、相互衔接的科技创新基地，提升科技创新全链条的支撑能力，为实现重大创新突破、培育高端产业奠定重要基础。同时，通过应用驱动倒逼基础研究，切实解决经济社会发展中的重大科技问题。

（一）重塑国家创新体系及结构，建设具有世界影响力的科学学术期刊

围绕经济发展和国家安全等重大需求，尽快重塑国家创新体系及结构。具体地讲，就是尽快完善国家安全创新体系、科学发现体系、产业企业联合科技创新体系、创新创业服务体系、创新成果转化转移体系、特色区域创新体系等六大体系。在特色区域创新体系建设方面，以近年北京、上海、深圳、杭州、武汉、合肥等已形成的区域特色创新城市为基础，进一步扩大有特色的区域创新群，以区域创新中心和跨区域科技创新平台为龙头，引导企业不断加大科技创新投入，推动优势区域打造具有重大引领作用和全球影响力的创新高地，形成区域创新发展梯次布局，带动区域创新水平整体提升。

建设好具有世界影响力的中国科学学术期刊。中国科学家顶级的研究成果应该首先在中国科学学术期刊上发表，同时吸引国际学者的参与。中国有影响力的学术期刊，应该有中文、外文两种纸质版本，同时还可有中文、外文的网络版本，便于国际交流和迅速传播。培养具有全球影响力的学术期刊是一件需长期坚持且费力费钱的事情。某些有希望具备全球影响力的学术期刊，缺少人员，缺乏资金支持，更没有坚持百年运营的信仰和机制。这样的状态不利于中国学术成果的世界性传播，应该有机构带头做好这件事。

（二）推动科技成果的产业应用

目前，我国每年取得 3 万多项省部级以上科技成果及 7 万多项专利技

术,但科技成果转化率仅为25%左右,真正实现产业化的不足5%,专利实施率仅为10%左右,与美国、日本等发达国家80%的科技成果转化率差距甚远。[①]

通常情况下,技术研发—成果转移转化—产业应用的资金投入比是1∶10∶100,而目前我国的实际状况是成果转移转化中间环节比较薄弱。有些科技成果长期滞留在高等院校以及科研院所无人过问。很多企业有技术需求,却找不到技术源头和提供方。

今后,拟建立和加强"科学家经纪人""科学技术经纪师"制度,加强市场化创新成果孵化推广平台建设,促进现有科技成果特别是高端科技成果向企业转移转化,提升科技创新成果的转化率。围绕关键领域制造业,建立企业创新联盟,培育创新型骨干制造企业集群,针对技术需求和市场规律,打造具有产业特点的创新生态链条;强化企业技术创新的主体地位,利用各种优惠政策,全面调动企业自主创新的积极性,提升企业整体创新能力,产生一批具有全球影响力的创新型龙头企业,抢占企业技术创新的制高点。

(三)关注跨域融合性发展及融合科学的研究,保持科技的世界竞争力

将来会越来越多地出现单一学科解决不了或解决不好但又必须解决的问题,目前是边缘性问题,将来有可能成为趋势性问题或主流性问题,例如,生命健康中的科技问题、餐饮中的科技问题、太空垃圾及法律中的科技问题、落后地区的科技应用问题、智能机器人社会决策中的科技问题,等等。另外,为了增强经济实力、国防能力,推动社会发展,需要科技新思想、新思路、新技术,更需要受过新的高等教育的优秀人才来应用和发展这些新思想。需要有更多的新项目来吸引更多的年轻人进行研究,锻炼年轻的战略性的科研团队。

越来越多的重要研究项目更加强调开放与合作,需要多学科交叉来解

---

① 《促进科技成果转化落地 华夏幸福助力创新发展》,https://baijiahao.baidu.com/s?id=1594992465893064774&wfr=spider&for=pc,访问日期:2022年3月1日。

决重大的科研问题,需要来自工程学、物理学、生命科学、信息科学、心理学、社会学等领域的技术支持,需要大型设施、跨学科团队的支持。将来,科研模式也在从以个体导向为主向跨学科的群组导向模式转变,改进项目资助机制,探索跨域融合性发展的评价指标和评价方法,完善多学科融合人才的培养方式。

就政府而言,中央政府、地方政府需要持续稳定地支持科学研究,支持教育发展,为中国未来科技的发展奠定久远的基础。提供研究资助,有政府渠道,有民间渠道;有面向研究机构的,有面向高等院校的,有面向企业的。所以,现在为中国科技发展提供动力的科研动员方式、组织方式、资助方式是否仍然符合未来趋势的要求,值得认真分析和规划。需要不断调整科技发展战略,以便在世界范围内保持科技竞争力。

高端制造：机床产业的态势及中国高档数控机床的发展方向[*]

苏　铮[①]

在建设现代化产业体系过程中，以数字技术为基础，将发展的着力点还是放在实体产业上，促进产业基础再造和重大技术装备攻关，推动制造业高端化、智能化、绿色化发展，提升战略性装备系统的供应及保障能力。

高端机床装备，尤其是高档数控机床构成制造业的核心装备，成为新一代智能制造的基础单元，不但为国家产业转型升级提供关键技术支撑，还在大飞机等重大工程中具有关键作用。我国已连续多年成为世界最大的机床装备生产国、消费国和进口国，在中高端机床市场中所占的份额不断提升，但仍面临着产业结构不合理、自主创新能力不足等多项挑战。

多年来，机床产业一直践行产学研合作的技术创新模式，从"产学研"到"产学研用"再到"政产学研用"。从整体上来看，我国机床产业技术创新体系尚未完全建立，尤其是共性基础技术研究方面的能力依然较弱。研究国内外机床产业尤其是高档数控机床产业的发展、环境、政策、侧重点、未来方向等，对我国高档数控机床的未来发展具有重要的现实意义。

一、全球机床产业市场的发展态势

（一）全球机床产业生产与消费市场的变动较大

近十年来，受需求剧烈变动的影响，全球机床生产和消费动态有较大的

---

[*] 部分内容在北京大学远望15年中国发展座谈会上做过交流。
[①] 苏铮，工学博士、高级工程师，工业和信息化部产业发展促进中心专项三处处长，长期从事装备制造业领域重大科技项目的规划和管理工作。

波动。根据 Gardner Intelligence 公司对世界机床产业的调查统计数据,2019年全球机床产值、消费额分别为 842 亿美元和 821 亿美元,降幅分别为 11%和 10.7%。中国是世界机床市场的最大消费国,这种世界性的波动对中国的影响很大。

图 1 是 2009—2019 年全球机床的产值变动情况。图中显示,2009—2019 年,全球机床产值波动较大。下降幅度最大的是 2013 年,降幅接近 30%。2019 年降幅在 10% 左右。2019 年,中国机床产值在全球生产中的份额为 23.1%;当年中国机床产值为 194 亿美元,比 2018 年下降了 40 亿美元,降幅达 17.1%,这一降幅直接造成了全球机床市场的下滑。

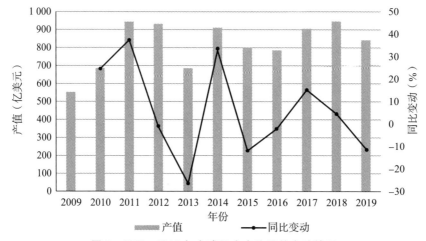

图 1　2009—2019 年全球机床产值及其变动情况

资料来源:Gardner Intelligence。

图 2 是 2009—2019 年全球机床消费额及其变动情况。2019 年,绝大多数国家机床生产和消费均有所下降。2019 年,中国机床消费为 223 亿美元,同比下降 64.4 亿美元,降幅达 20%;中国机床消费下降约占全球机床消费下降的 67%,影响很大;中国机床消费占全球机床消费市场的 27.2%,这是中国机床消费自 2009 年以来首次占全球机床消费市场不到 30%。

表 1 是 2019 年全球机床生产和消费排名前 10 位的国家/地区情况。2019 年全球机床生产前 10 位的国家/地区中,有 9 个国家/地区出现下降,只有巴西是增长的;2019 年全球机床消费前 10 位的国家/地区中,有 7 个国家/地区出现下降,美国、墨西哥、巴西 3 个国家有所增长。

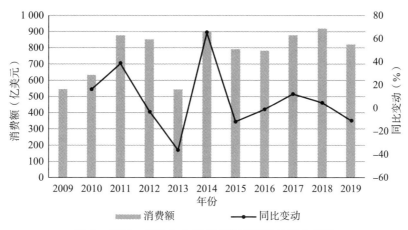

图 2　2009—2019 年全球机床消费额及其变动情况

资料来源：Gardner Intelligence。

表 1　2019 年全球机床生产和消费排名前 10 位的国家/地区情况

排名	国家/地区	2019年产值（十亿美元）	2018年产值（十亿美元）	同比变动(%)	排名	国家/地区	2019年消费额（十亿美元）	2018年消费额（十亿美元）	同比变动(%)
1	中国大陆	19.42	23.46	−17.22	1	中国大陆	22.3	28.84	−22.68
2	德国	14.00	14.99	−6.60	2	美国	9.7	9.58	1.25
3	日本	12.99	14.76	−11.99	3	德国	7.9	8.11	−2.59
4	意大利	6.51	7.23	−9.96	4	日本	6.0	6.54	−8.26
5	美国	6.00	6.22	−3.54	5	意大利	4.4	5.22	−15.71
6	韩国	4.47	5.29	−15.50	6	韩国	3.2	3.94	−18.78
7	中国台湾	3.95	4.70	−15.96	7	印度	2.6	2.88	−9.72
8	瑞士	3.21	3.85	−16.62	8	墨西哥	2.5	2.27	10.13
9	巴西	1.62	1.09	48.62	9	巴西	2.0	1.44	38.89
10	西班牙	1.23	1.35	−8.89	10	俄罗斯	1.8	1.81	−0.55

资料来源：Gardner Intelligence。

图 3、图 4 显示，2019 年全球机床产值排名前 10 位的国家/地区占全球市场份额的 87%，消费前 10 位的国家/地区占全球市场份额的 76%。2019

年全球机床产量排名前3位的中国大陆、德国、日本产值总额超过全球的一半,达到55%。2019年消费排名前3位的中国大陆、美国、德国消费总额占全球份额的49%。

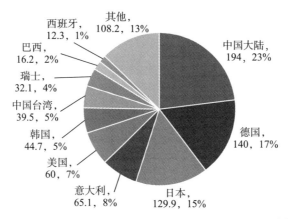

图3 2019年全球机床产值排名前10位的国家/地区及其占比(产值单位:亿美元)

资料来源:Gardner Intelligence。

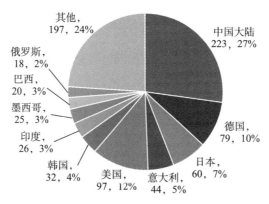

图4 2019年全球机床消费额排名前10位的国家/地区及其占比(消费额单位:亿美元)

资料来源:Gardner Intelligence。

(二)全球机床进出口,少数国家/地区增长明显,多数平稳

2019年全球机床出口排名前10位的国家/地区与2018年保持一致,依次为德国、日本、中国大陆、意大利、中国台湾、瑞士、美国、韩国、比利时与西班牙。位居前2位的德国、日本出口优势明显,2019年出口额分别为91.9亿美元、79.4亿美元(见表2)。

表2 2018—2019年全球机床出口排名前10位的国家/地区情况

单位:亿美元

排名	2018年	出口额	2019年	出口额
1	德国	103.69	德国	91.9
2	日本	92.29	日本	79.4
3	中国大陆	40.81	中国大陆	44.2
4	意大利	38.73	意大利	37.5
5	中国台湾	36.02	中国台湾	30.7
6	瑞士	33.64	瑞士	27.0
7	美国	29.40	美国	24.1
8	韩国	26.11	韩国	23.2
9	比利时	14.69	比利时	12.8
10	西班牙	11.50	西班牙	10.3

资料来源:Gardner Intelligence。

与2018年相比,2019年法国进入全球十大机床进口国家/地区序列,排名前10位的国家/地区分别为中国大陆、美国、德国、墨西哥、意大利、印度、俄罗斯、法国、越南、比利时,2019年位居前2位的中国大陆、美国机床进口额分别为72.9亿美元、61.2亿美元(见表3)。

表3 2018—2019年全球机床进口排名前10位的国家/地区情况

单位:亿美元

排名	2018年	进口额	2019年	进口额
1	中国大陆	94.6	中国大陆	72.9
2	美国	63.0	美国	61.2
3	德国	35.0	德国	30.8
4	墨西哥	22.5	墨西哥	25.0
5	意大利	18.6	意大利	16.0
6	印度	16.8	印度	15.0
7	比利时	14.1	俄罗斯	12.2
8	越南	13.0	法国	12.0
9	俄罗斯	12.7	越南	11.9
10	韩国	12.7	比利时	11.9

资料来源:Gardner Intelligence。

2018年、2019年重点国家/地区主要进出口产品情况如表4、表5所示。

表4 2018年重点国家/地区主要进出口产品情况

单位:亿美元

国家/地区	主要出口产品	出口金额	主要进口产品	进口金额
德国	加工中心	29.48	特种加工机床(电火花加工机床、激光机、水切割机床及其他机床)	8.08
	金属成形机床(锻压机、冲压机、折弯机、剪板机、压力机)	14.89	车床	6.87
	特种加工机床(电火花加工机床、激光机、水切割机床及其他机床)	14.03	加工中心	6.26
	车床	12.90	磨床、珩磨机、研磨机	5.13
	磨床、珩磨机、研磨机	12.04	金属成形机床(锻压机、冲压机、折弯机、剪板机、压力机)	4.59
日本	加工中心	36.65	特种加工机床(电火花加工机床、激光机、水切割机床及其他机床)	2.16
	车床	18.90	车床	2.15
	特种加工机床(电火花加工机床、激光机、水切割机床及其他机床)	11.36	加工中心	1.51
	金属成形机床(锻压机、冲压机、折弯机、剪板机、压力机)	10.40	磨床、珩磨机、研磨机	1.41
	磨床、珩磨机、研磨机	8.18	金属成形机床(锻压机、冲压机、折弯机、剪板机、压力机)	1.36
中国大陆	特种加工机床(电火花加工机床、激光机、水切割机床及其他机床)	10.77	加工中心	31.55
	金属成形机床(锻压机、冲压机、折弯机、剪板机、压力机)	10.62	特种加工机床(电火花加工机床、激光机、水切割机床及其他机床)	16.10

单位:亿美元 （续表）

国家/地区	主要出口产品	出口金额	主要进口产品	进口金额
	车床	5.95	金属成形机床（锻压机、冲压机、折弯机、剪板机、压力机）	13.35
	镗床、钻床、铣床、螺纹加工机床	3.29	磨床、珩磨机、研磨机	12.91
	拉床、齿轮加工机床、锯床	2.91	车床	8.17
中国台湾	加工中心	13.65	特种加工机床（电火花加工机床、激光机、水切割机床及其他机床）	4.50
	车床	6.80	车床	1.23
	金属成形机床（锻压机、冲压机、折弯机、剪板机、压力机）	4.43	加工中心	1.21
	镗床、钻床、铣床、螺纹加工机床	3.69	金属成形机床（锻压机、冲压机、折弯机、剪板机、压力机）	0.91
	磨床、珩磨机、研磨机	2.71	磨床、珩磨机、研磨机	0.78
瑞士	特种加工机床（电火花加工机床、激光机、水切割机床及其他机床）	11.48	车床	1.78
	磨床、珩磨机、研磨机	7.84	加工中心	1.40
	加工中心	4.46	金属成形机床（锻压机、冲压机、折弯机、剪板机、压力机）	1.12
	金属成形机床（锻压机、冲压机、折弯机、剪板机、压力机）	3.42	磨床、珩磨机、研磨机	0.89
	拉床、齿轮加工机床、锯床	2.36	特种加工机床（电火花加工机床、激光机、水切割机床及其他机床）	0.86
美国	金属成形机床（锻压机、冲压机、折弯机、剪板机、压力机）	6.65	加工中心	16.23
	加工中心	6.64	金属成形机床（锻压机、冲压机、折弯机、剪板机、压力机）	12.68

单位:亿美元 （续表）

国家/地区	主要出口产品	出口金额	主要进口产品	进口金额
	特种加工机床（电火花加工机床、激光机、水切割机床及其他机床）	5.36	车床	11.54
	车床	3.67	特种加工机床（电火花加工机床、激光机、水切割机床及其他机床）	8.52
	磨床、珩磨机、研磨机	2.46	磨床、珩磨机、研磨机	4.77
韩国	车床	8.81	特种加工机床（电火花加工机床、激光机、水切割机床及其他机床）	3.38
	加工中心	6.93	加工中心	2.07
	金属成形机床（锻压机、冲压机、折弯机、剪板机、压力机）	4.78	金属成形机床（锻压机、冲压机、折弯机、剪板机、压力机）	2.04
	特种加工机床（电火花加工机床、激光机、水切割机床及其他机床）	2.41	磨床、珩磨机、研磨机	1.95
	磨床、珩磨机、研磨机	1.06	车床	1.13

资料来源：Gardner Intelligence。

表5 2019年重点国家/地区主要进出口产品情况

单位:亿美元

国家/地区	主要出口产品	出口金额	主要进口产品	进口金额
德国	加工中心	24.15	特种加工机床（电火花加工机床、激光机、水切割机床及其他机床）	6.63
	金属成形机床（锻压机、冲压机、折弯机、剪板机、压力机）	13.73	车床	6.32
	特种加工机床（电火花加工机床、激光机、水切割机床及其他机床）	12.64	加工中心	5.58

单位:亿美元 （续表）

国家/地区	主要出口产品	出口金额	主要进口产品	进口金额
	磨床、珩磨机、研磨机	10.88	磨床、珩磨机、研磨机	4.44
	车床	10.85	金属成形机床（锻压机、冲压机、折弯机、剪板机、压力机）	4.37
日本	加工中心	27.79	车床	1.98
	车床	18.41	加工中心	1.74
	金属成形机床（锻压机、冲压机、折弯机、剪板机、压力机）	10.08	特种加工机床（电火花加工机床、激光机、水切割机床及其他机床）	1.70
	特种加工机床（电火花加工机床、激光机、水切割机床及其他机床）	8.21	金属成形机床（锻压机、冲压机、折弯机、剪板机、压力机）	1.56
	磨床、珩磨机、研磨机	7.72	磨床、珩磨机、研磨机	1.48
中国大陆	金属成形机床（锻压机、冲压机、折弯机、剪板机、压力机）	11.59	加工中心	23.73
	特种加工机床（电火花加工机床、激光机、水切割机床及其他机床）	11.27	金属成形机床（锻压机、冲压机、折弯机、剪板机、压力机）	12.66
	车床	4.99	磨床、珩磨机、研磨机	10.67
	拉床、齿轮加工机床、锯床	3.39	特种加工机床（电火花加工机床、激光机、水切割机床及其他机床）	9.53
	镗床、钻床、铣床、螺纹加工机床	3.36	车床	6.54
中国台湾	加工中心	10.72	特种加工机床（电火花加工机床、激光机、水切割机床及其他机床）	2.86
	车床	6.16	加工中心	1.44
	金属成形机床（锻压机、冲压机、折弯机、剪板机、压力机）	4.13	磨床、珩磨机、研磨机	1.06
	镗床、钻床、铣床、螺纹加工机床	2.75	车床	1.04
	磨床、珩磨机、研磨机	2.67	金属成形机床（锻压机、冲压机、折弯机、剪板机、压力机）	0.99

单位:亿美元　（续表）

国家/地区	主要出口产品	出口金额	主要进口产品	进口金额
瑞士	特种加工机床（电火花加工机床、激光机、水切割机床及其他机床）	8.40	车床	1.83
	磨床、珩磨机、研磨机	6.63	加工中心	1.59
	加工中心	3.31	金属成形机床（锻压机、冲压机、折弯机、剪板机、压力机）	0.99
	金属成形机床（锻压机、冲压机、折弯机、剪板机、压力机）	2.93	磨床、珩磨机、研磨机	0.93
	拉床、齿轮加工机床、锯床	2.24	特种加工机床（电火花加工机床、激光机、水切割机床及其他机床）	0.86
美国	金属成形机床（锻压机、冲压机、折弯机、剪板机、压力机）	5.85	加工中心	15.18
	加工中心	4.94	车床	12.09
	特种加工机床（电火花加工机床、激光机、水切割机床及其他机床）	4.37	金属成形机床（锻压机、冲压机、折弯机、剪板机、压力机）	11.66
	车床	3.11	特种加工机床（电火花加工机床、激光机、水切割机床及其他机床）	8.63
	磨床、珩磨机、研磨机	1.77	磨床、珩磨机、研磨机	5.02
韩国	车床	6.99	特种加工机床（电火花加工机床、激光机、水切割机床及其他机床）	2.56
	金属成形机床（锻压机、冲压机、折弯机、剪板机、压力机）	5.46	加工中心	1.72
	加工中心	5.19	金属成形机床（锻压机、冲压机、折弯机、剪板机、压力机）	1.62

单位:亿美元 （续表）

国家/地区	主要出口产品	出口金额	主要进口产品	进口金额
	特种加工机床(电火花加工机床、激光机、水切割机床及其他机床)	2.77	磨床、珩磨机、研磨机	1.52
	磨床、珩磨机、研磨机	0.93	车床	0.98

资料来源:Gardner Intelligence。

从2009—2019年重点国家/地区机床出口情况来看,德国、日本机床出口一直处于遥遥领先的优势地位,日本机床出口2011年达到最高值(131亿美元),德国在2013年达到最高值(107亿美元),美国、意大利、韩国、瑞士、中国大陆、中国台湾等机床出口基本呈平缓态势。

从2009—2019年重点国家/地区机床进口情况来看,中国大陆、美国机床进口处于高位,2012年中国大陆机床进口达到最高值(137亿美元),之后基本呈现持续下跌态势;美国基本呈现平稳上升态势,并在2018年达到最高值(63亿美元);其他国家/地区整体呈现平稳波动态势。

(三) 全球机床和高档数控机床的技术发展情况

当前,新一轮科技革命和智能制造快速发展,推动着产业技术变革和优化升级,推动制造业产业模式和企业形态发生根本性转变,高速度、高加速度、高精度、高可靠性等始终是高档数控机床的重要发展方向,而高性能化、复合化和智能化成为产业发展的战略高地。不同工艺复合的机床装备用于特定产品或特定生产工序的批量生产,不同的加工方法复合成为新的发展趋势。

1. 在产品功能领域

在功能方面,国外先进企业机床向深度复合化、模块化和智能化方向发展。

一是复合化方面。机床复合化是机床发展的重要方向之一。不同工艺复合的机床装备用于特定产品或特定生产工序的批量生产,是降低制造成本、提高加工质量及生产效率的重要途径,如车铣复合加工、车(铣)磨复合加工、成形复合加工等，使加工精度和生产效率大大提高。日本德马吉森精机（DMG MORI）机床贸易有限公司研制的带磨削套件的 DMC 125 FD duoBLOCK 加工中心允许一次装夹进行铣削、车削和磨削加工，且在磨削后无须二次装夹即可钻削定位孔。日本山崎马扎克（MAZAK）株式会社采用 Done In One（所有加工流程只在一台机床上进行）的理念，开发的 INTEGREX i-200ST 结合了大功率车削中心和全功能加工中心的功能。机床复合的含义也越来越广，不同加工方法复合成为新的发展趋势，如机床切削与激光/电子束/等离子增材复合将进入批量化工业应用，受到密切关注。日本大隈（OKUMA）株式会社 LASER EX 系列机床融合了铣削、磨削、金属增材、激光淬火工序，是集成了多种工艺的超级复合加工机床。日本株式会社松浦机械制作所和沙迪克（SODICK）株式会社开发出激光选区熔化（SLM）/铣削复合制造装备，并应用于带内流道的复杂精密模具制造。

二是模块化方面。在细分领域高度定制化发展趋势下，模块化机床成为新的发展方向。模块化机床是对组合机床的传承和创新，其最大的优点是机床部件的模块化，降低了机床制造成本，缩短了制造周期，简化了零件加工工艺。德国埃马克（EMAG）集团倒立式多功能生产中心的小型生产线由多台倒立式车床模块化组合而成，主要针对盘类、轴类零件加工进行配置和组合。日本富士（FUJI）机械制造株式会社开发出模块化机床生产线，由多个车削模组和钻铣模组组成，不同组合方式主要根据零件的加工工艺安排。

三是智能化方面。高档数控机床经过自动化、数字化、柔性化发展过程，正在向智能化方向加速发展。随着工业互联网、大数据、新一代人工智能技术等与机床产品加速融合，实现数字化车间/工厂内部纵向集成，整合各种智能装备、信息系统、物料系统等制造资源，达成自感知、自学习、自适应、自组织和自决策，支撑智能制造系统。西门子公司开发出基于开源 Cloud Foundry 云平台的开放式物联网操作系统 MindSphere，并推出了最新一代数控系统 Sinumerik One，具有创建相应数字孪生的多功能软件，以实现虚拟与现实的无缝交互。日本发那科（FANUC）株式会社数控系统以提高机床控制智能化为方向，在其新系统 OiMF 上配备了智能化功能群，包括智能重叠控制、智能进给轴加减速、智能主轴加减速、智能自适应控制等。日本山崎马扎克智能工厂理念融合了信息技术、互联网技术,运用物联网技术建立综合支持系统,其推出的Smooth Technology(流畅技术)通过控制直线轴和转动轴的最佳加速度,使5轴联动加工的效率提高了30%。日本德马吉森精机的全新工业互联网接口支持MQTT标准和MTconnect协议,也支持基于OPC UA(OPC Unified Architecture,一种基于服务的、跨越平台的解决方案)的子标准。德国高迈特(Komet)精密刀具有限公司开发的加工过程监控系统,能够检测加工过程中的颤振、断刀,自适应调整主轴转速与进给率。山崎马扎克、费舍尔(Fischer)公司等开发出以自感知、自决策、自调控功能为核心的智能主轴技术,越来越多的传感器被集成到电主轴中,结合相关控制软件,对电主轴的工作性能和状态进行实时在线监测及自适应补偿。

2. 在产品性能领域

随着重点领域产品加工需求的高速发展以及新材料、新技术的应用,机床装备的精度、速度/加速度、可靠性等性能指标不断演进提升。

一是在精度及精度保持性方面。在精度方面,精密加工机床定位精度从2009年的5微米提高到1微米,超精密加工机床已实现纳米级定位精度。日本德马吉森精机把运动组件配置在两根滚珠丝杠之间,形成理想的虚拟重心,极好地抑制了各轴进行驱动时产生的振动和弯曲,从而实现了稳定驱动。日本安田(YASDA)工业株式会社开发的预载自动调整型高速主轴(MODEL: SA型)在低转速时加大预加负载,高速旋转时根据轴承发热量自动调整预加负载,使高硬度材料的高精度加工成为可能。对于热位移而造成的加工误差,日本大隈以接受温度变化的"热亲和"为理念,通过热变形的简化结构、温度分布均一化设计及高精度热位移补偿等技术应用,所研制的龙门五面体加工中心将热位移抑制在原来的1/4。在没有恒温室条件下长时间持续运转,热位移也不会产生级差。日本安田生产的YMC430采用前后左右对称的H形立柱结构,形成低重心构造,保证了高刚性和稳定性,定位精度达到世界领先的1微米(重复定位精度达0.9微米)。瑞士迪西(DIXI)公司的DHP800 II高精度卧式加工中心定位精度达到2微米,重复定位精度达到1微米。美国穆尔(Moore)工具公司的Nanotech 250 UPL超精密单点金刚石车床加工面型误差(P-V)不超过 0.125 微米,表面粗糙度值 Ra 达到 3 纳米以内。瑞士斯图特(STUDER)机床公司 S40 磨削外圆圆度达到 0.3 微米。德国派士乐(Peiseler)公司最新产品的回转定位精度已达到 3 秒以内,重复回转定位精度在 1 秒以内。雷尼绍新近开发出世界首台蓝色激光对刀仪——NC4+Blue 非接触式对刀仪,显著改善了衍射效应,刀具重复测量精度达到 1 微米。先进企业通过机床用户现场采集及功能部件可靠性试验积累了大量基础数据,建立数据库并采用 FMECA 技术等进行数据分析处理,及时改进设计和采取故障排除措施。机床产品精度一致性和保持性始终保持高水平,在用户使用中很少或没有初始故障。日本德马吉森精机的 speed-Master 主轴失效率不到 1%,并提供 36 个月质保期且无工作时间限制。

二是在速度、加速度及动态特性方面。高档机床不断向高速、高加速度方向发展,高速主轴转速达到 15 000～80 000 转/分钟,工作台快移速度达到 60～200 米/分钟,切削进给速度超过 60 米/分钟,加速度 1～5 米/秒^2,换刀时间缩短到 0.5 秒。德国 DST 公司 EcoSpeed 系列加工中心主轴转速可达 30 000 转/分钟,进给加速度达到了 2 米/秒^2。日本德马吉森精机的 speed-MASTER 主轴最高转速同样高达 30 000 转/分钟。日本株式会社中西制作所(NAKANISHI)小尺寸高速主轴 ISPEED3 系列高频铣转速达到 80 000 转/分钟。德国巨浪(Chiron)集团篮式刀库换刀时间仅为 0.5 秒。高速进给要求数控系统运算速度快、采样周期短,还要求数控系统具有足够的前瞻处理能力。德国西门子股份公司在最新的数控系统系列 Sinumerik One 中所配置的极速功能能够显著提升机床的加工速度。

二、中国机床产业的国内市场及进出口发展状态

(一)国内市场规模波动发展

2009—2019 年,我国金属加工机床生产、消费呈现波动发展态势,基本在 2011 年、2012 年达到峰值,之后平缓发展。

1. 产业产值平稳发展

2009—2019 年,我国金属加工机床产业产值于 2009 年跃居全球首位,

达到153.0亿美元,并在2011年达到峰值(282.7亿美元),之后基本呈平稳发展态势,2019年实现产值194.2亿美元(见图5)。

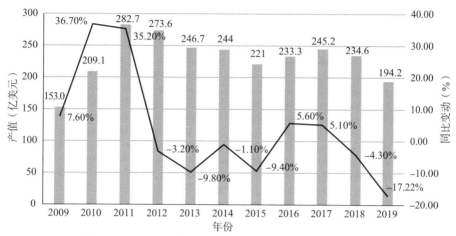

图5 2009—2019年我国金属加工机床产值及其变动情况

资料来源:中国机床工具工业协会。

2. 产量小幅波动

2009—2019年,我国金属加工机床产量在2014年达到峰值,产量为120.6万台,之后有小幅波动,受行业产业结构调整影响,2018年出现大幅下滑,产量为71.9万台,2019年进一步滑落至65.0万台(见图6)。

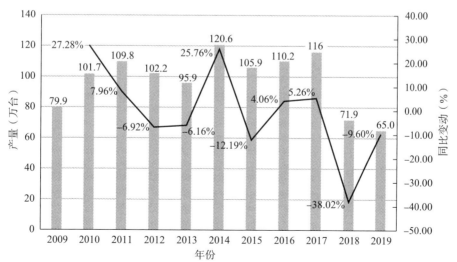

图6 2009—2019年我国金属加工机床产量及其变动情况

资料来源:中国机床工具工业协会。

3. 市场消费小幅波动

2009—2019年，我国金属加工机床消费总额在2011年达到峰值，为390.9亿美元，随后呈小幅波动下降态势，2019年消费总额为223.1亿美元（见图7）。

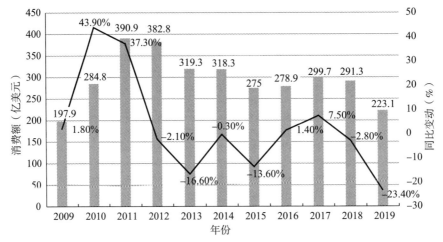

图7　2009—2019年我国金属加工机床消费额及其变动情况

资料来源：中国机床工具工业协会。

（二）中国机床产品进出口情况

1. 出口少，进口多，机床进出口长时间处于逆差状态

2012—2019年，我国金属加工机床受国内消费总额下降的影响而呈现规模缩减状态，进口额于2016年降至谷底，为75.15亿美元，随后缓慢上升，2018年为96.7亿美元，2019年又降至72.8亿美元。2019年，我国金属加工机床出口额为44亿美元，贸易逆差28.8亿美元。

图8显示，2012—2019年，我国金属加工机床进口多，出口少，进出口一直处于逆差状态。

从机床的主要产品品类来看，同样是出口少于进口。表6显示了2018—2019年我国主要机床产品进出口情况。

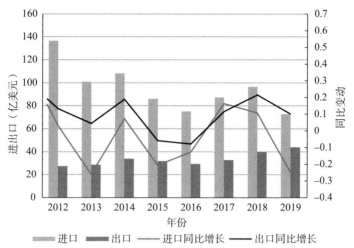

图 8　2012—2019 年我国金属加工机床进出口及其变动情况

资料来源：中国机床工具工业协会。

表 6　2018—2019 年我国主要机床产品进出口情况

单位：亿美元

2018 年我国主要机床产品进出口情况			
主要出口产品	出口金额	主要进口产品	进口金额
特种加工机床（电火花加工机床、激光机、水切割机床及其他机床）	10.77	加工中心	31.55
金属成形机床（锻压机、冲压机、折弯机、剪板机、压力机）	10.62	特种加工机床（电火花加工机床、激光机、水切割机床及其他机床）	16.10
车床	5.95	金属成形机床（锻压机、冲压机、折弯机、剪板机、压力机）	13.35
镗床、钻床、铣床、螺纹加工机床	3.29	磨床、珩磨机、研磨机	12.91
拉床、齿轮加工机床、锯床	2.91	车床	8.17
2019 年我国主要机床产品进出口情况			
金属成形机床（锻压机、冲压机、折弯机、剪板机、压力机）	11.59	加工中心	23.73
特种加工机床（电火花加工机床、激光机、水切割机床及其他机床）	11.27	金属成形机床（锻压机、冲压机、折弯机、剪板机、压力机）	12.66

单位:亿美元 （续表）

2019年我国主要机床产品进出口情况			
主要出口产品	出口金额	主要进口产品	进口金额
车床	4.99	磨床、珩磨机、研磨机	10.67
拉床、齿轮加工机床、锯床	3.39	特种加工机床（电火花加工机床、激光机、水切割机床及其他机床）	9.53
镗床、钻床、铣床、螺纹加工机床	3.36	车床	6.54

资料来源:Gardner Intelligence。

就表6看，无论是2018年还是2019年，各主要机床产品总体上仍是进口大于出口，但将进口和出口分开来看，2019年进口的各类机床产品都比2018年少。造成进出口逆差的主要原因是作为世界第一制造大国，我国机床需求比较旺盛，而我国中高端数控机床的研发和制造能力有限，尚不能完全满足用户的需求，长期处于逆差状态，并一直延续到2019年。

2. 18种代表性机床产品的进出口数量及金额的三年变动

我们选取18种代表性的机床产品，并对其进口数量和进口额进行监测分析。表7是2017—2019年18种机床产品的进口数量。

表7 2017—2019年18种机床产品的进口数量

单位:台

序号	海关编码	产品名称	2017年进口数量	2018年进口数量	2019年进口数量
1	84563010	数控电加工机床	2 256	2 150	1 183
2	84571010	立式加工中心	30 008	25 062	7 041
3	84571020	卧式加工中心	2 529	2 947	2 160
4	84571030	龙门式加工中心	646	697	750
5	84571091	铣车复合加工中心	161	223	278
6	84571099	钻削及小型加工中心	63	106	64
7	84581100	数控卧式车床	3 960	4 101	2 883

单位:台 (续表)

序号	海关编码	产品名称	2017年进口数量	2018年进口数量	2019年进口数量
8	84589110	数控立式车床	1 470	1 323	868
9	84593100	数控镗铣床	57	69	87
10	84594100	数控镗床	39	39	43
11	84596110	龙门数控铣床	408	317	207
12	84601210	数控平面磨床	413	458	506
13	84602319	数控外圆磨床	479	536	404
14	84602411	数控内圆磨床	215	305	162
15	84604010	金属珩磨机床	221	238	124
16	84604020	金属研磨机床	1 619	1 110	886
17	84614011	数控齿轮磨床	231	288	225
18	84614019	数控切齿机及齿轮精加工机床	341	353	292

资料来源:根据海关数据整理。

从表7看,进口的18种机床产品中,有五种产品三年总体下降、五种产品三年逐年上升,另有八种产品三年中第二年上升第三年下降。这种态势的出现与国内该类产品龙头制造企业重点产品研发、制造能力的提升和下降有直接关系,一方面是科技重大专项的支持和民营企业的快速崛起,另一方面则是以"十八罗汉"为代表的原有龙头企业的普遍衰落。

表8是2017—2019年18种机床产品的进口金额。

表8 2017—2019年18种机床产品的进口金额

单位:百万美元

序号	海关编码	产品名称	2017年进口金额	2018年进口金额	2019年进口金额
1	84563010	数控电加工机床	203.44	234.10	143.71
2	84571010	立式加工中心	1 815.59	1 724.30	796.27
3	84571020	卧式加工中心	1 130.31	1 236.75	878.30

单位：百万美元　（续表）

序号	海关编码	产品名称	2017年进口金额	2018年进口金额	2019年进口金额
4	84571030	龙门式加工中心	327.25	299.17	269.77
5	84571091	铣车复合加工中心	88.69	165.21	161.56
6	84571099	钻削及小型加工中心	29.03	41.15	29.13
7	84581100	数控卧式车床	416.51	510.54	446.10
8	84589110	数控立式车床	229.21	274.38	179.20
9	84593100	数控镗铣机床	28.96	36.61	52.93
10	84594100	数控镗床	15.61	19.66	34.26
11	84596110	龙门数控铣床	110.65	71.86	79.75
12	84601210	数控平面磨床	66.80	78.56	133.91
13	84602110	数控外圆磨床	202.86	216.38	172.31
14	84602411	数控内圆磨床	60.36	86.40	53.84
15	84604010	金属珩磨机床	69.36	121.12	69.05
16	84604020	金属研磨机床	51.99	55.72	64.40
17	84614011	数控齿轮磨床	168.12	235.10	182.30
18	84614019	数控切齿机及齿轮精加工机床	141.89	175.56	161.70

资料来源：根据海关数据整理。

与进口数量相比，18种机床产品进口金额的状态（下降与上升）多数与进口数量的状态趋同，但也有状态不同的产品。例如，金属研磨机床三年的进口数量分别为1619、1110、886台，逐年减少，而三年的进口金额却分别为51.99、55.72、64.40百万美元，逐年上升。龙门式加工中心三年的进口数量分别为646、697、750台，逐年增加，而三年的进口金额却分别为327.25、299.17、269.77百万美元，逐年下降。还有一些不同的情况。这与相应产品的国内需求结构变化有关，金属研磨机床的进口主要集中在高端产品，数量减少但金额上升，进口产品单台价格大幅提高；反之亦然。

三、可借鉴的发达国家机床产业发展的政策与规划

发达国家机床产业的发展历程、政策、战略、规划、计划等,是其他国家更是发展中国家发展机床产业很好的借鉴,对中国机床产业的未来发展也具有重要的参考价值。这里选择美国、欧盟、德国、日本等四个机床产业发达的经济体,来考察一下机床产业发展的战略性问题。

(一) 美国的机床鼓励政策和近几年的战略动向

1. 高端用户的需求及政府政策推动本国机床产业快速发展

美国机床产业的发展始于军方需求,20世纪50年代,美国国防部资助了机床产业,随之发明出的数控机床也主要来自军方需求,之后不断向民用航空和汽车用户领域扩散。1952年,麻省理工学院研制出第一台数控铣床,联邦政府立刻组织军工部门订货100台用于生产,并不断改进,从而推动数控机床技术持续提高。联邦政府因军事需求而不断提出机床产业的发展方向和科研任务,并提供充足的经费,注重基础研究,使机床技术实现不断创新。美国机床在世界上处于领先地位,主要受益于联邦政府对机床技术创新的重视。联邦政府组织科研单位和企业进行科研合作,并在新产品开发成功后,组织订货推广使用,推动科研的进一步深化。第二次世界大战后,由于美国偏重基础研究而忽视应用研究,再加上数控系统供应商与主机制造商未形成协同发展,以及只重视发展高端、复杂的技术与产品,美国机床产业在20世纪70年代呈现逐步衰退趋势,1978年,美国首次成为机床设备的净进口国,50%以上的机床消费依赖进口。

2. 运用贸易保护政策维护国内机床产业

美国一直以来都奉行贸易保护主义,20世纪80年代,联邦政府针对机床产业出现的贸易赤字现象,认为美国安全受到了机床进口的影响与威胁。1986年,美国为保护本国数控机床生产拟订了"自我设限协议"(VRA),限制日本、德国、瑞士等向美国出口机床。美国与当时的机床主要出口国日本

达成了一个有效期为5年(1987—1991)的出口限制协议,协议规定1987年进口来源于日本的加工中心、数控车床及某些数控成形机床在美国的市场份额分别限定在57%、52%和19%的比例之内,非数控车床、铣床、非数控钻孔和剪切机被限制在1985年的市场份额内。

3. 奥巴马政府制定的振兴制造业及机床产业的法案

奥巴马政府为了缓解金融危机给美国制造业带来的不利影响,以及迎合新一轮产业革命,重塑制造业的全球领先地位与竞争优势,相继推出了一系列促进制造业振兴的计划与法案。一方面,美国是机床制造强国,也是机床消费大国;另一方面,美国制造业的振兴离不开"工作母机"机床。因此,在金融危机后,美国出台的一系列促进制造业振兴的计划都对机床产业的发展起到了积极作用。2010年8月,奥巴马政府签署了《制造业促进法案》,授权免除了包括机床制造装备在内的800种制造业原材料和中间产品的进口关税,以降低制造业生产成本。2011年,为确保先进制造业的领先地位,美国成立了先进制造伙伴关系指导委员会,提出以先进制造业为出发点的制造业复苏策略。2012年,美国政府发布了"先进制造业国家战略计划",明确提出了美国实现先进制造业发展战略的具体要求。先进制造业的发展离不开高档机床的支撑,同时高档机床又是先进制造的主要领域,是各工业发达国家抢占全球竞争制高点的关键,《制造业促进法案》、"先进制造业伙伴计划"(AMP)等重振制造业的一系列政策,都为美国高档机床的发展营造了良好的政策氛围,通过加大政府投资、加强国家产业安全来构建以高档机床为代表的先进制造业的产业生态。

4. 特朗普政府对中国机床产业的限制政策

特朗普执政后,对华政策的整体战略转向导致美国多个政府部门纷纷对华筑起科技壁垒。特朗普在2017年的就职演讲中明确提出了"买美国的商品、雇美国的工人"两条最基本的经济政策,并把制造业流失的矛头指向中国。美国资本、技术、人员三个渠道全面收紧。2018年6月15日,美国政府发布了加征关税的商品清单,在加征关税的清单中,机床类产品几乎全部覆盖。只要是出口到美国的机床,不管是何种机床,也不管档次如何,在原来5%的关税基础上,一律加收25%的关税,变成30%。另外对刀具工具类、功能部件、附件、磨料磨具等,也统统加收25%的关税。

(二)欧盟制定多项与发展机床产业相关的规划和计划

为保持欧洲制造业的基础性领先地位,提升制造业竞争实力,自金融危机以来,针对机床产业发展的具体要求,欧盟先后提出了多项行动计划和发展战略。

1. 欧盟科技框架计划对机床产业的促进

欧盟科技框架计划(Framework Programme,FP)是由欧盟委员会出资的当今全球最大的官方科技计划之一。欧盟多个框架计划的研究项目中都包含机床内容,例如第六框架计划(FP6)中涉及的中小企业研究项目(FP6-SME),就是为建设具有竞争力的机床产业而关注环保产品生命周期的管理项目(PROLIMA)。第七框架计划(FP7)十大主题之一的纳米科学、纳米技术、材料和新制造技术(FP7-NMP)领域中包含的即插即用联合接口模块计划(PoPJIM)、CHAMELEON计划(生产依赖于自适应的机床)、DEMAT项目等,都与机床产业的发展密切相关。此外,欧洲机床工业协会(CECIMO)是为第九框架计划(FP9)的制定提供研究建议的协会之一,CECIMO呼吁欧盟大幅增加用于机床研究和创新的预算。

2. 下一代生产系统为未来机床产业确立战略方向

下一代生产系统(The Next Generation Production Systems)是欧洲在生产系统领域经历的最大创举。该项目整合了欧洲生产机械行业的完整价值链,旨在确定未来的机器以及为制造业转型做出贡献的行业新业务模式。该项目涉及25个合作伙伴、80家机构、60个专家团队和2 400万欧元的预算。下一代生产系统项目确保欧洲在生产系统和设备领域保持领先。项目主要有五个方面的内容:一是绿色机床,二是用户导向的智能机床,三是突破性的高效加工工艺,四是新的经济活动领域,五是新的培训和推广方法。

3. "未来工厂"计划为中小企业的机床研发提供帮助

"未来工厂"(Factory of Future,FOF)计划是欧盟为提高市场竞争力于

2009年在企业层面推行的行动计划。该计划旨在建立欧洲机床产品技术的基础地位,重视占该行业85%的中小机床制造企业,促进中小企业进行项目的研发,强调未来欧洲机床的竞争力将来源于先进的生产技术、高投入的研究开发、快速的创新周期、高技能劳动力这几个方面。

4."地平线2020"计划重视数控机床及超精密机床等的发展

"地平线2020"(Horizon 2020)计划,即欧盟科研创新框架计划是欧盟有史以来规模最大的科研创新计划,该计划于2010年出台,聚焦欧盟层面的所有科研创新资金,广泛吸引学术科研机构和中小企业参与。在2014—2020年间共投资800亿欧元(约合人民币6 500亿元)。该计划十分重视欧洲数控机床及超精密机床等的发展,并推动多个机床领域相关项目,如TWIN-CONTROL项目、ComMunion项目、RECAM项目等的实施。

5."蓝色能力机床计划"强调机床产业环保及可持续发展

"蓝色能力机床计划"(Blue Competence Machine Tools)是CECIMO协会自2012年2月开始实施的一项以机床可持续发展为目标的行动计划。目前该计划已开放给所有欧洲机床企业参与,成为欧盟机床行业今后发展的核心计划。该计划是欧盟机床制造业第一个共同的振兴计划,覆盖机床行业生产、产品及商业实践领域统一的可持续目标和透明化标准。核心机制是自愿采用统一的节能和环保标准进行生产。自2012年实施以来,已有8个欧洲国家机床行业相关协会、57家机床企业和研究机构加入该计划。为了参与蓝色能力机床计划,机床制造企业和研究机构必须在生产及商业实践中达到预定的可持续性标准。为了达到这些标准,成员企业需迎接欧洲机床行业面临的挑战。蓝色能力机床计划帮助满足要求的企业将成功案例分享给所有相关的目标群体,让客户了解它们提供的可持续解决方案及其经济优势,促使企业从竞争中脱颖而出。CECIMO协会认为该计划是一项长期承诺,将可持续性原则融入机床行业,从而提升企业的竞争力。为应对社会责任多方面的挑战,蓝色能力机床计划于2018年1月进行了更新,形成了一个更广泛的倡议,其中包含环境、社会和经济三个维度更广泛的可持续发展理念。

（三）政府扶持、职业教育制度、企业创新体系奠定了德国机床产业的基础

德国机械制造在世界享有盛名，在机床等机械制造领域具有扎实、雄厚的发展基础。德国政府一贯重视包括机床在内的机械制造，采取多种措施给予积极支持。

1. 政府长期进行的多方面扶持，奠定了德国机床产业扎实而雄厚的发展基础

19世纪，德国政府就树立了自己制造机床的创新理念，并设立了机床实验室，在发展采矿、船舶等重工业之际，也带动了重型机床的发展。第二次世界大战后，德国政府大力推动机床产业的发展，通过制定机床工业标准，更新产品结构，将电子技术融入机床传统技术领域，为德国数控机床的进一步发展提供了有力支撑。1995年，政府出台《制造技术2000年框架方案》，确定了关系到21世纪德国制造业发展的六大研究重点，其中包括机床结构化技术研究和机床关键零部件设计制造技术研究。

2. 重视理论与实际相结合，重视职业教育，构建专业技术体系

德国在重视基础科研与应用技术发展的同时，更加重视"以人为本"的工业技能传承。德国在机床专业人才培养方面具备很强的优势和值得借鉴之处。其专业人才主要接受职业教育和大学教育，职业教育为德国机床产业提供了大量具备丰富经验的高级技能人才，职业教育在德国的受关注程度甚至高于普通教育和高等教育。据经济合作与发展组织（OECD）统计，德国80%的年轻人更愿意接受职业教育，而大学毕业生仅占同龄人总数的20%。一方面，德国政府出台了《职业教育法》等国家法律，重视职业教育；另一方面，众多包括机床在内的制造企业员工更愿意加入免费的职业培训之中，培训学习完毕后由国家相关部门进行考核并发放技能证书。

3. 完善产学研用创新架构，提高德国机床工业的全球竞争力

在德国，机械专业属于普通大学的专业设置，主要是开展机械理论基础方面的研究与开发，而机床专业属于应用技术型大学的专业设置，主要是开展针对机床专业的应用技术的研究与开发。德国以机床为代表的机械制造

业的中小企业占绝大多数,政府采取"中小企业创新核心项目计划"等一系列措施鼓励众多中小企业积极开展研发与创新活动。机床制造企业扎实、雄厚的技术积累,以大学为主的基础理论与前沿技术的持续创新,以及职业教育培养出的众多经验丰富的产业工匠,共同构建了德国机床产业持续、完善的产学研用创新体系,铸就了德国机床产业的全球竞争力。

(四)日本机床产业不同时期的政策重点

19世纪末以来,日本机床产业大致经历了四个发展阶段:第一阶段(初步发展期),19世纪后半期至20世纪40年代;第二阶段(快速成长期),20世纪50年代至80年代初期;第三阶段(发展壮大期),20世纪80年代中期至2008年金融危机;第四阶段(重塑地位期),2008年金融危机至今。每个阶段的机床产业发展均体现出不同的特点与主要措施,政府在政策法规方面均给予了积极的保障和支持。

1. 四个发展阶段的特点、典型产品及政府采取的主要措施

日本机床产业特点、发展历程与主要措施如表9所示。

表9 日本机床产业特点、发展历程与主要措施

发展阶段	发展时期	特点	典型产品	发展历程与主要措施
第一阶段(初步发展期)	19世纪后半期至20世纪40年代	军工需求促进机床产业发展	以手动操作为代表的车床、齿轮机床等普通机床	• 1889年,池贝铁工所建厂生产手动机床,大量军工用品极大地促进了机床产业的发展 • 1914—1918年,第一次世界大战进一步带动了日本机床产业的发展,机床产品覆盖大型机床、自动车床、齿轮机床 • 1934年,以机床大企业为代表组织成立了"日本工业联合会",进行技术层面的互助 • 1938年,日本政府出台了《机床制造事业法》,将机床产业纳入政策范围内,通过资金、税收等财政政策对机床产业发展进行大力扶植

（续表）

发展阶段	发展时期	特点	典型产品	发展历程与主要措施
第二阶段（快速成长期）	20世纪50年代至80年代初期	直接的产业政策实现机床快速发展	产品以机、电、液控制的高效自动化机床、生产线为主	• 1956年，日本政府出台了《机械工业振兴临时措施法》，重点振兴机床等领域的基础机械和基础零部件 • 1961年，《机械工业振兴临时措施法》第一次修订，制定"日本机床产业出口战略"，设立"日本机床出口振兴会" • 1966年，《机械工业振兴临时措施法》第二次修订，指定了八种机床为重点发展产品，并设定了相关质量性能、产销与设备投资指标 • 1971年，日本政府出台《特定电子工业和特定机械工业振兴临时措施法》，推动日本在数控机床领域实现跨越式发展 • 1978年，日本政府出台《特定机械情报产业振兴临时措施法》，指明了需要开发融合信息技术的若干高档数控机床产品 • 1982年，日本机床产值赶超美、德，位居世界第一，成为全球最大的机床生产国和出口国
第三阶段（发展壮大期）	20世纪80年代中期至2008年金融危机	实现柔性化、自动化生产系统	大力发展数控机床，并实现了"机床+机器人"的柔性化生产	• 20世纪80年代后期，发那科公司通过前二十多年在数控技术上的持续研究，致力于发展数控系统，相继建立了多家数字化工厂，利用"机床+机器人"的新兴技术组合，初步实现了柔性化、自动化生产 • 1999年，基于加强制造业技术基础的目标，日本政府出台了《制造业基础技术振兴基本法》 • 2000年，日本政府制定"国家产业技术战略"，机械等13个产业部门确定了发展目标及战略举措，通过研制新材料和开发新的制造工艺来推动机械制造业的发展，主要研发工作包括通过离子束、激光和电子束方式进行基础加工制造

（续表）

发展阶段	发展时期	特点	典型产品	发展历程与主要措施
第四阶段（重塑地位期）	2008年金融危机至今	重塑制造业基础性地位	融合新一代信息技术的智能化机床	• 2009年，为应对制造业空心化，日本政府制定了"2020—2025年高精密加工技术发展路线图"，瞄准高端技术，侧重能够提高产品在国际市场上的竞争力的先进加工制造技术，聚焦四大先进加工技术 • 2013年，日本内阁政府推出"战略性创新创造计划"（SIP），聚焦产业界、学术界以及政府机构跨部门的国家级科技专项计划，旨在促进技术的研发应用。其中，机床技术发展是SIP的一项核心内容。SIP主要涉及四个项目的机床技术基础研发

资料来源：根据相关资料整理得到。

2. 日本历史上具有重要作用的三部促进法规

日本历史上有三部法规对促进其机床制造业发挥了重要作用。1956年，日本政府出台了《机械工业振兴临时措施法》，确定19类基础振兴产品。15年后，即1971年日本政府出台了《特定电子工业和特定机械工业振兴临时措施法》，将机床总体和机床零部件分开，规定企业经营者需要向政府主管大臣报告9项生产技术研究计划及实施情况，用以推动数控机床的发展。又过了7年，即1978年日本政府出台了《特定机械情报产业振兴临时措施法》，提出发展数控机床、提高工作精度和安全性、降低成本等，要求日本数控机床1984年的产值要达到150亿日元。从三部法规可以看出日本政府和企业在20世纪50年代、70年代对机床产业发展的期望及要求。具体内容见表10。

表 10　日本三部法规中的机床相关政策一览

政策法规	主要内容	
《机械工业振兴临时措施法》	1. 在机械及零部件（包括半成品）中，要以法令确定一批特别需要改进性能质量和降低生产成本的特定机械产品，凡生产这些产品的行业必须制订合理化基本计划 2. 根据合理化基本计划制订合理化实施计划 3. 对特定机械工业合理化计划中确定的购置合理化设备所需资金，政府应尽量给予保证 4. 在特定情况下，行业经营者必须采取共同行动来确保合理化目标的实现，包括限制品种、限制生产数量、限制技术、限制零件和原材料的采购 5. 制定了 19 类基础振兴产品：①韧性铸铁件；②压铸件；③粉末冶金；④螺钉；⑤轴承；⑥齿轮；⑦金属切削机床；⑧电弧焊接机和电阻焊接机；⑨电动工具；⑩切削工具、硬质合金工具和钻石工具；⑪磨具；⑫液压泵和液压调节装置；⑬缝纫机零部件；⑭工业测长仪和精密测量仪器；⑮试验机；⑯钟表机器零部件；⑰双眼望远镜镜体和透镜；⑱电阻器与蓄电池；⑲汽车零部件	
	机床	零部件
《特定电子工业和特定机械工业振兴临时措施法》	1. 指明金属切削机床适用于该法案的规定 2. 企业经营者需要向主管大臣报告生产技术研究计划及实施情况，以及以下事项：①性能成本；②产量和成本；③生产效率；④销售数量和销售价格；⑤订货数量和库存数量；⑥制造和检验设备的状况以及新增设备的计划；⑦原材料和零部件的购入数量、购入价格、来源和库存数量；⑧失业人数；⑨财务计算 3. 为实现某些产品的合理化目标，需新增金属切削机床等其他设备	1. 指明零部件（包括半成品）适用于该法案的规定 2. 提出了试验研究的产品，具体到完成的目标年度及研究费用 3. 为实现某些产品的合理化目标，需促进某些零部件行业的发展 4. 合理化产品计划中包括某些零部件产品 5. 滚珠轴承、滚柱轴承的提高计划，包括目标、新增设备、生产规模、具体措施、所需资金、出口目标

（续表）

	机床	零部件
《特定机械情报产业振兴临时措施法》	1. 指明金属切削机床适用于该法案的规定 2. 金属切削机床产品要制订有关的提高计划,既包括需要研发试验的产品,也包括已经开始产业化的产品 3. 企业经营者需要向主管大臣报告生产技术试验研究的计划及实施概要,以及以下事项：①性能或质量；②产量及生产费用；③销售数量及销售价格；④订货数量；⑤与制造有关的设备状况及新增设备的有关计划；⑥从业人数；⑦财务计划 4. 提出发展数控机床,要提高工作精度和安全性、降低成本,要发展多轴同时控制金属加工机床的制造和使用技术,指出1984年数控机床的产值要达到150亿日元	1. 指明零部件（包括半成品）滚珠轴承、滚柱轴承适用于该法案的规定 2. 某些零部件产品要制订有关的提高计划,既包括需试验研究的产品、已经开始产业化的产品,还包括需改进质量、提高性能、降低成本等需生产合理化的产品,特别提到了滚珠轴承、滚柱轴承 3. 提出某些零部件产品的具体实施目标,如对于滚动轴承及滑动轴承,在提高大型轴承实用性、材料利用率的同时,优化产品品种

资料来源：根据相关资料整理得到。

上述美国、欧盟、德国、日本等四个发达经济体促进机床产业发展的政策法规,除企业的战略构思之外,主要是来自政府的措施办法。这些措施办法及框架对中国的机床产业发展具有重要的参考意义。

四、 中国高档数控机床国内重点行业的需求

中国正在社会主义现代化发展道路上前进。基础工业体系逐渐坚实,重大科技创新成果不断涌现。航空航天、汽车、能源装备、船舶、3C（计算机、通信、消费电子产品）、医疗器械等领域对高档数控机床的需求愈加迫切。如何适应这些需求,高档数控机床产业面临诸多挑战。

（一）民用航空航天航发产业对高档数控机床的需求

1. 中国航空器、航天器规模的扩大和质量的提高，对机床的高精密性要求越来越高

载人航天、空间站、"嫦娥工程"、国产大飞机、北斗卫星等领域的成就不断涌现，中国的航空航天产业进入扩展深化的发展阶段。

中国国内民航市场快速成长，对大飞机具有巨大的市场需求。波音公司的《当前市场展望2016—2035》报告预测了2016—2035年世界航空客流量的增长速度，并预测2035年中国将取代北美成为世界最大的航空客运市场（如图9所示）。

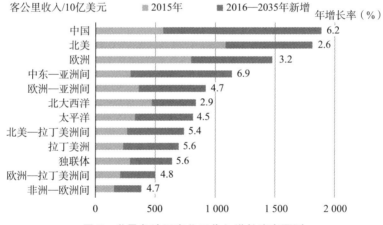

图9 世界各地区客公里收入增长速率预测

空客公司发布的未来20年市场预测中也显示，中国未来航空市场潜力巨大。中航工业《2015—2034年民用飞机中国市场预测年报》数据显示，预计2015—2034年间，中国需要补充各型民用客机5 522架，其中大型喷气式客机4 580架、支线客机942架。

航空发动机被誉为"现代工业皇冠上的明珠"，单台发动机由数千种、上万个零件装配而成，是一种高度复杂和精密的热力机械。智研咨询2015年发布的预测报告显示，未来20年全球售出的航空发动机总数将达到87 685台，市场总价值将达到1.36万亿美元，年均680亿美元。目前，世界上仅有美、俄、英、法、中五国独立掌握大推力航空发动机的设计制造技术。全球主要的军用航空发动机基本上被美国的通用电气（GE）和普拉特·惠特尼（Pratt & Whitney）、英国的罗尔斯－罗伊斯（Rolls-Royce）、法国的斯奈克玛（SNECMA）、俄罗斯的联合发动机制造集团（OAK）等垄断。

随着建设航天强国的战略部署，航天器的大型化、高精度、长寿命、短周期的发展特点对航天制造装备提出了新的挑战，运载火箭推进剂贮箱朝着大直径、大结构系数发展。产品结构随之向整体化、轻质化、复杂化的方向发展，大量采用新材料、新工艺和新技术，制造技术难度大，研制周期短，质量及可靠性要求高，工艺制造技术面临严峻挑战，对极限、复合、高精密等高端制造装备的需求也越来越迫切。

2. 民用航空产品制造对数控机床装备的需求

航空领域产品的发展面临三个基本趋势：一是高性能，要求广泛应用新型材料。新一代航空产品要求材料的比强度、比刚度高，具有较好的耐高温和抗低温性能，有足够的韧性和抗疲劳能力等，对材料的性能要求越来越高，除大量采用铝合金外，高温合金、钛合金、高强度钢、复合材料、工程陶瓷等新材料的应用也越来越多。二是轻量化，要求大量采用整体薄壁结构。航空产品结构件形状复杂，为了获得更好的机动性能、增大有效载荷和增加航程，航空飞行器提出了轻量化设计制造的新要求，一方面广泛应用新型轻质材料，另一方面在设计上采用整体薄壁结构件，如飞机的梁、框、肋、壁板等，此类构件具有几何尺寸大、壁薄等特点。三是精密化，要求加工精度不断提高。航空飞行器各种控制、导航等设备中，具有结构复杂、精度高的特点，其结构设计上多采用精密、薄壁甚至弹挠性结构等，此类零件在切削加工中，要求尺寸、形状精度达到亚微米级，表面粗糙度达到几十甚至几纳米。

因此，民用飞机产品加工对机床装备提出三个基本需求：一是高速化与复合化。高速机床首先应用于铝合金类零件的加工，主轴转速应高于12 000 转/分钟，个别需要可达 42 000 转/分钟，同时还需要高动态响应特性，加速度需达到 1 米/秒^2。为满足复杂零件的高效、高质量加工，需要具有多工艺复合的加工机床。二是高刚性与优良的热稳定性。针对钛合金、高温合金、不锈钢等难加工材料的加工,机床必须具有良好的静刚度、动刚度以及热稳定性,以减少由于工件负载和切削力引起的机床变形、动态切削过程产生的振动以及切削热和环境温度变化等作用引起的热变形。三是智能化及组线。智能化是高档数控机床的重要发展方向。针对现代产品零件加工工艺的特点和需求,需要研制出融合或固化加工工艺及解决方案的数控机床,在数控系统及编程工具中嵌入加工工艺策略、加工过程运动和力学仿真、切削参数优化等功能。柔性制造系统及智能化产线可大幅提升机床使用效率、降低生产成本、提升产品质量,因此逐渐得到普及。

针对三个基本需求,不同的航空产品性能对高档数控机床还提出了具体的需求。例如,飞机结构件数控加工机床的适应性:飞机结构件主要包括框、梁、壁板、蒙皮、接头、长桁等典型构件,材料有铝合金、钛合金和复合材料等系列。其所需关键装备包括铝合金高速卧式翻板加工中心、钛合金强力卧式加工中心、大型五轴高精度数控龙门加工中心、蒙皮镜像铣切机床、复合材料(蜂窝芯)五轴数控加工机床、增等减材复合加工机床等。再如,旋翼系统关键零组件加工机床的适应性:旋翼桨叶等动部件是直升机的核心部件,其所需关键装备包括复合材料切边钻孔设备、大行程螺旋铣装备、桨叶专用镗孔机、镗铣加工中心、圆周阵列多主轴同步加工机床、全型面多工位数控抛光单元、高速内曲面环面砂轮穿越磨削机床、自适应加工数控坐标磨床、大深径比孔加工数控深孔磨床等。此外还有系统件精密加工机床的适应性,其所需关键装备包括精密偶件多工位超精密珩磨设备、高精密铣磨成形设备、高精度数控磨削设备、高精度超声打孔数控加工中心、活塞专用精密外圆珩磨设备等。再者,液压系统件精密加工机床的适应性:飞机液压系统件如液压油箱、高压缸、活塞杆、作动筒等需长寿命、高可靠性制造,其所需关键装备包括精密深孔钻镗床、大型数控高精密内外圆磨、高精密内孔珩磨、豪克能超精表面加工及检测装备、大型精密车床等。

3. 民用航天产品制造对数控机床装备的需求

航天领域关键产品逐渐向整体化、轻质化的方向发展,大量采用新材料、新工艺和新技术,制造技术难度大,研制周期短,质量及可靠性要求高,工艺制造技术面临严峻挑战。轻质热结构材料、轻质热防护材料以及特种功能材料等材料的应用对高精度加工、复合切削加工、轻量化加工提出了更严格的要求。精密加工要快速反应,精密制造技术向更高精度、更高效率、智能化、在线加工检测一体化等方向发展。下面分几类产品来看航天领域产品对机床装备的具体需求。

在大型结构件领域,一是面对大型核心结构件,其结构件尺寸大、壁薄、精度高、腔体结构复杂,材料去除率超过95%。所需的高档数控机床包括高精度大型五轴混联卧式加工中心、动柱式五轴立式高速加工中心、车铣复合高速加工设备等。二是面对中/小型铝合金功能结构件,其构型复杂、精度要求高,逐渐向难加工方向发展。所需的高档数控机床包括高速卧式五轴智能切削加工设备、高速立式五轴智能加工中心、高精度砂轮切割机等。

在高速度和高加速度产品领域,一是面对先进动力装置制造,其燃烧室、进气道、大型复杂内流道结构等关键零部组件制造工艺所需的高档数控机床包括六轴重切龙门镗铣加工中心、五轴卧式铣车/车铣复合加工中心、高效短电弧加工设备、航天复合材料超声振动加工设备、五轴精密微孔机等。二是面对轻量化复杂结构件制造,其复杂弹体结构向多功能一体化结构、变构型结构、复合高效热防护结构等新结构发展,并且需大量应用轻质热结构材料、特种功能材料等新材料。所需的高档数控机床包括高温合金蜂窝专用五轴磨削加工中心、卧式镗铣加工中心、五轴数控精密电火花成形机、六轴精密数控电火花单向走丝线切割机床、复合材料加工专用五轴龙门加工中心、翻板卧式加工中心等。三是面对高精度零件制造,其薄壁易变形超硬光学整流罩、异形拼接光学窗口等高精度光学表面加工、微纳结构超精密制造所需的高档数控机床包括硬脆材料多轴联动砂线精密切割装备、多轴联动硬脆材料精密加工中心、大口径异形超薄平面磨抛机床、金刚石窗口光学表面磨抛设备、多轴联动单点金刚石车床、离子束抛光机等。

在运载产品领域,一是结构制造,所需的高档数控机床包括整体箱底镜像铣削装备、六轴五联动龙门铣车复合加工中心、壳段卧式镗铣加工中心、大直径贮箱结构件数控立车设备、5米级框环车铣复合机床等。二是面对重型运载产品制造,具有大尺寸、轻质化、高可靠性的研制需求,所需的高档数控机床包括10米级框环车铣复合机床等。三是面对发动机制造,包括涡轮泵、阀门、燃烧装置、导管加工和发动机总装等制造,所需的高档数控机床包括高刚度五轴加工机床、五轴铣车复合加工中心、坐标镗床、五轴镗铣加工中心、高精度卧式车铣复合加工中心、超精密五轴镗铣加工中心、精密微小孔加工中心、高精度数控内外圆磨床等。

4. 民用航空发动机产品制造对数控机床装备的需求

民用航空发动机领域产品发展趋势:一是广泛使用复合材料。广泛使用复合材料是新一代航空发动机先进性的重要标志之一,碳纤维增强树脂基复合材料可用于制备更大、更轻的风扇叶片,轻质高强树脂基复合材料可用于制备风扇包容机匣,甚至进气机匣、风扇静子叶片、压气机静子叶片都采用树脂基复合材料实现减重目标。GEnx发动机应用陶瓷基复合材料的燃烧室、高压涡轮、低压涡轮和喷管实现叶片减重2/3,耐温性提高20%,对耗油率改善的贡献达30%。应用钛基复合材料的压气机整体叶环、低压轴,应用铝基复合材料的低压压气机和外涵部件替换铝合金可以显著改善发动机减重效果。二是超精细微小加工。航空发动机热端零件诸如涡轮叶片、燃烧室、涡轮外环等曲面、复杂型面高精度零组件表面分布有数量众多的超精细微小气膜冷却孔,以降低其表面温度。传统的微孔加工方法包括机械钻削加工、电火花穿孔加工、电液束射流加工以及相关的复合加工方法,其加工精度和加工效率难以满足高精度气膜孔加工要求。此外,此类热端零组件表面通常涂覆有热障涂层,以隔绝高温燃气,进一步降低表面温度。先进工艺方法通常选择先涂层后制孔方案,以避免涂覆热障涂层工艺过程中造成的锁孔和堵孔现象。三是功能结构一体化。航空发动机中不少零部件采用高性能、高可靠、轻量化整体结构,使得零件结构趋向复杂化和功能结构一体化,传统加工方式无法满足设计快速迭代需求,而增材制造具有制造周期短、小批量生产成本低的特点,较好地解决了发动机研制阶段快速响应的难题。

就上述趋势而言,航空发动机加工对高档数控机床具有以下几种具体需求:

叶片加工需求。叶片毛坯目前越来越趋向于近净成形,主要集中在叶身和进排气边复杂曲面的小余量精密成形,其加工余量比较小,相应的高档数控机床需求包括精密五坐标加工中心等。

机匣加工需求。机匣加工主要包括环形锻件毛坯的余量去除、两端安装止口、周向多特征岛屿、凸台以及孔加工。机匣壳体外型面通常采用四、五轴加工中心铣加工,相应的高档数控机床需求包括精密五轴加工中心、精密卧式加工中心、立式车磨复合加工中心等。

整体叶盘加工需求。整体叶盘叶片之间的流道开敞性差,叶片型面为空间自由曲面,叶身型面加工精度要求高,且材料为钛合金或高温合金,导致其加工难度大,相应的高档数控机床需求包括精密五轴加工中心、精密磨床等。

涡轮盘加工需求。涡轮盘的榫槽、轮缘、辐板、内孔、安装孔、安装止口与花边等,不但结构复杂,而且涡轮盘材料多为粉末冶金材料或变形高温合金材料,面临加工变形问题突出、加工效率极低、表面完整性不易保证等重要难题,相应的高档数控机床需求包括车削加工中心、车磨复合加工中心、高刚性高速拉削机床等。

燃油喷嘴组件加工需求。航空发动机燃油喷嘴杆芯内部油路和冷却回路错综复杂,内腔区空间狭小、长径比大,加工中需要对异形特征进行精确定位并进行基准转换,对于同轴度、轮廓度和表面光洁度要求非常高,相应的高档数控机床需求包括具备七个进给轴和三个切削主轴的五轴联动复合加工中心,可对喷嘴系列零件进行车削、铣研磨复合加工。

微孔精密加工需求。航空发动机热端零件超精细微小气膜冷却孔在加工精度和加工效率上要求极高,相应的高档数控机床要求包括激光加工技术,如长脉冲激光加工、超快激光加工和水导激光加工等。

复合材料加工需求。复合材料的比强度、比弹性模量远高于金属,导热系数为金属的几十分之一甚至几百分之一,含有二氧化硅、碳化硅、碳化硼及陶瓷等高硬度的纤维或颗粒,切削过程粉尘污染大,刀具磨损快,相应的高档数控机床需求包括复合材料加工机床、复合材料抛光设备等。

粉末高温合金零件焊接需求。粉末高温合金零件焊接接头质量好、尺寸与形位精度高、生产效率高且能耗低,相应的高档数控机床需求包括惯性摩擦焊等。

(二)汽车产业对高档数控机床的需求

1. 汽车产业将会发生革命性变化

我国汽车产业是在中外企业合资中不断融合发展的,完成了从最初年产不足1万辆到年产超过1 000万辆、2 000万辆的飞跃。随着全球分工体系的确立和汽车制造产业的转移,我国汽车产业准确把握住这一历史机遇实现跨越式发展,现已成为全球汽车工业体系的重要组成部分。2014—2019年,我国汽车产销均超过2 000万辆。2019年,汽车产销分别完成2 572.10万辆和2 576.90万辆,产销量继续蝉联全球第一。作为推动我国汽车产业转型升级,实现由大到强跨越发展的重要战略,国家高度重视并鼓励节能与新能源汽车发展,2019年,我国新能源汽车产销分别完成124.20万辆和120.60万辆(见图10)。

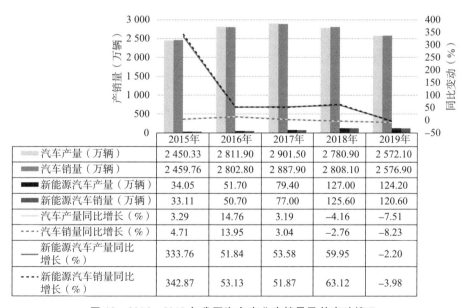

图10 2014—2019年我国汽车产业产销量及其变动情况

我国汽车产业经历了十多年的高速发展期,2017年达到历史最高点,之后一直处于平台调整期,汽车产业进入从增量竞争向存量竞争的发展阶段。

我国是当前世界上最大的汽车保有国,截至2019年年底,我国汽车总保有量高达2.6亿辆,存在较强的更新动力。未来10年,汽车产业将会发生革命性变化,电动化、智能网联化、共享化、生态化将重构汽车产业业态、产业布局和产业结构,结合产业链优化升级和产业支持政策,汽车产业将会进入加速发展的新阶段。

2. 汽车制造对数控机床装备的需求

车身覆盖件制造技术与装备对数控机床装备的需求。铝镁合金材料在未来车身制造过程中的占比将越来越大,与国外相比,我国的铝合金及镁合金材料性能存在一定差距。国外已有铝、镁合金薄板冲压成形技术成熟应用,国内仅有个别车身部件能自主生产,车身用铝合金板材处于开发阶段。碳纤维增强复合材料的应用是汽车轻量化的重要技术途径,是纯电动轿车规模化应用的重要支撑,碳纤维复合材料在我国汽车领域的应用处于起步阶段。关键技术主要包括:铝合金车身部件冷冲压工艺与模具制造技术、铝合金车身部件液压成形和温成形工艺与模具装备制造技术、镁合金车身部件温压成形技术;3D打印成形碳纤维复合材料的关键技术、碳纤维编制技术、新型快速固化树脂黏结剂技术、碳纤维增强复合材料高端生产装备研究技术等碳纤维增强复合材料零部件制造技术。在这些方面,主要加工机床装备包括:伺服或液压压力机模压成形装备、铝镁合金薄板冲压装备、高速伺服智能冲压装备等铝镁合金薄板冲压成形装备;碳纤维增强复合材料零部件成形装备,两段式螺杆挤出机/注射机,碳纤维预浸料快速模压成形装备,碳纤维高效聚合、快速纺丝和碳化设备等碳纤维增强复合材料零部件制造装备;锻造自动化成套装备、无铆钉连接和自冲铆钉连接装备、车用铝合金和镁合金电弧复合激光-焊接自动化装备、复杂形状搅拌摩擦焊和搅拌摩擦点焊接及智能化装备、异种材料流钻螺钉连接的高效自动化装备等铝镁合金零件连接装备。

车身结构件制造技术与装备对数控机床的需求。超高强钢板成形技术是汽车结构件材料和工艺轻量化技术的重要组成部分。国外高强板用量较大,超高强钢板、热冲压板用量逐渐增大。国内普通强度钢板用量较大,高强板逐渐增多，超高强钢板、热冲压板用量较小，但增速很快。关键技术主要包括超高强板复杂零件低成本冷成形技术、超高强板复杂零件低成本热冲压技术等。这个领域，主要加工机床装备包括超高强钢板伺服压力机冷成形装备，铝镁合金压铸成形装备，高、低压真空铸造装备，大型(>3 500 吨)高性能挤压铸造机。

汽油机动力总成高端制造技术与装备对数控机床的要求。我国汽油机动力总成制造的成套工艺与装备仍依赖国外引进，关键加工工艺开发能力不足，大批量加工质量和性能一致性较差。关键技术主要包括：动力总成箱体类零件制造技术，即轻量化材料缸体的精加工技术，新材料(高硅铝合金、耐高温镁合金)缸体精加工技术，大平面铣削质量控制、缸孔珩磨质量控制及其他孔系加工等缸体制造技术；轻量化材料缸盖的精加工技术，铝合金缸盖的精加工技术，缸盖大平面、燃烧室铣削及孔系、气门座圈加工技术等缸盖制造技术；新型材料齿轮精加工技术及涂层技术，齿轮干式切削技术，功能复合化的高速高精度磨齿机技术，内花键硬拉加工技术，以及带轮热处理后的表面软点控制技术等变速器制造技术。动力总成轴齿类零件制造技术，即轻量化材料曲轴的精加工技术，锻钢曲轴的精加工技术，主轴颈、连杆颈的磨削技术，以及替代磨削的硬车硬铣技术等曲轴制造技术；凸轮轴磨削技术，适应 VVL(可变气门升程)系统的凸轮轴制造技术，激光微加工复合处理技术等凸轮轴制造技术；齿轮的精加工及带轮加工技术，齿轮干式切削技术，功能复合化的高速高精度磨齿机技术，内花键硬拉加工技术等齿轮制造技术；高强度、轻量化耐高温材料相关的机加工技术，活塞异形孔精密镗削技术，连杆盖分界面技术，活塞异形孔精密膛削微进给加工技术等活塞连杆制造技术。在上述领域，主要加工机床装备包括：顶底面精铣、主油道孔枪钻、凸轮孔精镗等专机，缸体气缸孔珩磨机，精密高速卧式加工中心、卧式车削复合加工中心、五轴卧式加工中心、双主轴加工中心等动力总成箱体类零件加工机床；数控切齿机、高速硬车车床、精密高速磨齿机、精密高速滚齿机、立式数控内孔磨床、高精度内外圆磨床、数控随动式曲轴磨床等轴齿类零件加工机床。

柴油机动力总成高端制造技术与装备对数控机床的需求。我国柴油机动力总成制造的成套工艺与装备仍依赖国外引进,对发动机核心零部件如涡轮增压器、直喷喷油器的加工制造与国外相比仍有较大的差距。关键技术主要包括:陶瓷材料涡轮制造技术、钛合金涡轮制造技术、整体叶片加工技术、单晶涡轮叶片制造技术等涡轮增压器制造技术;激光打孔喷油嘴喷孔加工技术、阀座锥面微细电火花加工技术、共轨喷油器零件中孔座面精磨技术、基于液流磨料混合作用的喷嘴去毛刺技术等直喷喷油器制造技术;精密偶件的中孔座面精密加工和配副技术、精密微小喷孔和节流孔加工技术、精密零件的去毛刺和清洁度控制技术等高压共轨制造技术。在上述领域,主要加工机床装备包括:柴油高压共轨燃油喷射系统冷热加工装备、电控共轨喷油系统制造装备、高精度数控镗铣加工中心。

新能源汽车电驱动系统制造技术与装备对数控机床的需求。节能与新能源汽车电驱动系统的高速轴承、复杂轴、关键齿轮精密加工机床和总成试验以及出厂试验台架等目前仍然依赖进口。关键技术主要包括:电机、功率电子控制器、减变速器以及机电耦合电驱动总成等的制造技术。在这些领域,主要加工机床装备包括:自动绕线机、扁线自动嵌线机、拼块定子绕线机、强力珩齿机、强力磨齿机、硬车机床。

(三) 能源装备产业对高档数控机床的需求

能源装备的领域包括电力、煤炭、油气、新能源等,而与机床行业发展较为密切并具有标志性的是电力设备,包括火力发电、水力发电、核电、风力发电、太阳能发电等。电站锅炉、蒸汽轮机、燃气轮机、水轮机、发电机这类设备的制造需求是机床技术进步的直接拉动者。

1. 能源需求及能源建设的稳步发展预示着对能源设备制造的要求越来越高

国家对能源的需求是稳步增长的,国家能源局《2020年能源工作指导意见》提出:保持风电、光伏发电合理规模和发展节奏。有序推进集中式风电、光伏和海上风电建设,加快中东部和南方地区分布式光伏、分散式风电发展。积极稳妥发展水电,启动雅砻江、黄河上游、乌江及红水河等水电规划调整。安全发展核电,稳妥推进项目建设和核能综合利用等。就各种发电类别来看,对于水电,在未来三十余年,我国将深入推进水电"西电东送"战略,重点推进长江上游、金沙江、雅砻江、大渡河、澜沧江、黄河上游、南盘江、红水河、怒江、雅鲁藏布江等大型水电基地建设。核电建设节奏有望趋于稳定。以"华龙一号""国和一号"等自主化三代核电为主,进行规模化、批量化建设;"十四五"期间推进中部地区核电发展。"十四五"及中长期,核能在我国清洁能源低碳系统中的定位将更加明确,作用将更加凸显,核电建设有望按照每年建设6~8座的速度持续稳步推进。对于风电,未来5年,全球风电产业将延续良好的发展势头,新增装机容量的复合年均增长率预计为4%左右,中国会保持"领头羊"的地位。在火电装机建设方面,近年来火电装机容量持续增长,随着之前年度火电投资项目的陆续投产,短期内火电装机容量将继续保持增长,但受国家煤电停建、缓建政策影响,火力发电装机容量增速将得到明显遏制。此外,近年来受环保、电源结构改革等政策影响,国内非化石能源装机快速增长,火电装机容量占电力装机容量的比重呈逐年小幅下降趋势,且该趋势未来将长期保持,但同时受能源结构、历史电力装机布局等因素影响,国内电源结构仍将长期以火电为主。还有就是重型燃气轮机,燃气轮机是国之重器,是一个国家科技和工业水平的重要标志。在未来长时期内我国发电总装机还需要大幅增加,同时我国电力工业面临的资源、环境压力与日俱增。减少煤炭消耗,增加绿色、可再生、低碳发电的比例,最终大幅减少二氧化碳和污染排放,构建可持续发展的能源电力系统,已经成为全民共识。重型燃气轮机联合循环发电热效率已超过60%,是人类目前已掌握的热功效率最高的能源动力装备,市场潜力巨大。

2. 能源装备制造对数控机床装备的需求

随着国家对能源需求的增长以及对能源安全与环保的要求,海洋风能的开发、重型燃气轮机的应用及核电的推进代表了新的发展需求。海上风能的单台装机将超过11兆瓦,并采用直驱永磁发电机组,工件尺度加大,需要大规格及重型数控机床。而重型燃气轮机自国家航空发动机和燃气轮机("两机"专项)实施以来,其产量预计会出现井喷式增长,对高档数控机床的需求数量也会明显增加。核电的需求是在前期成果的基础上提高机床的精度、可靠性及个性化需求。具体而言：

火电装备制造对数控机床的需求。汽轮机缸体，主要使用重型或超重型数控镗铣床、数控龙门铣和数控立车，转子主要使用重型数控卧车、转子槽铣床等，精度和表面粗糙度要求高，叶片外形复杂，加工工艺要求高，需要四轴/五轴联动加工中心加工，隔板、阀门等主要采用各种数控镗床、镗铣床、数控车床及数控立车等。发电机采用数控重型卧式车床、数控转子槽铣床，用于加工定子的数控大型落地镗床、大型定子专用机床等。

核电装备制造对数控机床的需求。核岛部分：压力容器壳体、蒸汽发生器壳体、稳压器壳体等大型圆桶类部件，毛坯为圆柱形锻件。后续切削加工需要超重型数控立式车床、超重型数控卧式车床、大镗杆多轴联动数控镗铣床、数控龙门镗铣床、五轴联动车铣中心等。核岛中主泵的结构并不复杂，但是其加工要求具有绝对的可靠性，是核反应堆中目前国内唯一做不了的设备，完全依赖进口，需要的设备主要有大型数控立式车床、数控落地铣镗床、龙门加工中心等设备。叶轮和叶轮轴：需要的设备主要有五轴联动加工中心、数控车床、大型数控卧式车床等。常规岛部分：对蒸汽轮机（叶片、定子、转子等），需要的设备主要有用于加工叶片的不同型号的四至五轴轴联动加工中心，用于加工转子的数控重型卧式车床、数控叶根槽铣床，用于加工定子的数控大型落地铣镗床、数控龙门镗铣床、大型定子专用机床等。对发电机（定子、转子等），需要的设备主要有用于加工转子的数控重型卧式车床、数控转子槽铣床，用于加工定子的数控大型落地镗床、大型定子专用机床等。

风电装备制造对数控机床的需求。风电变速箱体尺寸大，大部分为分体结构。加工需要大直径镗杆数控落地镗床、大型卧式加工中心、龙门加工中心等，要求精度保持性好，加工精度要求较高。变速箱内齿轮加工，主要加工设备为大型数控立式滚齿机、数控插齿机、数控磨齿机等。

水电装备制造对数控机床的需求。水轮机尺寸大，所需的高档数控机床包括重型数控立式车床、重型/超重型数控龙门铣床、五轴龙门加工机床等。

重型燃气轮机装备制造对数控机床的需求。重型燃气轮机转子加工所需的高档数控机床包括数控车床、卧式高速车磨复合机床、专用三轴联动数控钻床。压气机静叶环加工所需的高档数控机床包括重型数控立式车床、双驱五轴加工中心、精密拉床。压气机静叶环、槽类结构采用数控立车加工。缸体件采用数控立式车床、立式电火花磨床加工。压气机动静叶片叶根加工采用成形铣刀，需配备高扭矩卧式加工中心；压气机动静叶片型面的结构特点为平而薄，且制造精度高，采用多轴五联动型面机床进行精加工。

（四）船舶产业对高档数控机床的需求

1. 中国船舶产业未来的出口有望再次提升

近年来，全球造船业处于市场需求不足、产能供给过剩的深度调整期，2014—2019年，全球船舶订单数量呈波动下降的趋势，如图11所示。造船竞争格局仍以中国、日本、韩国三个国家为主，其他造船国家市场份额较小。2019年，中国、韩国、日本造船完工量占比分别为37.30%、32.90%、25.10%，三个国家造船完工总量占全球的比重为95.3%。

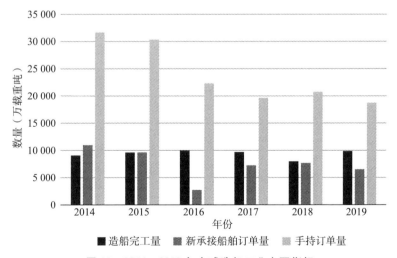

图11 2014—2019年全球造船工业主要指标

受国际船舶市场低迷影响,中国船舶出口金额总体呈下降趋势,但是全球天然气运输需求保持较快增长,LNG(液化天然气船)在全球贸易中的占比日益提升,未来市场对LNG的需求潜力犹在。LPG(液化石油气船)方面,页岩气革命推动美国LPG产量大增,随着多个在建LPG项目的陆续投产,预计中国船舶产业未来出口能力将再次得到较大提升,进一步增加LPG的订单。

2. 船舶制造对数控机床装备的需求

随着船舶领域向智能化造船方向迈进,对高精密数控机床、高性能成形装备提出更多需求。具体来说,表现在以下几个方面:

总装建造的超高强钢大厚板大尺寸结构的切割、成形、装配、焊接、现场高精度安装等技术特征,对高档数控机床的需求包括高精度大型切割、成形、装焊、机加工与快速检测等装备。

燃气轮机制造,由于其零部件的特性,其机匣类零件的薄壁机匣零件壳体的高档数控机床需求包括精密五轴加工中心、精密卧式加工中心、立式车磨复合加工中心等。大型调距螺旋桨关键制造所需的高档数控机床包括重型五轴龙门加工中心等。涡轮泵用超高速小型多叶钛合金转子、静叶制造的高档数控机床需求包括数控车床、卧式高速车磨复合机床、专用三轴联动数控钻床等。

柴油发动机制造的高档数控机床需求包括强力五轴龙门加工中心、卧式铣车复合加工中心、立式铣车复合加工中心、车铣复合加工中心、高精度深孔钻镗床、高精度立式磨床、多轴智能高速珩磨机等。

操舵装置制造过程中,轴段锥面加工、联轴节内锥孔键槽加工、铜套内孔深孔加工、轴段法兰螺栓孔精镗孔加工等高档数控机床的需求包括数控龙门铣床、数控落地镗床等。

(五)3C产业对高档数控机床的需求

3C产品通常包括电脑、平板电脑、手机、数码相机、电视机、影音播放的硬件设备或数字音频播放器等。新兴的3C产品主要包括智能手表、健身追踪设备等智能可穿戴设备、增强现实/虚拟现实设备终端、娱乐机器人、消费级无人机、智能家居等电子产品。

1. 新兴消费电子产品增长迅速，预示着电子制造业对高档数控机床将有更高的需求

目前我国是全球消费电子制造业的主要市场，有70%以上的电子产品均在我国进行制造和装配。近年来，虽然传统消费电子产品增长趋缓，但以手机、平板电脑、可穿戴设备为代表的新兴消费电子产品增长迅猛，为我国电子制造业提供了稳定的推动力。

手机作为推动3C行业发展的核心驱动力，对于拉动整个3C行业增长起到关键性作用。经过十余年的发展，如今已逐渐步入成熟期。受益于消费电子信息行业的快速发展，智能手机的出货量快速增长，2011—2016年智能手机出货量从0.91亿台快速增长至4.67亿台，年复合增长率达到19.67%。2017年，国内手机市场总体出货量为4.9亿台；2018年，国内手机市场总体出货量为4.1亿台；2019年，国内手机市场总体出货量为3.72亿台。2020年，受新冠肺炎疫情影响，国内手机市场总体出货量增速有所放缓。①

相关数据显示，2020年6月，我国通信设备制造业增加值同比增长7.4%，出口交货值同比增长31.7%。主要产品中，手机产量同比增长2.4%，其中智能手机产量同比增长26.1%。2020年6月，计算机制造业增加值同比增长6.0%，出口交货值同比增长9.6%。主要产品中，微型计算机设备产量同比增长0.3%；其中，笔记本电脑产量同比增长5.6%，平板电脑产量同比增长4.7%。随着科学技术的发展，5G时代全面来临，5G手机也为我国的3C产业带来更大的发展机遇。

2. 3C产品加工对数控机床装备的需求

3C产品的类别比较广泛，其主要构成件对数控机床的需求分为以下几类：

---

① 中国信息通信研究院，《国内手机市场运行分析报告》(2018—2020年各期)。

金属机壳加工领域,其手机金属机壳主要加工设备是高速钻攻机床。

盖板玻璃加工领域,其盖板玻璃分 2D、2.5D 和 3D 三类。典型盖板玻璃主要加工设备包括玻璃精雕机、玻璃热弯机等。主要设备依赖于精雕机。3D 玻璃热弯需要热弯机来实现。

纳米注塑式机身加工领域,其纳米注塑式机身一般采用全数控加工工艺,直接将整块金属(通常是铝块)通过数控机床初步铣出机身,并用金属高速攻牙钻孔机中心铣出填充塑胶的部分,然后对金属表面进行纳米化处理,实现一体化成形,之后通过计算机数控/金属高速攻牙钻孔机中心精铣表面和内部,最后打磨、抛光、阳极氧化、高光倒角等。

3C 产品镜面加工领域,其高光加工已被广泛应用于手机面板、手机按键、亚克力、五金以及铝合金等各种精密铝件零件加工,需要磨削、研磨、抛光、电火花加工等设备。

(六)医疗器械制造产业对高档数控机床装备的需求

1. 我国已经成为全球第二大医疗器械市场

医疗器械行业涉及医药、机械、电子信息、生物工程、材料科学等众多领域,是国际公认的高新技术产业,代表着一个国家高新技术的综合实力。医疗器械可以分为高值医用耗材、低值医用耗材、医疗设备、体外诊断等。根据用途,高值医用耗材又可以分为骨科植入、血管介入、神经外科、眼科、口腔科等九大类 16 小类,占比较大的是体外诊断、心血管、影像 3 类(如图 12 所示)。

随着国家各项产业政策的陆续出台和医疗卫生体制改革的不断推动,以及人口的结构性变化和人们医疗健康意识的提高,近年来我国医疗器械行业迎来了发展的黄金期,我国已经成为全球第二大医疗器械市场。行业的总产值逐年稳步提高,增幅也保持在较高的水平。2010 年我国医疗器械行业工业总产值为 1 000 亿元,到 2019 年已经达到 6 940 亿元。2020 年全球暴发新冠肺炎疫情,对于医疗用品的需求暴增,致使非行业企业也加入医疗器械生产行列中,因此 2020 年之后医疗器械的产值大幅上升。2016—2020 年我国医疗器械行业产值如图 13 所示。

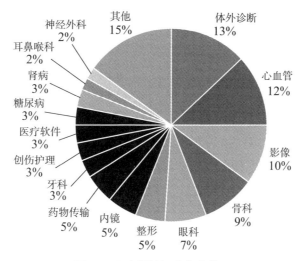

图 12 医疗器械细分占比情况

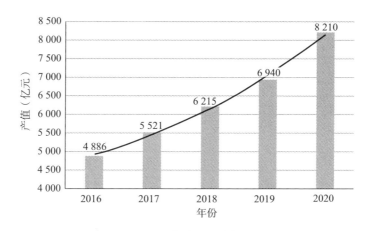

图 13 2016—2020 年我国医疗器械行业产值

当前,现代医学加快向早期发现、精确定量诊断、微无创治疗、个体化诊疗、智能化服务等方向发展,对医疗器械领域的创新发展不断提出新的需求。预计未来五至十年,我国医疗器械产业与世界医疗器械市场的关联度将越发紧密,对我国的医疗器械制造工艺、新材料应用、研发水平等提出更高的要求,促使我国医疗器械产品从中低端向高附加值的高端产品转化。

2. 医疗器械制造产业对数控机床装备的需求

医疗器械加工多采用多主轴机床和回转工作台等先进的医疗器械加工

设备,与通常看到的加工中心及车床完全不同,它们的尺寸非常小、结构非常紧凑。从工件本身来说,与其他机械零部件具有很大的差别。植入人体的医疗器械首先要求表面光洁度非常好,精度非常高,不能有任何偏差。

难加工材料加工需求。目前医疗器械行业中应用的医用金属材料主要有不锈钢、钴基合金、钛及钛合金、镍钛形状记忆合金等几大类,此外还有贵金属钽、铌、锆等。这些材料大多存在加工难度大的特点。

可靠、紧凑的机床和夹具的要求。医疗器械加工设备需要能加工精度要求很高的小而复杂的零件,如骨头、关节替代件。工件材料、加工精度、表面光洁度等要求高,对机床、夹具、刀具、CAM(计算机辅助制造)软件等提出了极高的要求。工件通常在自动车床、多主轴机床和回转工作台等先进的医疗器械加工设备上加工。这些机床的特点大都是尺寸非常小、结构非常紧凑。医疗器械零部件加工的特点及其要求无疑推动了加工技术以及解决方案的发展。

脊柱、关节所用机加工设备较高端,创伤所用机加工设备数量大、品种多,涉及数控车床、电火花加工机床、快中慢走丝、加工中心、纵切等。脊柱类产品:脊柱类产品材质主要为医用纯钛和钛合金、不锈钢,主要工艺为机加工成形+阳极氧化。其中,脊椎融合器尺寸小、种类多,且受材料影响导致生产成本高;颈椎前路骨板对加工精度要求比较高。所以该类产品对五轴加工设备的精度和稳定性要求高。关节类产品:关节主要包括髋关节系统和膝关节系统,髋关节主要以车铣复合为主。其中,股骨髁目前主流的加工方式是五轴磨床,目前此类产品主要采用人工打磨,加工效率低,产品加工不稳定。膝关节骨垫采用高分子聚乙烯材料,3D轮廓曲面,对表面质量的要求较高。这种材料非常适合采用高速铣削。膝关节垫片目前主流的加工方式是三轴、四轴,产品本身与股骨髁配合使用,配合面会产生不断的摩擦,所以对产品表面效果要求高。创伤类产品:创伤类产品中的植入类产品包括接骨板和骨钉。骨钉是纵切加工。接骨板多采用钛合金材料,分为不同的规格尺寸,对加工效率和设备的加工柔性要求很高。接骨板的表面形状为3D曲面,在3D曲面上分布着多个通孔,主要分为两种加工方式:一是油压外形+五轴CNC(计算机数字化控制)加工孔;二是整体铣削,采用整体方料铣削而成。

在运动医学领域,主要是针对韧带、关节囊、肌腱等软组织的形态修复和重建。代表产品为韧带钛合金连接板、PEEK(聚醚醚酮)骨钉和配套手术耗材等。该类产品尺寸小,多为小孔和小沟槽。此外,为了防止患者在术后的日常运动中骨板摩擦割断手术连接线,要求接骨板沟槽边采用圆角过渡。

五、中国高档数控机床的发展方向

我国机床产业在计划经济时期建立了完整的产业布局;改革开放后,通过引进消化吸收再创新,产业迈入了数控机床时代。为支持国内机床产业发展,我国在《国家中长期科学和技术发展规划纲要(2006—2020年)》中部署了"高档数控机床与基础制造装备"科技重大专项。专项聚焦长期制约我国发展的技术瓶颈,组织优势力量进行攻关,在多项关键技术和装备方面打破国外垄断,产品设计和制造水平大幅提升,先后为核电、大飞机、"两机"和高技术船舶等国家重点工程提供了一批关键制造装备,重点领域装备保障能力显著增强,促进了我国制造能力和工业水平的发展。

未来15年是我国制造强国战略实施的关键阶段,高档数控机床产业应建立起完整的技术创新体系,总体技术水平进入国际领先行列;开发出满足重点领域需求的高档数控机床产品,培育出一批具有世界竞争力的领军企业和高素质研究团队,形成具有创新活力的产业新生态和可持续的发展模式;打造一批"专精特新"的中小企业集群,全面提升产业基础能力和产业链发展水平;逐步解决重点领域高档数控机床"卡脖子"问题,保障制造强国战略对高档数控机床的需求。

(一)政府相继出台相关政策,将高端制造装备列为国家重点发展领域

1. 将高端制造装备列为战略性新兴产业

21世纪以来,在我国经济社会发展进入重要战略机遇期之际,为保障我国重点领域建设需求、经济建设与产业发展的战略部署,国家有关部门相继

出台相关政策,将高端制造装备列为国家重点发展的领域之一。

2005年,国务院发布的《国家中长期科学和技术发展规划纲要(2006—2020年)》明确提出"提高装备设计、制造和集成能力,以促进企业技术创新为突破口,通过技术攻关,基本实现高档数控机床、工作母机、重大成套技术装备、关键材料与关键零部件的自主设计制造",确定"高档数控机床和基础制造装备"作为16个重大专项之一。2010年,国务院审议并通过了《国务院关于加快培育和发展战略性新兴产业的决定》,"高端装备制造业"被列为七大战略性新兴产业之一,将作为重点领域被加快推进。

2. 大力支持高端制造装备产业转型升级

为助推我国制造业转型升级,近年来,中央财政积极发挥职能作用,不断完善支持高端制造装备发展的财税政策,创新财政资金投入方式,有力地推动了我国高端制造装备高质量发展。

实施普惠性减税降费政策。2013—2017年,中央财政通过实施营改增累计减税2.1万亿元,加上实行小微企业税收优惠、清理各种收费等措施,共减轻市场主体负担3万多亿元。2018年,按照党中央、国务院决策部署,中央财政会同有关部门不断加大减税降费力度,全年减税降费规模约1.3万亿元。

加大科技研发投入。在国家科技政策的指导下,一系列有利于提高机床行业科技攻关活动的政策措施和科研专项计划出台,如国家重点基础研究发展计划(973计划)、国家科技支撑计划、国家高技术研究发展计划(863计划)、"高档数控机床与基础制造装备"国家科技重大专项等,中央财政对制造领域符合条件的共性技术和重大关键技术研发等予以重点支持,有效地提升了我国高端制造装备科技创新能力。

支持企业引进先进技术和装备。为了积极扩大国内短缺的资源类产品、技术类产品进口,国家发展和改革委员会、财政部和商务部联合下发了《关于印发鼓励进口技术和产品目录(2014年版)的通知》,对我国企业引进先进技术、进口重要装备、发展重点行业以及进口资源性产品和原材料予以鼓励及贴息支持。

3. 推动高端制造装备智能化水平提升

近年来,国家相继采取了一系列政策举措,支撑高端制造装备行业向智能化发展,从而带动行业及相关产业迈入发展新阶段。

2012年,工信部和中国工程院制定《"数控一代"装备创新工程行动计划》,重点突破通用型和专用型数控系统及数控装置关键技术,集成创新一批典型数控装备并实现产业化,推动数控技术、数控装置和数控装备在各行业广泛应用,促进装备制造业转型升级。2017年,国务院出台的《新一代人工智能发展规划》中提出,要围绕制造强国重大需求,推进智能制造关键技术装备、核心支撑软件、工业互联网等系统集成应用,研发智能产品及智能互联产品、智能制造使能工具与系统、智能制造云服务平台。同年,工信部印发《促进新一代人工智能产业发展三年行动计划(2018—2020年)》,鼓励新一代人工智能技术在工业领域各环节的探索应用,系统提升制造装备、制造过程、行业应用的智能化水平,要求提升数控机床与工业机器人的自检测、自校正、自适应、自组织能力和智能化水平。

(二)中国高档数控机床产业重点发展方向

1. 面向共性技术的九项突破

针对我国高档数控机床领域自主创新能力不足的问题,结合重点领域用户需求、高档数控机床主机发展需求,重点进行九项共性技术突破,如表11所示。

表11 九项共性技术及其重点

1	高档数控机床先进设计技术	1. 机床正向设计技术 2. 多学科综合优化设计技术 3. 数控机床虚拟仿真与性能预测技术 4. 现代工业设计技术
2	可靠性与精度保持性技术	5. 面向制造过程的可靠性测评技术 6. 服役可靠性保障技术 7. 数控系统失效与可靠性试验技术 8. 机床精度测试与评估技术

（续表）

3	制造与装配技术	9. 结构件新材料/新工艺制造技术
		10. 结构件精密加工技术
		11. 装配参数测量、建模与性能预测技术
4	功能部件制造技术	12. 高性能主轴系统制造技术
		13. 高性能多轴机床转台/摆头制造技术
		14. 高速滚动传动部件制造技术
5	难加工材料切削加工技术	15. 难加工材料高速切削表面状态控制技术
		16. 金属基陶瓷复合材料高速精密加工技术
		17. 薄壁件无变形的高速加工技术
6	难加工材料特种加工技术	18. 高效智能精密电火花/线切割加工技术
		19. 高效精密低损伤激光加工技术
7	金属材料成形工艺技术	20. 重型锻/挤压及回转成形工艺技术
		21. 复杂构件精密塑性成形工艺
		22. 多工艺复合成形技术
8	复合材料精确成形工艺技术	23. 复合材料高效率高精度自动铺放技术
		24. 复合材料低损伤高效加工技术
9	高性能数控系统技术	25. 高精度强同步低延迟的现场总线技术
		26. 数控装备的互联互通互操作技术
		27. 高速高精高响应伺服驱动控制技术
		28. 主轴/进给轴系统精准控制技术
		29. 数控机床装备数字孪生关键技术

九项共性技术各自的关键点在于：

第一项，高档数控机床先进设计技术。掌握正向设计、动态分析、机电集成等先进技术；突破面向功能的结构设计、面向动态负载服役条件的机床性能仿真分析算法，解决高端机床正向设计缺失、机床设计资源分散、设计与优化工具不足等困扰行业高质量发展的难题，全面提升高档数控机床正向设计能力。

第二项，可靠性与精度保持性技术。开展静动态精度设计、静动刚度设计、阻尼设计及热平衡设计等正向设计研究,形成可靠性/精度保持性设计技术体系和知识库。建设一批面向制造过程质量控制的实验室,解决零部件制造一致性和制造成熟度不高的问题。进行整机动态特性测试、高速/高加速度加载测试、外围设施可靠性测试等研究,解决产品早期故障频发、精度快速下降等问题。开展功能部件大样本台架性能试验,以实现在整体设计目标下功能部件可靠性/精度保持性水平与主机相匹配。

第三项,制造与装配技术。研究典型装配工艺下的机床装配精度与结构件材质之间的作用机理,研制满足高速高加速度下精度要求的新材料机床结构件。研究典型装配工艺对机床精度的影响机制,开发装配工艺参数分析工具,构建装配工艺优化决策平台。

第四项,功能部件制造技术。研发高性能主轴数字化设计分析工具、在线动平衡检测装置;研究转台/摆头在多姿态和变载荷下的动态建模与机电集成设计方法;研究高速高精转台/摆头部件自主设计制造的在线检测、自适应控制及导向定位一体化技术;开展机床重载高速直线滚动部件和精密滚珠丝杠副等滚动/传动部件精密制造技术研究。

第五项,难加工材料切削加工技术。研究难加工材料高速切削时材料在去除过程中表层显微硬度和微观组织结构形态;研究脆硬材料表面微观去除机理以及表面完整性变化规律;研究薄壁结构件在切削过程中的变形、失稳和振动机理,分析薄壁件尺寸精度、形状精度以及表面粗糙度误差的产生机理,实现典型薄壁件高性能加工。

第六项,难加工材料特种加工技术。研究面向复杂构件的高效精密低损伤加工技术;开展高精度慢走丝线切割加工、电火花微孔、激光(五轴)加工、激光刻蚀、特种工艺复合加工、高精度电火花加工等关键技术研究。

第七项,金属材料成形工艺技术。开展重型锻/挤压及回转成形工艺技术研究;开展高强钢/高强铝板材复杂构件热成形技术、轻质材料复杂结构件内高压成形技术、金属板材复合成形技术研究。

第八项,复合材料精确成形工艺技术。研究低损伤高效自动化复合材料表面处理技术;研究复合材料高端装备结构加工与高效制孔、复杂结构承力部件热压复合自动化成形工艺等技术。

第九项,高性能数控系统技术。研究高性能现场总线技术;面向车间组线控制的需求,研究数控装备的互联互通互操作技术;研究构建数字孪生的数据支撑系统、数字孪生的建模技术和数字孪生的应用技术,实现对物理数控机床的全生命周期数字化描述、实时监测、在线仿真和优化。

2. 面向数控系统和功能部件的提升

针对数控系统和功能部件配套能力薄弱的问题,结合主机发展需求,重点发展四类数控系统和功能部件,如表 12 所示。

表 12 四类数控系统和功能部件

1	新一代数控系统	1. 新一代高档数控系统
2	丝杠导轨	2. 精密滚珠丝杠
		3. 高速滚珠丝杠
		4. 特殊领域特种用途丝杠
		5. 滚柱/滚珠直线导轨
3	转台	6. 直驱数控转台系统
		7. 高性能机械转台
4	主轴摆头	8. 大功率精密电主轴
		9. 高速精密型电主轴
		10. 高精度大扭矩机床摆角铣头

四类数控系统和功能部件提升的侧重点分别在于:

第一类,新一代数控系统。重点解决通用伺服驱动和电机性能提升、大功率电机成套性、抗电磁干扰、软件可靠性和工业信息安全等技术瓶颈。开发通用伺服驱动、伺服电机、主轴电机产品系统,在性能指标、规格系列上覆盖国际主流产品系列,达到国际主流高档数控系统水平。使用新一代通信技术、新型软硬件体系结构等新技术,研究新一代高档数控系统平台,从新型体系架构、硬件平台、驱控一体的高速总线技术、新型实时操作系统、曲面直接插补核心算法等层面开展研究。

第二类,丝杠导轨。针对滚珠丝杠副/滚动直线导轨副高速度、高加速度、高刚性、高精度和热稳定性关键技术展开研究,建设完善的行业检测能力,制定产品标准规范,提升基础研究、设计开发、生产制造、工艺研究、测试、技术服务等能力。

第三类,转台。针对数控转台的高精度、高刚性和高动态响应关键技术展开研究,建设完善的行业检测能力,制定产品标准规范,提升基础研究、设计开发、生产制造、工艺研究、测试、技术服务等能力。

第四类,主轴摆头。针对主轴/摆角铣头高速、高精和热稳定性关键技术展开研究,建设完善的行业检测能力,制定产品标准规范,提升基础研究、设计开发、生产制造、工艺研究、测试、技术服务等能力。

3. 重点研制九类高档数控机床产品

为实现我国高档数控机床总体技术水平进入国际领先行列的总体目标,结合重点领域用户需求,重点研制九类高档数控机床产品,如表 13 所示。

表 13　九类高档数控机床产品

1	卧式加工中心	1. 精密卧式加工中心
		2. 精密坐标镗床
		3. 精密落地镗铣机床
		4. 车铣复合加工中心
2	五轴加工中心	5. 大型高动态卧式五轴加工中心
		6. 叶片五轴加工中心
		7. 高速精密立式五轴加工中心
		8. 镜像铣机床
3	龙门加工中心	9. 重型五轴龙门加工中心
		10. 强力五轴龙门加工中心
		11. 高速五轴龙门加工中心
		12. 高精度五轴龙门加工中心
4	齿轮加工机床	13. 高精度弧齿锥齿轮磨齿机
		14. 强力珩齿机
		15. 高精度内齿磨床

（续表）

5	数控磨床	16. 高精度立式磨床
		17. 高精度外圆磨床
		18. 高精度导轨磨床
		19. 数控坐标磨床
		20. 螺纹磨床
6	超精密机床	21. 超精密车床
		22. 超精密铣床
		23. 超精密磨床
7	数控车床及车削中心	24. 立式铣车复合加工中心
		25. 卧式铣车复合加工中心
8	特种加工机床	26. 高精度电火花成形机床
		27. 电火花微孔加工机床
		28. 激光（五轴）加工机床
9	其他机床	29. 复合材料铺放机
		30. 高精度深孔钻镗床

上述九类30种重点研制的高档数控机床产品是结合重点领域用户的需求加以考虑的。

4. 考虑重点领域的应用需求，着重解决高档数控机床研发和制造问题

以机床装备、先进交通为重点应用领域，逐步提升高档数控机床核心装备研发和制造能力。

第一，在机床装备应用领域，重点攻坚高档数控机床行业"卡脖子"装备，满足行业关键箱体、轴套类零件、丝杠导轨、基础件、核心功能部件所需关键设备的需求，实现自我武装；拉动国产数控系统、功能部件及基础部件的配套应用；提供机床共性技术成果的验证与应用平台，进行示范应用。主要开展精密箱体加工装备、精密轴套加工装备、精密丝杠直线滚动导轨及床身导轨加工装备、关键基础大件加工装备、核心功能部件加工装备五大自身需求应用研究。

在精密箱体加工方面，研制机床装备与关键功能部件、关键箱体零件加

工的"卡脖子"装备,如精密卧式加工中心、立/卧式坐标镗及相应的柔性制造单元等机床的自身装备,满足机床主轴箱等关键箱体的加工精度要求。

在精密轴套加工方面,开展机床装备关键轴套类零件加工的"卡脖子"装备研制,包括数控精密卧式万能磨床等机床的自身装备,重点满足机床磨削精度的问题,满足机床主轴、轴承套等关键回转体零件的加工精度要求。

在精密丝杠直线滚动导轨及床身导轨加工方面,开展丝杠导轨加工的"卡脖子"装备研制,提升高精度螺纹磨床、导轨磨床、导轨滑块磨床等产品制造能力,重点满足精密丝杠、直线滚动导轨及床身导轨等磨削精度问题。

在关键基础大件加工方面,开展机床关键基础大件加工的"卡脖子"装备研制,提升高精度大型及重型龙门五面加工中心、精密落地镗铣系列产品制造能力,重点满足机床床身、立柱、工作台、横梁等基础大件的加工精度需求。

在核心功能部件加工方面,开展机床转台、铣头所需关键核心部件加工的"卡脖子"装备研制,重点满足圆弧锥齿、端齿、蜗轮副等回转分度高精度传动零件的加工精度需求。

第二,在重点用户领域,为满足高端装备研制需求,提升自身制造能力,主要开展民用航空、民用航天等产品所需高档数控机床研制。

在民用航空发动机制造方面,针对新型航空发动机盘类零件、叶片类零件、机匣类零件、弱刚性薄壁空心细长轴、各类型高精度齿轮、复合材料类零组件等关键零部件广泛采用钛合金、高温合金、金属间化合物、复合材料等难加工新材料的特点,开展多轴精密数控加工中心、数控深孔钻镗床及车铣复合加工中心、各类型齿轮精密加工机床等机床装备研发及应用。

在民用飞机制造方面,针对铝合金机翼壁板制造,轻质合金蒙皮及型材制造,钛合金构件高效加工、复材构件制造,结构集成,以及总装过程中的高效加工及变形量控制、精确制造、焊接变形控制、高效、精准制孔、集成测试等问题,开展五坐标卧式加工中心、多轴铣削超精密加工装备、大行程螺旋铣装备和大长径比高精密外圆珩磨等设备的研制。

在运载产品制造方面,针对液体发动机、超大型结构、复合材料结构、伺服机构、光学测量器件等制造需求,开展整体箱底镜像铣削、精密齿轮加工、精密镗铣加工中心、复合材料三维成形等装备研制与应用。

第三,在先进交通领域应用上,为满足先进交通领域装备研制需求,针对节能与新能源汽车动力总成、时速 400/600 公里高速列车等制造难题,开展精密成形、复材构件加工、高精度数控立磨机床、数控车削中心等装备研制与应用。

在节能与新能源汽车动力总成方面,针对节能与新能源汽车汽/柴油节能发动机、变速箱、新能源电驱动等三大类动力总成的箱壳类零件、轴齿类零件等制造需求,开展可靠的卧式加工中心、数控车床及车削中心、数控磨床、精密齿轮加工机床等研制与应用。

在时速 400/600 公里高速列车机械传动与制动系统制造方面,针对时速 400/600 公里高速列车机械传动与制动系统高档数控机床制造需求,开展高精度数控立磨机床、成形磨齿机、端面磨齿机、数控车削中心等研制与应用。

参考文献

石勇:《新时期我国机床工业面临的形势与对策》,《中国制造业信息化》,2012 年第 6 期,第 36—37 页。

黄美发、李雪梅:《机床数控技术及应用》,西安:西安电子科技大学出版社,2014 年。

曹帅、王新程、段浩:《机床的发展概况和我国机床工业的水平》,《科技展望》,2015 年第 17 期,第 136 页。

龙兴元:《我国机床工具行业转型发展亟需精准施策》,《经济导刊》,2018 年第 4 期,第 58—32 页。

陈惠仁:《中国机床工业 40 年》,《经济导刊》,2019 年第 2 期,第 42—52 页。

王磊、卢秉恒:《中国工作母机产业发展研究》,《中国工程科学》,2020 年第 2 期,第 29—37 页。

苏铮、李丽:《世界主要科技强国发展战略对比研究》,《制造技术与机床》,2021 年第 2 期,第 42—45 页。

发展合作共有制经济,促进农业农村现代化*

王曙光①

社会主义现代化最艰巨最繁重的任务仍然在农村。习近平总书记指出,坚持把解决好"三农"问题作为全党工作重中之重,坚持农业农村优先发展,走中国特色社会主义乡村振兴道路,持续缩小城乡区域发展差距,让低收入人口和欠发达地区共享发展成果,在现代化进程中不掉队、赶上来。加快农业农村现代化步伐,促进农业高质高效、乡村宜居宜业、农民富裕富足。② 如何促进乡村振兴,推进农业农村现代化建设,是今后几十年的战略着重点,其中,如何继续将乡村居民及各方面的力量组织起来,发展合作共有制经济,进而巩固共和国的经济基础,成为今后乡村经济现代化发展的关键问题。

一、 发展合作共有制经济,巩固共和国的经济基础

党的十八大以来,我国农村经济与社会发展步伐明显加快,其中引人注目的现象之一即为农村合作经济的再次发展。中华人民共和国成立以来,我们以"组织起来"为宗旨,倡导农民的组织化与农村的合作化。20世纪50年代后期,全国建立起了人民公社制度,为农业生产的现代化和国家的工业化做出了很大贡献。由于缺乏经验、不切实际地超越阶段、人民公社体制上的缺陷、产权机制不合理等问题,改革开放前我国农业生产、农村面貌、农民

---

* 部分内容在北京大学远望15年中国发展座谈会上做过交流。
① 王曙光,北京大学经济学院教授,博士生导师,中国农村金融学会副会长,北京大学产业与文化研究所常务副所长。
② 习近平,《在全国脱贫攻坚总结表彰大会上的讲话》,新华社,2021年2月25日。

生活等都出现了各种各样的困难,为巩固共和国的经济基础付出了比较大的历史代价。改革开放后,对人民公社体制正、反两方面经验的反思,尤其是对合作共有制的实践及其反思,时起时落,一直未断。

20世纪80年代初,邓小平同志提出"两个飞跃"的思想,即从人民公社"一大二公"的体制向家庭联产承包责任制转化,这是第一个飞跃。这个飞跃解决的主要是激励问题,使农民的个体生产积极性大幅提高。然而这还不够,还要实现第二个飞跃,即从家庭联产承包责任制向农户合作共有的合作制集体经济转化,这是第二个飞跃[①],从而为中国农业、农村走向现代化创造体制条件。而发展合作共有制经济,成为巩固共和国经济的基础和实现农业农村现代化的基石。

(一) 从新型农民合作组织的发展看其特色性积累

2007年以来,我国农民专业合作社等合作组织发展得比较快,这些合作组织与"文化大革命"前的人民公社不同,与20世纪50年代合作化时的合作社也有区别。有人称其为"新型农民合作社"。农村合作经济组织近十几年来有了长足的发展(见图1)。实际上,农村合作经济组织是农村集体经济组织的初级形态,是由部分村民发起和运营的集体经济组织,其产权属于参与合作的部分农村居民。还有一种是村级集体经济组织,是由全体村民共同发起和共同运营的经济组织,其产权归属于全体村民。这些规模化的新型农村经营主体,通过土地的不同集约程度,实现了农业产业化经营,提高了农业要素的配置效率,提高了农民抗御农业自然风险和农业市场风险的能力,提高了农民在农业生产上的边际收益水平,对农民增收和农业发展贡献很大。农村合作经济组织和农村集体经济组织显著提高了农村的组织化水平,对乡村治理与乡村文化伦理等都起到明显的提升作用。

---

① 1990年3月3日,邓小平在与中央负责同志的谈话中说:"中国社会主义农业的改革和发展,从长远的观点看,要有两个飞跃。第一个飞跃,是废除人民公社,实行家庭联产承包为主的责任制。这是一个很大的前进,要长期坚持不变。第二个飞跃,是适应科学种田和生产社会化的需要,发展适度规模经营,发展集体经济。这是又一个很大的前进,当然这是很长的过程。"参见:中共中央文献研究室编,《邓小平年谱(一九七五——一九九七)》(下),北京:中央文献出版社,2004年,第1310—1311、1349页;邓小平,《邓小平文选》(第三卷),北京:人民出版社,1993年,第355页。

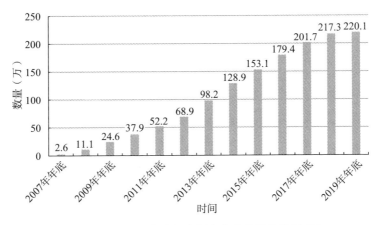

图 1　2007—2019 年我国农民专业合作社的数量变化

资料来源：国家市场监督管理总局，2020 年。

从发展来看，这些农民合作组织有以下七个方面的特色性积累：

1. 发起人多种多样

从发起人的结构看，各类合作社相继得到发展，其中有政府部门牵头发起兴办的，有一些准政府部门（各种挂在政府的协会、农业技术推广部门和农机站等）兴办的，有公司领办型的，有村庄能人和种养殖大户发起的，也有非政府组织发起的，还有各地供销社领办的，等等。

2. 成员间自愿的契约关系

从契约角度来看，新型农民合作社成员之间具有比较对等和自愿的契约关系。社员有退出权，有签订契约或不签订契约的选择权。没有人会强迫一个农民加入合作社。这种对等的契约关系对合作社的效率有积极的影响。

3. 成员间异质性程度比较高

一个群体，如果大家的诉求非常不一样，经济和社会地位差距较大，就表明成员之间的异质性程度比较高。现在我国农民专业合作社中，成员异质性程度就比较高，既有很有实力的企业家，又有普通农民，成员的经济地位、社会地位、话语权是不平等的。这种情况既有利于取长补短，也助力了优势垄断和集中决策。

4. 成员仍拥有承包权

现在的农民合作社,承包的所有权关系不变。农户凭借土地加入合作社,但是其承包权还是属于农户,合作社并没有侵夺其土地承包权(主要指经营权)。在新型农民合作社中,承包权得到了保障。合作社只是改变了要素组合形式,并没有改变承包权归属,权利明晰,优于传统体制下的合作社,有利于持续性发展。

5. 趋向于全过程合作

农民合作社的合作逐步趋向于农业生产的全过程合作:农业生产上游环节的合作,包括化肥、种子、生产工具和机械、农药、信贷等合作;农业生产中游环节的合作,包括生产过程、技术培训、灌溉、农作物管理等领域的合作;农业生产下游环节的合作,包括农产品加工、品牌建设、营销等领域的合作。全过程合作有利于农业生产各个环节的有效配合及全流程效率的提高。

6. 趋向于全要素合作

农民参与合作社是要实现各种要素的共享与互助。新型农民合作组织逐步趋向于全要素合作的发展模式,劳动力、土地、技术、信息、资金、企业家才能等要素均可进入合作社,出现了生产合作、供销合作、消费合作、技术合作、土地合作、信用合作等不同要素互相交融、多元综合的合作状态,有利于实现各生产要素的有效配置。

7. 组织化程度比较低,合作规模比较小

新型农民合作社的组织化程度、合作半径、要素整合程度等比人民公社时期要低,许多地方一个村搞一个合作社,或者一个村搞两个合作社,合作社规模小,覆盖范围窄,规模经济效应不明显。这就影响了要素在更大范围内的配置和农产品的市场竞争力。

(二)统筹兼顾,支持农村合作-集体经济的发展

随着我国城镇化的推进,农村人口向城市转移,农村劳动力逐渐减少,承包制依托人口红利所带来的生产力优势已经弱化,越来越难以适应农业现代化发展的要求。除此之外,承包制在提供公共福利以及社会保障方面

的劣势也导致城市-农村公共品供给的二元化愈发严重,越来越难以满足城乡同步小康、共同富裕的诉求。因此,中央审时度势,在党的十八大之后,采取综合措施,扶持农村合作-集体经济的发展。我们通过对浙江、福建等15个县区农村合作-集体经济的调研发现,农村合作-集体经济的发展不仅能有效解决承包制遗留下来的问题,而且还将成为农村农业发展的新动力。

1. 现阶段,要容许农村合作-集体经济组织多样化发展

对于农村合作-集体经济应从多个方面来看。首先,农村合作-集体经济中的"集体"和所有权属性相比,更加强调的是组织形式。例如,以合作共有制为主体,以合作共有资产和控制力为主导的经济模式是农村集体经济,以个人产权的联合实现股份合作,按产权分配的合作经济模式也是农村集体经济,目前这两种组织形式在农村中都存在。其次,农村合作-集体经济作为一个"集体"的组织,其经济实力提升所带来的收益自然会提升组织中个体的福利水平,而组织中个体福利水平的提升自然也会吸引更多个体的加入,进一步夯实集体经济的实力基础,个人利益和集体利益在合作机制中相得益彰。还有,我们既要重视农村集体经济中"村级集体组织"的建设,也要重视农村集体经济中"农民个体自愿合作组织"的合理性。因此,对于农村集体经济的看法,我们要考虑到现实中各地发育程度参差不齐、组织主体多样、运营模式多元的农村合作-集体经济,进而区别对待,在发展中扬长避短。

2. 农村合作-集体经济在组织主体上的两类形态

从组织主体上来看,农村合作-集体经济可以分为两类:一类是由"村级集体"所设立的集体经济组织,这里既包括"村级集体"所设立的企业实体,也包括"村级集体"利用本村集体资源所兴办的具有集体性质的各类产业,还包括村集体领办的土地股份合作社以及其他类型的合作经济形式。这一类集体经济的关键特征是由"村级集体"举办或领办,所有者涵盖了"所有村集体组织成员",在层级上是一种较高级别的农村集体经济形式。财政部2015年10月19日印发的《扶持村级集体经济发展试点的指导意见》就是强调这一层级的农村集体经济。这一层级的农村集体经济的发展关乎整个村

庄的治理、共同富裕问题,关乎社会主义公有制经济在农村基层的载体问题,关乎巩固党在农村的执政基础问题。另一类是具有集体合作性质的其他合作经济组织,这类农村集体经济主要是指农民自愿兴办、领办的各类农民产业合作社,所有者则是"部分村集体成员",由于这一类农村集体经济组织主要是农民专业合作社,而当前农民专业合作社的领办主体呈现多元化、复杂化的特点,因此国家在支持农村集体经济发展时对这两类农村集体经济应有所区分,实行差异化的支持策略。

3. 农村合作-集体经济在运作模式上的三类状态

从运作模式上来看,农村合作-集体经济可以分为三类:第一类是经营性农村集体经济,是指以村集体或部分村集体成员的联合为主体,建立经营实体(村办企业或农业生产经营性合作社),从事生产经营与相关农业服务。第二类是资源性农村集体经济,是指利用本村自然生态资源和其他集体资源(如村集体闲置的不动产),开发旅游、文化、物业服务等产业。第三类是公益性的农村集体经济,如养老院、托儿所、图书馆等,此类农村集体经济以公益而非营利为目的。从我们在浙江、福建调研的情况来看,经营性农村集体经济比重较小,村集体兴办的村级企业较少。在浙江虽然有很多村股份经济合作社,但是虚体较多,开展实际的生产经营或农业服务的较少。现实中,资源性农业集体经济所占比重较大,比如利用本村山水生态优势搞休闲农业和乡村旅游,或者利用本村闲置的房产、集体建设用地出租搞物业,获得比较稳定的租金收入。浙江的村级物业经济比较发达,农贸市场、专业化市场(如台州方林村的二手车市场)、仓储物流业等发展很快,为村集体经济带来丰厚的收入。浙江桐庐县富春江镇芦茨村通过芦茨老街区 36 户 28 幢房回收改建项目,由村集体统一建设集购物、休闲、民宿于一体的地方特色街区,既改善了农村环境,又为村级集体经济带来很好的收益。由于第一类经营性农村集体经济面临的市场环境较为复杂,对于人力资源和资本的要求较高,因此目前发展速度和规模相对滞后于资源性农村集体经济模式。而资源性农村集体经济虽然具有经营简单、发展速度快的优势,但是受当地资源类型和数量的制约较大,经营规模有明显的边界性。除此之外,由于第三类是公益性的农村集体经济,没有独立的收入来源,因此在实际中往往要依附于第一类和第二类农村集体经济。

4. 农村合作-集体经济的共有、共治、共享,统筹兼顾

总体来看,这些农村合作-集体经济都具有"共有""共治""共享"的特点。其中的"共有"是指村集体成员或部分村集体成员在产权意义上共同所有;"共治"是指集体成员或部分村集体成员以一定的民主形式,根据相应的法律要求,实现对农村集体经济的共同治理、共同管理;"共享"是指农村集体成员或部分村集体成员根据法律规定的分配形式,对农村集体经济的收益实现共同分享。"共有"强调的是产权形式,"共治"强调的是民主治理,"共享"强调的是公平分配,不同的农村集体经济组织所体现的是不同层次的共有、共治、共享。

在我国现阶段,既要扶持村级农村集体经济发展,又要扶持具有一定集体性质的各类农民专业合作社,统筹兼顾支持农村合作-集体经济发展。

(三)村级集体经济发展所面临的问题及需处理好的关系

从中央到地方对农村合作制集体经济的支持力度逐渐加大,农村集体经济新的模式不断涌现。但是从总体来看,改革开放后的农村集体经济的组织和运行模式尚不成熟,各地农民对农村集体经济发展存在不同程度的误区和疑虑,一些能够支撑农村集体经济发展的市场要素、体制要素、观念要素等还未具备,农村集体经济发展面临的问题比较多。其中的村级集体经济组织由于涉及的利益面较广,协调难度大,再加上其兼具农村社会保障和提供公共品的责任,村级集体经济组织所面临的挑战更大。

1. 村级集体经济组织负责人与村干部在人事上重叠,村干部发展村级集体经济的动力与激励普遍不足

村级集体组织由于涉及全村的利益,负责人往往需要拥有一定的号召力和公权力,因此村干部自然而然地就成了很多村级集体经济组织的负责人。但是,由于村干部体系是我国村民自治体系,游离于国家公务员体系之外,村干部往往没有政绩压力和升迁激励,因此从职位升迁方面来看村干部

并没有动力发展村级集体经济。另外,由于现在村级集体经济组织的利润分配制度仍不完善,对于村干部来说,往往只有因其从事行政工作而获得的固定工资,其经营和管理集体经济组织却无法获得报酬,因此也不存在物质激励去发展村级集体经济。

2. 约束不足,村干部在发展农村集体经济的过程中,对集体资产的处置等的自由裁量权较大,但缺乏严格的约束与规范化监督

我国村干部体系位于国家行政管理体系的末端,因此缺乏对村干部的考核和评价制度,没有自上而下的约束和监管体系。而作为全村共有的集体资产,其具有公共品的非排他性和不可分割性,这意味着通过个人来维护其享有公共品的权利的成本比较高,个体村民不愿意也没能力去监督集体资产的处置和经营情况。这种上无约束、下无监督的状况,造成了村干部在发展村级集体经济的过程中对集体资产的处置具有很大的自由,而这种自由也往往会导致村干部对集体资产处置的轻忽和随意,从而导致村民集体利益的损失。

3. 受村干部任期影响,村级集体经济组织在运营中往往出现短期化现象,集体经济组织负责人的机会主义行为比较显著

村干部的任期较短,每一届村委会的任期只有三年,这种负责人上的频繁更迭也造成村级经济组织运营的方针政策和目标变动频繁,短期化现象严重。除此之外,由于对村级集体经济组织的经营缺乏长效追责机制,因此对集体经济的负责人往往存在机会主义的激励,促使他们只顾眼前利益和自身利益而忽视了村级集体经济的长期发展。

4. 村级集体经济组织在经营管理上专业化程度不足,人力资源缺乏,没有形成完善的农村集体经济经理人市场

目前绝大部分村级集体组织的负责人都是由村干部兼任,村干部的选拔制度重视的是其行政管理能力,而集体经济组织要求的是其市场化的经营运作能力,这种选拔机制和实际需求的错位往往导致村级集体经济组织在实际运营中专业化程度不足。除此之外,由于农村集体经济发展中的经理人市场还未形成,再加上村级集体经济组织的特殊情况,外部人员很难融

入其中,因此在经营管理方面,村级集体经济组织缺乏有效的人力资源供给。

5. 由于现代农村人口流动性的增强,"成员权"的界定对村级集体经济收益分配的公平性有很大的影响

"成员权"的界定意味着村民是否有权参与农村集体经济收益的分配。随着交通和信息技术的发展以及城镇化的持续推进,现代农村的人口流动比较活跃,这就导致了"离开本村去往其他地方居住的村民是否仍属于本村成员"以及"原本生活在其他地方但是现今落户本村居住的村民是否属于本村成员"这两个问题的产生。如何看待和处理这两个问题是保障村级集体经济收益分配公平的根本所在。

6. 村级集体经济组织的经营往往受到村委会其他事务的干扰,承担了很多不该承担的村庄运行成本,影响了村级集体经济组织的运行效率

由于目前村级集体经济的正常运营和村委会具有千丝万缕的联系,再加上村财政收入的长期不足,在日常的经营活动中村干部经常会将村集体经济的收益拿来补贴村委会的行政开销,村集体经济组织沦为村委会的"提款机",严重影响了村级集体经济组织的运行效率和进一步的发展。

7. 农村集体成员的集体观念淡薄,导致村级集体经济在发展时往往遭遇思想上的阻力,增加了其运行成本

由于长期以来受到承包制的生产方式以及各级干部开展农村农业工作时过分注重"分"的思想的影响,村民生产和生活上逐渐脱离了集体思维,集体观念淡薄。这就造成了在村级集体经济组织的日常运营过程中,村民往往重视个人利益而忽视集体利益,享受集体权利而不愿履行集体义务,致使村级集体经济在发展和推进过程中往往会遇到很大的阻力。

8. 当前的财政政策、土地流转与土地股份合作的相关政策与法律制度还不完备,阻碍了村级集体经济的发展壮大

自我国实行家庭联产承包责任制以来,包产到户,土地和农业资源绝大部分都已分配给个人,留存集体的资产非常少,因此建立完善的土地流转和产权定价制度来充实集体资产十分必要。另外,长久以来村级集体经济组

织的法人地位在法律上得不到确认,许多扶持资金都分配给了合作社以及家庭农场等相对具体与稳定的集体和个人,而真正急需财政支持、充实集体资产的村级集体经济组织却没有得到实惠。村级集体经济组织由于先天就缺乏资产积累,后天又没有资金支持,因此在生存和发展方面困难重重。

9. 缓解村级集体经济组织的一些问题要处理好四个关系

村级集体经济组织是提升村民福利水平和农村自我保障能力的重要途径,缓解村级集体经济组织问题关键是要处理好四个关系:一是处理好集体利益的代表人与集体经济组织经营者的关系,要让村干部作为集体利益的代表人指导村级集体经济的方向和目标,而不要让村干部作为村级集体经济的经营者来从事日常运营;二是处理好社会保障与追求利润的关系,村级集体经济组织追求利润是为了更好地服务和保障村民,而不能为了追求利润损害村民的利益;三是处理好名义成员与实际成员的分配关系,判断村民的"成员权"要从实际出发,既要保障原有成员的利益不受损失,也要避免新成员得不到集体经济的福利;四是处理好村委会和村集体经济的关系,村集体经济组织资产的产权属于全体村民,这种产权属性决定了其使用权的履行以及收益的分配必须要以服务全体村民为基本前提,而不能为了其他目的损害村民的集体利益。

二、规范合作共有制经济,提高农村合作社的生存与发展能力

虽然农村合作-集体经济仍然有许多问题亟待解决,但是我们通过调研发现,农村合作-集体经济尤其是村级集体经济为实现农村共同富裕、向农民提供生活保障、提高乡村治理水平做出了很大贡献。随着十九大"乡村振兴战略"的提出,农业农村即将迎来新一轮的发展机遇,我们要积极促进农村集体经济的规范化发展,完善农村合作-集体经济的模式和环境,提高合作社和集体经济的生存与发展能力。

(一)农村集体经济中的委托-代理问题及制度革新

农村集体经济中的代理人既是集体经济日常经营管理的代理人,又是

农村日常行政事务的管理者,这种复杂的身份导致了集体经济中的委托-代理问题更加复杂和特殊。比起一般的代理人只能通过调整自身付出来获取自身收益的最大化,农村集体经济中的代理人不仅可以像一般代理人那样调整自身的付出,还可以利用自己手上的行政权力为自己谋取利益。除此之外,集体经济的代理人出于固定选举制的原因,其任期有更大的确定性和短期性。因此,其实施机会主义行为的激励也更大。未来在农村集体经济发展中,必须进行系统性的制度创新。

1. 要在制度设计和制度创新中注重代理人与委托人之间的利益平衡,避免制度架构的偏颇

对于农村集体经济中存在的委托-代理问题,一方面是委托人(村民)需要利用自身在经济利润分配方面的权利,寻找使得自身利益最大化的分配方案。另一方面,也更为重要的一方面是要设计合理的制度来杜绝或者减少代理人利用自身具有的行政权力对集体经济的经营产生干扰和损害。这就要求在解决集体经济委托-代理问题的制度设计上,既要能够激励代理人不断努力经营,也要保证委托人自身的利益;既要有有效的监督机制来发现问题,也要有有效的措施来防范问题;既要保证代理人有足够的权力来灵活处理日常经营中的问题,也要防止代理人的自由裁量权过大造成集体资产流失。这就需要在代理人和委托人之间寻找一个最佳的利益平衡点,不能仅仅为了代理人的独立经营权而丧失委托人的有效监督和对代理人权力的限制,也不能仅仅为了委托人的利益而对代理人实施过于严苛的约束,导致其在经营中出现"故意不作为"的情况,从而损害农村集体经济发展的效率。

2. 要建立多层次的监督制度,建立将民主监督、政府监督、社会中介监督以及信息化监督相结合的监督机制

第一,要充分利用村民大会(或村民代表大会)、村民议事会(如在四川等地所试验的模式)等民主监督机制,充分激发村民的委托人意识,对代理人实施直接而有效的监督;第二,上级相关监察机关也要定期或不定期地对集体经济的运营进行财务监察,来帮助和引导村民代表大会实施自身的监督权力,加大监督的力度;第三,要引入中立客观的中介机构(如会计师事务

所)进行相应的定期和不定期审计,以提供规范的财务报告,为监督提供依据,做到有据可查、有据可依、有据可溯;第四,要将多层次、多主体的监督机制与信息化的监督手段相结合,做到集体资产数字化、交易流程可视化以及监督系统智能化。

3. 注重现代经理人市场的培育,在农村集体经济发展的过程中着力构建现代经理人制度

如同国有企业要在经理人市场上选拔管理者一样,农村集体经济也需要专业的经理人来充当管理者,而不能由村委会成员来兼任管理者。一旦农村集体经济聘用市场上的专业经理人来管理农村集体经济,村委会成员兼任管理者所产生的一系列流弊就可以迎刃而解。一方面,村委会和村民代表大会可以通过建立相应的激励约束机制,通过调整与职业经理人之间的契约关系,来进行有效的监督和激励。另一方面,通过在市场上选拔职业经理人,村庄内的行政管理体制和农村集体经济中的企业经营体制就会自然产生适当的分离,村委会成员不再既是委托人又是代理人和行政管理者,原有的复杂委托-代理关系就大大简化了,机会主义行为就会大大减少。

4. 要因地制宜,不断对农村集体经济发展的形态进行多方面的探索和创新

实践中发现,建立村办企业并由村委会成员经营往往是付出成本最大的一种农村集体经济发展形态。未来在农村集体经济发展中可以创造更多的形态,比如租赁经营、委托经营、招标经营等,这些多元化的经营模式可以使村委会从直接的日常企业经营中解脱出来,并解决多重身份叠加带来的机会主义问题和自由裁量权过大引发的贪腐问题。

(二) 对于农村集体经济,金融机构应加大服务力度

我们根据调研结果发现,许多地方在金融服务支持农村合作-集体经济方面已经取得了许多宝贵的经验,但是大部分地方针对农村合作-集体经济的金融服务,无论是在模式上还是在规模上都明显不足。从农村合作-集体经济发展的需求来看,金融机构应从三个方面加大金融服务力度。

1. 提供差异化的金融服务

金融机构应该根据农村集体经济的组织主体、经营方式并结合当地特色资源,因地制宜,开发多种多样的金融服务模式。对于经营性农村集体经济,由于其金融需求主要集中于资产保值增值和扩大再生产方面,金融机构应制定以资金托管、理财、授信、抵押贷款等为内容的一揽子金融服务方案。对于资源开发型集体经济,由于其尚处于集体资源开发的重要时期,短期内主要以开发性资金需求为主,金融机构应以开发性基金、财政资金质押贷款等方式提供配套金融服务为主。除此之外,对于多种形式的合作型集体经济(各类合作社),金融机构可以发展基于"企业+合作社+大户"的供应链融资、资产抵押贷款等金融服务支持其周期性周转和扩大经营规模的金融需求。在调研过程中我们发现,各地农业银行依托当地特色资源开发了多种金融产品,例如,福建龙岩积极支持特色集体资源开发,通过推进"林权"和"土地经营权"抵押贷款试点,创新"林农+林权抵押+林业金融服务中心",依托林业金融服务中心,为林农和林企提供评估、担保、贷款、收储以及流转等一站式服务,保障林农贷款资金并兼顾促进水土保持治理;创新"政银保"服务模式,引进政府、保险增信机制,降低农户贷款门槛;创新"金穗快农贷",通过"互联网+信用贷款+优惠利率+农户"模式,对烟农贷款实行集中受理调查,批量审查审批,限时办结,解决烟农担保难、市场利率高等问题,确保烟农贷款需求。

2. 完善农村集体经济金融服务的征信系统

对村级集体经济发展较好、条件成熟的村庄,应建立完善的村庄和个人信用档案。通过信用档案,金融机构既可以依托农村集体经济组织对村内信息了解充分的特点,降低信息获取成本和贷款门槛,也可以通过集体经济的股权约束,提高村民的信贷合约违约成本,保障贷款安全。在建立信用档案方面,福建沙县已经取得了一些成功的经验。沙县按照"先建档、后评级、再授信"的思路,以农户的"基本概况、家庭收支、家庭资产、家庭成员、村(居)评级、信用评分、信用等级"等为基本内容,按照"一户一册"的基本原则,为农户建立经济档案,并以村为单位成立农户信用等级评定小组,对农户的经济档案进行信用评价,评定信用等级。银行依据经济信用档案核定授信额度,为农户提供贷款。

3. 建立多种增信措施

随着政策支农力度的加大和农村金融体系的不断完善,各地政府应该依托当地农业资源以及政策支持,创新多种形式的增信措施,解决农村集体经济组织"担保难、贷款难、贷款贵"的问题,保障当地金融机构贷款安全,降低贷款风险,缩减放贷成本。例如,福建沙县通过由村民集资入股、县财政拨款支持的方式,建立村级融资担保基金,以担保基金作为申请和偿还贷款的抵押物及风险准备金,有效整合了集体经济组织的贷款需求;沙县还通过成立行业担保公司,依托县内土地流转、沙县小吃以及生猪养殖等特色产业,形成专项贷款担保基金,积极引导和鼓励农户及企业发展优势产业。福建建瓯成立了国有担保公司——建瓯市绿瓯农林发展有限公司,并与金融机构合作,提供融资性担保服务,通过农村土地承包经营权、林权、设施、订单、农产品预期收益等各种抵押、质押形式,为专业大户、家庭农场、农民专业合作社以及农业企业提供贷款担保。除此之外,福建各地还依托当地丰富的林业资源,成立林权收储中心,通过与银行、借款人以及林权抵押人等签订林权收储协议,激活林地资源,实行收储经营,实现担保贷款的本息回收,降低贷款风险。

对于金融服务农村集体经济的模式目前仍处于探索阶段,但是由于农村集体经济组织具有主体构成复杂以及权益性资产多的特点,这就意味着贷款给集体经济组织会有更大的不确定性和风险性,贷款成本高,因此单靠市场机制难以实现对集体经济组织金融需求的有效供给。所以,在金融服务农村集体经济方面,政府与金融机构应该共同努力。一方面,政府应该更多地介入,通过政策扶持、确立农村集体经济组织主体的合法法人地位以及规范和确立产权定价方式等多种形式,来改善农村集体经济金融服务市场环境;另一方面,金融机构应该针对农村集体经济的特点,积极创新基于集体资产的抵押贷款、基于集体资产收益的质押贷款以及基于集体股权的质押贷款等,并探索农村资产信托、粮食信托、开发性债券等多种直接融资方式。

(三)政府扶持农村合作社发展的政策框架

现在,各级政府已经认识到发展农民合作社的必要性。各地在支持合作社发展方面出台了很多政策。但是,从全国层面看,很多地方的政府部门对于合作社这个组织还不是很了解。同时,对于如何支持合作社、如何规范合作社也存在很多行为偏差。概括起来说,偏差大体可以归为三类:其一,以政府的意志代替农民合作社的意志。合作社是农民自愿组建的互助性的民间组织,合作社本着为合作社成员服务的精神组建,其精髓是"合作、自愿、互助、民主"。而一些地方政府往往把政府意志强加到合作社身上,这就违背了合作社的原则。其二,政府对合作社的支持手段比较简单化,大部分采取直接拨款补助的方法,这导致政府的很多资金支持没有效率。其三,在合作社的组建过程中,直接以政府的名义组建,对合作社的组织形式和内部治理结构进行严格的控制,使合作社实际上成为政府的一个派出机构。

1. 政府支持合作社的基本原则

总体上看,政府支持合作社应该遵循四个原则:第一,民主性原则,就是政府在支持合作社发展的过程中,要以平等的心态来扶持合作社,而不是以一种居高临下和命令的心态来对待合作社。第二,市场性原则,是指政府在扶持合作社时,其方法应该是符合市场原则的,其手段应该是市场化的,应该使参与的各方都能从这个市场化的支持机制中获得好处,避免风险。第三,协调性原则,是指政府支持框架的核心应该是协调不同参与主体之间的关系,尤其是协调合作社与产业界、金融界的关系,使各主体之间的关系和谐起来,为合作社的发展营造一个比较宽松的外部环境。第四,制度性原则,是指政府应该在制度建设方面支持合作社,使合作社的支持框架更具有长期性、稳定性,应该把一些机制设计制度化、规范化。

2. 政府对农民合作社要简化规则,降低交易成本,提高便利性

政府对农民合作社要进行扶持,简化规则,降低交易成本,提高便利性。政府要运用各种政策和法律手段,降低农民加入和运营合作社的成本,使合作社获得较为宽松的政策空间和市场空间。例如,降低农民合作社的准入

成本(在合作社注册时予以免费并降低合作社准入门槛和简化注册手续)、降低农民合作社的企业家搜寻成本和培育成本(对合作社骨干成员进行系统培训以提升其企业家才能)、降低农民合作社的信息成本和市场准入成本(政府帮助农民合作社提供市场信息和建立信息网络,扶持农民合作社产品进入超市等市场网络)、降低农民合作社的运营成本(严格按照法律规定进行税收减免和财政补贴)等,帮助农民合作社在市场竞争中增强比较优势。

3. 政府在多领域支持合作社的发展

政府支持合作社的领域多种多样。首先,合作社面临的主要问题之一是资金的瓶颈。政府在解决合作社资金瓶颈方面可以发挥较大的作用。政府要清楚,在大部分时候,带有约束性和激励性的贷款比直接的财政拨款更有效。现在,政府每年对合作社投入许多资金,大部分资金都是直接拨付的,不需要偿还,也没有任何约束和激励机制。这种拨款的效果往往很差。实际上,政府可以通过委托专业机构贷款、支持银社合作、提供抵押担保和贴息等机制来解决合作社的融资困境。除了资金方面的扶持,政府还应该帮助合作社加强基础设施建设。我们在北京郊区进行农民合作社调查研究过程中发现,合作社在基础设施建设方面的滞后直接影响了合作社业务的开展。比如,奶牛合作社急需各种高规格的牛奶检测仪器和储奶设备,果品合作社特别缺乏规模较大的储存水果的仓库和保鲜设备等。这些仪器或设备一般来说价格较高,合作社在发展初期很难有财力进行设施建设或设备、仪器购置,致使很多业务难以开展。另外,人才是政府扶持合作社的重要领域。政府可以与高校以及科研机构进行合作,对合作社的管理人员、技术人员进行定期培训,提升其人力资源素质。在京郊合作社考察时我们发现,他们最迫切需要的人才就是技术、营销、对外贸易等方面的人才,而合作社又难以提供有吸引力的薪酬待遇,所以根本留不住人才。因此,政府一方面可以加大对现有人才的培训,另一方面也可以在人才招聘方面有所作为,比如对高素质人才进行补贴,或利用村干部任用管理等机制为合作社配置人才。高校也可以与合作社进行合作,合作社为高校学生提供实习和调研机会。

4. 对合作社的发展,政府应建立经常性的信息沟通机制

政府为支持合作社的发展,要建立经常性的信息沟通机制,以利于各方面的协调。建立这种信息沟通机制,就为合作社建立了一个稳定的利益表达机制,建立了一个话语平台。在这种沟通机制建立起来之后,产业部门、金融部门、政府部门才能了解合作社发展的愿望和困境,而合作社也能了解产业部门、金融部门以及政府部门的需求。还可以建立"政府—合作社—产业和金融部门—学术界联席会议制度",这种联席会议平台有助于信息的沟通和问题的及时解决。

5. 政府应支持建立合作社联社

还有个合作社之间的合作问题。合作社之间进行合作,建立联合社,合作社原有的要素才能在更大的范围内得到更自由、更有效的配置。联合社与合作社一样,也是本着自愿的原则,由各合作社自行组建。现在,各地的合作社之间自发地进行合作,由于不能注册,只好采取很多迂回的方式。例如,如果称"板栗生产销售联合社"就无法注册,于是就改称"栗联专业合作社",其实还是起联合社的作用,只不过在注册的时候不能叫"联合社"。政府应该通过法规明确规定联合社的地位和作用,规定其组建程序和法律要件,推动联合社的发展。

现在,农民合作组织面临着新的发展机遇,由分散的小农模式转向集约化、规模化、产业化的合作社模式。同时,政府应该加强对农民合作社成员的教育和引导、对企业家才能的培育、对合作社治理的规范化教育,为农民合作社的生存与发展创造一个规范而有效的环境。

三、多元共治,加快土地集约化经营,构建特色农业经济体系

以村民自治制度为代表的中国特色的乡村民主治理体系,在中国广阔的农村不断试验、不断推广,也不断演化。从空间来看,各地的乡村民主治理模式有比较大的差异,这是多元性的地域文化和历史差异所决定的。从时间来看,乡村民主治理模式也是不断演变、不断发展的。

（一）建立乡村治理的协商民主模式

1. 多元共治

在乡村治理实践中，多元共治是新型农村协商民主模式。实施这一模式，一是要强调巩固基层党组织，加强基层党组织建设，提高基层党组织的管理能力、素质和权威。二是要强调多元化的结构，村民议事会也好，其他的村民代表会议也好，都要容纳不同诉求的利益群体，结构的多元化意味着利益诉求的充分表达，意味着公民偏好的充分显示，有利于决策的民主化。三是要强调共同的协商治理。多元共治的核心是共治，多元是形式，共治是核心，共治强调共同协商治理。协商就是在一个民主的程序之下，大家以平等的身份相互协商，相互讨论，共同参与。四是要强调内生因素和外生因素的有机结合。外生因素，比如村庄政治力量、企业家、政府派来的村干部、外来的志愿者等，应该与内生因素有机融合在一起，不要偏废，它们都应该在多元共治的村民治理中占据合理的、适当的位置，以共同促进乡村治理。五是要把村庄的传统要素和现代要素结合起来。传统就是一直传留到现在影响和约束我们行为的一整套规范与习惯的总称。我们与传统之间有一种不可分割的历史联系。今天我们或许觉得很多制度都很新，但是这个"新"是于古为新，是在继承传统之上的创新。所以，我们要把村庄的传统要素和现代要素结合起来进行乡村治理的创新。

2. 多元融合

多元共治的乡村协商民主机制强调多元融合，即不同的主体都要参与到乡村治理中来。在这些主体当中，首先是乡土精英，也就是村庄能人。现在村庄里有一些能人，这些能人包括村干部、村庄知识分子、村庄企业家以及其他能人。这些能人有创业精神，有凝聚力，有知识，能够在乡村治理中扮演领袖的角色。其次是村庄里来自外部的市场力量与非政府组织的力量。比如，合作经济组织的领导人，他们一般都是对市场敏感、有很强的创业欲望、有广泛的市场人脉关系以及丰富的管理经验的能人。一些企业家在一个村庄里长期做企业，与村民有商业互动与利益关系，村民在一定程度上信赖和依靠这些企业家，他们相互之间形成了一个利益和命运共同体。

再次是微型金融机构的负责人、公益组织的负责人、志愿者、社会公益人士等,他们到农村扶贫,已经成为村里不可分割的一分子。这些人都可以参与到乡村治理中,架起村庄与外界的桥梁。最后一部分是乡土社会中很有影响的力量,这个力量包括宗族长老以及家族和村庄中的其他权威人士。例如一些退休回乡的官员,本来就是在乡间很有威望的社会贤达,他们回到家乡,可以发挥很大的能量。同时,要构建新乡贤体制,就要建立一种包容性的乡贤文化,把现代协商民主的理念与中国传统乡贤文化以及乡村治理的传统智慧有机融合,从而构建有中国特色的乡村民主制度。

(二) 在三权分置基础上加快土地集约化经营

1. 力求使小农转化为大农

我国现行的农村土地制度是一种集体土地所有制下农民拥有承包经营权的制度。在这个制度框架下,集体拥有土地的所有权,从而拥有土地的发包权和处置权,而农民拥有土地的承包权、经营权、收益权和转包权。这种在十一届三中全会后逐步形成的农村土地制度,激发了农民在土地上长期投入的热情,对于我国改革开放后农业生产的长期稳定起到至关重要的作用。这种制度在长期运转过程中也出现了不少问题。例如,土地流转的市场机制还没有形成,其法律程序也不大清晰和完善。在这种情况下,农民的经营权就很难转移到别的主体身上集中使用,这就阻碍了农村土地的规模化利用,现代化的农业产业和经营方式就很难在现有制度条件下得到发展。小农难以转化为大农,就难以抵御市场风险,难以融入大的农产品市场,也就难以分享更大的市场收益。要使家庭经营向规模化的家庭农场、企业化的现代农业企业和有组织的合作联社等规模经营模式转变,就必须改革土地流转市场规则及法律程序,使土地得到集约化和规模化的利用。

2. 通过改革,加快土地集约化经营

党的十八届三中全会明确了改革方向,大致有三个有利的方面:一是赋予农民对承包地的占有、使用、收益、流转及经营权抵押、担保权能,如此则可以使土地要素得到合理流转,为现代农业经营体系的构建奠定制度基础,同时,农民所拥有的抵押和担保权也可以促使其更多地获得银行的信贷支持,提升其进入农村金融市场的能力。二是农民可以将土地承包经营权入股,组建土地股份合作社,这样既可以扩大生产经营规模,有利于农业的规模化和集约化经营,同时也可以使农民获得更多财产性收入。这方面的制度创新对于那些拥有承包经营权但又在城市务工的农民工非常有利,既增加了其收入,又避免了土地的闲置抛荒。三是很多地区实施农民住房的确权和颁证工作,农民有了房产证,就可以将房产抵押,获得银行信贷,这是对农民增收的支持。这些改革的推进,有赖于一个完善的农村土地和住宅产权市场的构建,来完成土地和住宅产权的确权、登记、定价和交易等诸项功能。

(三) 构建新时代中国特色农业经济体系

1. 基于粮食安全的国家安全问题

从国家安全的角度来说,粮食安全和食品安全对于中国这样一个人口大国和地缘政治大国而言极为重要。保持粮食的基本自给、保持农业生产的稳定性和足够的自给能力,是我国国家安全的重要基础与保障。然而,对于如何保持我国农业的可持续发展,同时如何保持我国基于粮食安全的国家安全,这里面有一个短期视角和长期视角的差异问题。从短期视角来看,我国粮食生产和农业发展一直比较平稳,连续多年的粮食丰收让国人感觉粮食已经不是什么问题,也不用担心粮食自给率和粮食安全的问题。这种短期视角的判断容易使我们放松对粮食问题和农业问题的警惕。如果从长期视角看,近年来,我国的粮食进口规模在逐年扩大,更值得关注的是,主粮进口规模也在逐渐扩大,这就发出了一个令人警惕的信号。

2. 农业生产和粮食生产还处于低质量低附加值的状态

尤其需要注意的是现在的粮食市场已经全球化了,即便粮食供应商的产量再高,如果在价格和质量上没有全球竞争力,那么其所生产的粮食和其他农业产品也难以实现市场价值。我们的问题出在什么地方呢?我们的农业生产和粮食生产的问题主要出在生产方式上:科技含量较低,附加值低,但成本很高。我们的农业生产和粮食生产虽然从量上来说并不少,但是质量不高,在国际市场上没有什么比较优势。农业科技在我国农业生产中的应用程度比较低,农业机械化程度也比较低,科学技术和现代机械在农业生产增值中的作用比较小,这就使我国的大部分农业生产和粮食生产处于低质量生产、低附加值生产的状态。从更深的角度来看,为什么农业生产和粮食生产的质量不高?为什么农业科学技术、农业机械以及生态农业方法在我国农业生产和粮食生产中的应用程度低?为什么我国的农业生产和粮食生产还处于一个比较低级的原始状态?基本的原因在于我国农业生产和粮食生产所依赖的生产关系是相对落后的。先进的农业技术推广和农业机械的大规模运用在一个以小农为主的生产关系中是难以实现的。无论我们的农业科技推广部门如何鼓励小农户应用新的农业技术,无论国家改造传统小农耕作技术的态度多么真诚,这种愿望仍然无法实现。农村落后的生产关系制约了生产力的发展。

3. 力求建设新时代中国特色社会主义农业经济体系

这就提出一个重要的问题,即如何构建"新时代中国特色社会主义农业经济体系"的问题。从一般趋势和长远发展来看,新时代中国特色社会主义农业经济体系首先应该是一个在全球化农业市场竞争中具备竞争能力的农业经济体系,是一个能够装备较高农业技术水平和农业机械化水平的农业经济体系,是一个能够保障我国基本粮食安全和农业安全的农业经济体系,是一个与我国以公有制为主体的基本经济制度相适应的农业经济体系,是一个能够使我国农业生产从粗放低质状态转变到集约高质状态的农业经济体系,是一个能够应对日益突出的农业生态压力和环境压力从而能够实现可持续增长的农业经济体系。建设这样的农业经济体系,就必须能够突破小农经济的制约从而有利于实现农业产业化和农业现代化。这就迫使我们去考虑更多的深层次问题。

四、将农垦企业作为现代化农业发展的基地进行重点建设

在现代技术尤其是互联网技术的推动下,产业界限的消弭和融合成为一种新趋势,这一趋势正在对现代农业的产业形态、产业发展模式和增值模

式产生深刻的影响。推动现代农业业态转型和产业融合的驱动力除了技术进步,还有现代农业所依托的组织体系的转型以及农地产权关系的变革,前者属于生产力层面的条件,后者属于生产关系层面的条件。在中国目前各种农业经营主体中,农垦体系具备大农业的基础优势,可以将农垦企业作为中国现代化农业发展的基地和试验田,进行先行建设、重点建设,为中国农业农村现代化建设获取新的经验。

(一) 在以小农经济为主的环境下农垦企业具有的独特优势

目前来看,与其他农业经营主体相比,农垦企业具有自己的独特优势。

1. 产业组织优势

我国是一个以小农为主的国家,农业经营规模小,土地细碎化情况严重,在这种大格局下,农垦体系的产业组织优势就凸显了出来。据农业部(现农业农村部)统计,截至 2016 年年底,经营规模在 50 亩以下的农户有近 2.6 亿户,占农户总数的 97% 左右,经营的耕地面积占全国耕地总面积的 82% 左右,但户均耕地面积在 5 亩左右。经营规模在 50 亩以上的农业主体约有 350 万个,经营耕地总面积约 3.5 亿亩,平均经营规模为 100 亩。这一规模与欧美等国家的农业企业和大农场相比还比较小。其中,农垦企业经营耕地面积 9 300 多万亩,占全国耕地总面积的 4.6%,规模效应突出。[①] 黑龙江农垦区、新疆生产建设兵团以及各省农垦企业和农场,都是具有组织优势的农垦企业。

2. 产业链优势和产业集聚优势

大部分农垦地区都构建了比较完整的农业全产业链,农业的种植养殖业、加工制造业、物流运输业、服务业等一应俱全,产业链之间存在天然的联系。同时,在农垦的经营地域中,往往出现某一产业自然集聚的现象。例如,有些地区制种业比较集中,有些地区畜牧和畜制品加工业比较集中,有些地区大田作物和粮食加工存储业比较集中,等等。这种产业集聚优势对

---

① 屈冬玉,《以信息化加快推进小农现代化》,《人民日报》,2017 年 6 月 5 日。

于第一、第二、第三产业融合过程中构建具有地域特色和市场竞争力的产业集群非常有益。

3. 所有制优势和政府支持优势

农垦企业大多属于国有企业。国有农垦企业承担的国家粮食安全和农业安全的使命及其在现代农业产业中的龙头地位,决定了地方政府对农垦的支持力度。在这种背景下,农垦实现各产业融合发展和各产业链上的企业整合具备比较有利的条件,上下游的各种社会资本会自然聚拢到农垦企业周围,通过混合所有制改革的途径,吸引社会资本参与,构建全产业链竞争优势。

4. 资金、技术研发优势和管理优势

农垦企业与一般的农业经营主体和农业企业相比,具备资金、技术研发、品牌和管理优势,因此农垦企业能够以资本为纽带,以科研和管理为后盾,培育具有国际竞争力的、产业齐全、功能完备的大型现代农业企业集团。

5. 农垦企业要与区域内的城镇化建设相对接

农垦企业所在地可以致力于建设特色城镇。针对某一优势产业,精心建设富有人文和产业特性的城镇,比如云南农垦区可以通过普洱茶小镇、海南农垦区可以通过橡胶和热带水果小镇、内蒙古垦区可以通过草原文化小镇等特色城镇化建设,突出主业,并在此基础上大力发展与当地特色农产品相关的文化旅游、衍生品开发、农产品制造加工、电子商务、特色民宿、农业教育、现代物流和仓储等产业,形成各产业融合的产业集群式城镇,促进区域城镇化建设。

(二)在农垦企业进行农业技术创新和农业技术推广

中国经济增长正面临着由规模扩张型和要素投入型转向以科技创新为引领的内涵式高质量发展模式。农业供给侧结构性改革和农业高质量发展是我国未来农业可持续发展的必然要求,而其核心是提高农业科技进步在农业发展中的贡献率,改变我国传统的建立在小农经济基础上的农业生产方式。农垦企业具有大农业的体制和机制,具有农业技术创新和农业技术推广的基础。

1. 农垦企业具有吸收科技成果的基础

改革开放以来,我国农业科技进步贡献率逐年提升。改革开放初期,农业科技进步贡献率仅有百分之十几,而在2012—2017年间,我国农业科技进步贡献率却由53.5%提高到57.5%,近几年在这个基础上又有所提升。《中国农业农村科技发展报告(2012—2017)》显示我国农作物良种基本实现全覆盖,自主选育品种面积占比达到95%,在超级稻、转基因抗虫棉、禽流感疫苗等领域出现一批突破性成果,农作物耕种收综合机械化水平达到67%,农业高新技术产业不断壮大,科技进步在农业发展中的作用日益突出。农垦企业具有吸收科技成果的基础,相比之下,科技进步的贡献要比其他类型的农业企业更加明显。

2. 农垦企业的体制机制比较有利于农业科技的进步和推广

近年来我国农业科技进步很快,许多农业科技在世界上名列前茅。比如,我国杂交水稻技术居于世界前列,袁隆平科研团队研发出的超级杂交稻单产达每公顷17.2吨,创造了世界水稻单产最高纪录,可是我国的水稻单产却长期落后于美国,每公顷低1.5吨左右。当然,水稻单产的中美差距,其原因很多,既有农地质量、农地制度以及农业经营体制方面的原因,也有农业技术应用和推广方面的原因。目前我国的实际情况是,大量的农业科技成果被研发出来,国家层面和市场层面为农业科技推广也付出了很大的成本,但是就效果看,农业科技创新和农业科技推广并没有在农户层面有切实的应用效果,这就反映出我国农业经营体制和农地制度的深层次结构性问题,这些问题的缓解及消除是我国农业技术进步的基本前提。而农垦企业的体制机制比较有利于农业科技的进步和推广。

3. 农垦企业重视科技进步,能够建立和完善农业科技推广体系

推动科技进步,建立和完善农业科技推广体系是其中非常重要的一环。例如,黑龙江农垦北安管理局探索并构建了系统的农业技术推广体系。这一体系具有五个特征:一是功能综合性,即将种子站,植保站,土肥站,气象站,信息中心,以及畜牧、林业、农机、水利技术推广站整合为一体;二是系统网络化,即在农业科技试验示范基地基础上构建"专家—农技人员—科技示范户"网络体系;三是职责明确化,即明确农业技术推广员的包区联户工作

职责并与服务单位签订技术服务合同以明确权利义务关系;四是服务信息化,即建立农业信息化服务平台进行在线技术服务;五是组织体系多元化,即构建包括农业生产经营组织、农业科研教学单位、群众性科技组织等在内的多元化农业科技推广体系。这个系统的农业科技推广体系,有效推动了科研部门的农业技术进步与基层的农业科技推广之间的对接及融合,为农业科技创新成果转化为实际生产力奠定了基础。

(三)发挥农垦企业在国家粮食安全上的作用

我国农业安全问题日益突出,基于粮食安全的国家安全问题日益引起各方面的高度关注。农业安全和粮食安全问题很复杂,以下仅以大豆产业为例来说明粮食安全问题和农垦企业在粮食安全布局中的作用问题。

1. 大豆供需问题关系到国家的粮食安全

大豆产业是我国粮食产业中重要的组成部分之一,关系到国家的粮食安全甚至国家的总体安全。近二十年来,我国大豆产业出现了急转直下的态势,大豆生产、大豆贸易以及整个大豆产业链的安全问题成为学术界及社会关注的焦点。从图2提供的数据来看,我国大豆消费需求在1964—1992年间基本处于稳定上升的状态,上升幅度不大,1992年之后出现了比较明显的上涨,到2003年之后则出现直线上涨的趋势。

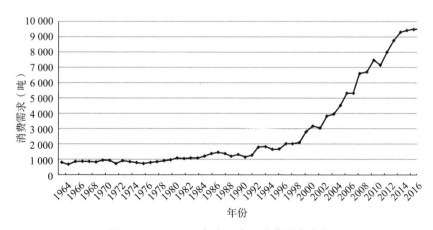

图2 1964—2016年中国大豆消费需求变化

资料来源:联合国粮农组织数据库。

数据表明,我国大豆消费量由 1992 年的 1 020 万吨增加到 2016 年的 9 820 万吨,增加了近 8.6 倍,消费需求如此之大,而国内的产能却远远满足不了旺盛的需求。在加入世贸组织之后,我国的大豆产能不仅无法满足增加了的庞大需求,种植面积反而出现波动向下的趋势,2010 年之后种植面积减少的趋势明显加快,与国内大豆消费需求形成巨大的反差。若从经济和市场角度分析,巨大的消费需求应该且必然会激发更大的本地供给,但实际情况是我国本土大豆产业产能低迷,大豆进口迅速增加,大豆进口依存度居高不下。

1994 年我国大豆进口依存度为 0.34%,2016 年这个数据接近 90%。对大国粮食安全来说,这是个危险的比例。同时,大豆的贸易结构对一些国家的进口过度依赖。据统计,我国从美国、巴西和阿根廷等国的进口数量占比超过总进口量的 95%。同时,我国在大豆压榨产业等大豆产业链上也受到外国资本的垄断性控制。大豆供需情况从一个侧面反映出我国粮食安全上的某些问题。

2. 问题的根源与我国大豆全产业链布局及自主性有关

我国大豆的种植基本上由小农经济所支撑,单个农户种植大豆的面积偏小,难以应用比较先进的种植技术。因此,尽管我国大豆科研部门在大豆育种研发方面的成就与国际先进水平差距不大,但是我国大豆种植领域中占主流的小农种植方式严重影响了种植户对先进技术的吸收,致使大豆单位面积产量与外国相比差距加大。这是我国大豆生产效率低下的关键所在。

我国大豆产业整个产业链的布局和产业链的整合能力比较弱。大豆种植和生产、加工、仓储、销售、贸易等环节具有紧密的联系,应相互整合,形成一个包含上、中、下游各个产业相互关联和相互促进的完整的产业链条,提高整体要素的配置效率。但当前我国大豆产业缺乏大资本、大产业和大品牌的介入,对整个产业链的整合能力差。因此,也很容易被外国垄断厂商兼并收购,失去产业链的优势。在这种情况下,需要尽快改进大豆产业链的布局,增强产业链的整合能力,提高全产业链的自主性。

3. 复兴农垦体系大豆产业的发展，带动大豆主产区规模化

要扭转我国在大豆产业上的被动局面，其中一个路径就是复兴农垦体系大豆产业的发展并带动大豆主产区规模化。我国农垦体系在恢复和发展大豆产业方面具有地理禀赋、技术研发、生产经营组织、产业链等多方面的比较优势，应在大豆产业复兴中起到核心和引领的作用。

总体来看，我国大豆种植在地域结构方面相对比较集中，其中东北地区为大豆第一大生产区，占全国大豆种植面积的50%，黄淮海约占30%，长江流域和其他南方地区占20%左右。各省区市中，黑龙江是我国大豆的主产区，面积和单产都是全国第一。黑龙江农垦体系具有现代化和机械化种植优势及独特的土壤水分条件，北安、绥化、九三等部分垦区亩产达到220公斤左右。内蒙古在我国大豆种植中也占据重要地位，播种面积仅次于黑龙江，其单产也较高。如内蒙古呼伦贝尔农垦大兴安岭垦区，从1963年开始种植大豆，经过多年不断的探索和研究，大豆亩产由不足40公斤增加到140公斤以上，最高单产突破200公斤。垦区大豆播种面积常年达到70万～90万亩，年产大豆10万～12万吨，占全国总产量的0.85%，大豆种植的增长潜力巨大，预期未来还会有较大的发展。黑龙江农垦和内蒙古农垦所处区域生态环境优良、污染少，是我国非转基因大豆的核心产区，在国内外市场上具有较大的竞争优势，需求潜力巨大。因此，以黑龙江农垦和内蒙古农垦为发展大豆产业的突破点及重要基地，对我国大豆产业复兴具有重要的战略意义。同时，在黄淮海一带的农垦地区，按照规模化和集约化的要求，适度选择若干具有代表性的区域，逐步扩大大豆种植面积，应该成为我国大豆产业复兴的重要战略考量和顶层设计方向。

4. 做好大豆发展的国家农垦体系规划，制定扶持政策，促进大豆产业复兴

在大豆发展的国家规划中，重点考虑大豆发展在农垦体系中的发展规划。例如，重点谋划黑龙江垦区、内蒙古垦区等农垦体系的大豆产业布局。在农业农村部的协调之下，制定黑龙江垦区和内蒙古垦区的大豆产业发展规划；在农垦体系建立大豆产业联盟，将科研机构、育种机构、种植企业、加

工企业、仓储企业和贸易企业紧密联合起来；建立协调沟通机制,打破分散经营、各自为政的局面,实现垦区大豆产业链的协同共进。

借助国有资本和农垦体系的强大力量,发挥大型国有粮食企业的龙头作用,加紧对整个大豆产业链进行整合。在压榨生产领域,进一步整合中小加工企业,形成合力。国家要制定科学合理的大豆产业（包括农垦企业在内）扶持政策,加大对大豆种植者和贸易商的补贴力度,加大对仓储等环节的扶持和补贴力度,降低各环节的运营成本。2017 年黑龙江大豆生产者补贴标准为 173.46 元/亩,共补贴大豆种植面积 5 872.26 万亩;2018 年黑龙江大豆生产者补贴标准为 320 元/亩。补贴标准的提高缩小了玉米和大豆的种植效益比,有利于黑龙江大豆种植面积的进一步扩大。除了在种植环节加大补贴力度,还要在基础设施建设、技术服务体系建设、产销交易信息平台建设上给相关企业以资金和项目支持,尤其是对非转基因大豆加工企业在政策上给予支持。

大豆产业发展问题只是我国农业安全问题中的一个。通过发挥农垦企业在粮食安全中的作用,以及顶层制度设计与扶持政策的构建,来缓解粮食安全问题具有非常重要的战略意义。

五、 在农村合作共有制基础上深化和创新农村减贫机制

中华人民共和国成立以来,我国政府高度重视扶贫工作,扶贫事业取得了举世瞩目的成就。尤其是改革开放四十余年来,我国成功实现 7 亿贫困人口脱贫,占世界脱贫人数的 70%,为世界反贫困做出了不可替代的贡献。近年来,我国脱贫攻坚进入关键阶段,贫困人口脱贫步伐加快,贫困发生率大幅下降。根据国家统计局 2018 年 2 月 1 日公布的数据,基于对内地 31 个省区市的 16 万户居民家庭的抽样调查,按现行国家农村贫困标准测算,2017 年年末,我国农村贫困人口 3 046 万人,比上年年末减少 1 289 万人;贫困发生率 3.1%,比上年年末下降 1.4 个百分点。至 2020 年年底,在现行标准下,9 899 万农村贫困人口全部脱贫,832 个贫困县全部摘帽,12.8 万个贫困村全部出列,960 多万贫困人口实现易地搬迁,我国历史性地解决了绝对贫困问题。

(一) 中国的农村减贫:消除绝对贫困,扩大共同富裕

1. 七十余年的中国农村减贫

中华人民共和国是在贫困人口大量存在、贫困人口受教育程度极低、农业农村基础设施极差、农民基本公共服务几乎空白的条件下开启艰苦的大规模减贫工作的。我国七十余年的扶贫事业大致分为六个阶段:第一个阶段是发展壮大集体经济和大力建设基础设施阶段(1949—1977),为我国大规模减贫工作打下了良好的基础,是我国大规模减贫的发轫阶段。第二阶段是农村经济体制深刻变革和农村经济迅速发展阶段(1978—1985),这是我国大规模减贫的升级阶段。第三阶段是扶贫组织体系的系统建立和有计划的大规模扶贫阶段(1986—1993),在这一时期,我国扶贫工作进入了组织化、计划化和常态化阶段。第四阶段是实施八七扶贫攻坚计划阶段(1994—2000),这是我国大规模减贫的攻坚阶段。第五阶段是扶贫开发的转型和进一步深化阶段(2001—2011)。第六阶段是党的十八大和十九大之后的扶贫攻坚最后阶段与消除绝对贫困阶段(2012—2020),这一阶段提出的精准扶贫等措施对消除绝对贫困起到了关键作用。在这七十余年中,我国创造了有效的、具有中国特色的减贫模式,进行了大量的系统性制度创新。

2. 消除农村绝对贫困

随着扶贫开发的逐步深入推进,我国的扶贫目标在逐步提高,从解决温饱过渡到实现小康和全社会共同富裕。同时,扶贫的手段也更加合理和多元化,扶贫工作经历了从直接救济到调动农民积极性以实现内生性的扶贫,从普惠性的基础设施建设到鼓励贫困地区发展优势产业,从政府主导到调动多元化的民间组织力量和发挥市场力量,从单一和有限的政策到多管齐下的系统性扶贫的变化。随着贫困范围的缩小,消除绝对贫困的任务更加艰难,进一步的扶贫开发应根据各地区不同的自然和人文要素,重视提升贫困人口的主观能动性和可行能力,挖掘其自身潜力以实现自主减贫。

3. 减少农村相对贫困,扩大共同富裕

2020年消除绝对贫困只是我国扶贫工作的一个阶段性成就,在中国扶贫史上和世界减贫历程中具有里程碑式的意义,但是就我国的整体贫困状况而言,我国的相对贫困仍将会持续较长的时期,继续提高我国相对贫困人口的自我发展能力并保持贫困地区经济社会的可持续发展与综合发展,是一项艰巨的长期任务。未来减贫的主要方向在于逐步减少相对贫困,更加注重对相对贫困人口的教育、卫生医疗、社会保障等公共品的普惠式供给和高质量供给,更加注重欠发达地区农村的社会建设和乡村治理,以构建有利于长久巩固扶贫效果的有效社会网络,使全体人民都走向富裕文明的社会主义小康社会。

(二)农村减贫过程中政府角色的两个转变

1. 从"硬"到"软"的转变

以前的政府在扶贫方面主要着重于硬件设施的建设,强调大规模的基础设施建设,包括道路、交通设施、卫生设施、通信设施等,这些基础设施的建设为我们解决大面积的贫困,尤其是解决由基础设施不足而造成的贫困非常有帮助。但是现在很多地方基础设施的建设已经达到了一定的高度,未来政府应该由硬件设施向机制建设等软的平台建设转变。这些"软件设施"类建设,包括乡村治理与乡村经济社会运作的一系列规则机制,如合作社机制、农民资金互助机制、乡村自治与民主决策机制等,使农民自己有力量去反贫困,而不是由政府代替农民去反贫困。农民是反贫困的主体,政府实际上是外在的支持者、辅助者。一定要培养农民的独立自主性和主体性,发挥他们的主动创新精神,这样才能实现农村真正的减贫和发展。

2. 由"直接"向"间接"的转变

以前政府总是直接介入扶贫的全过程当中,很多地方派干部到农村去进行蹲点扶贫,有些地方政府直接决定扶贫资金的使用,用直接的补贴来扶持,甚至直接发钱发物。这种方式现在看来不具有可持续性,还容易造成一些贫困人口产生惰性。应实现由直接方式向间接方式的转变,政府委托社会组织来帮助其实现减贫的目标,比如政府可以把补贴资金交由中介机构作为社区发展基金(村基金)去发放,这笔社区发展基金(村基金)既能够实现其本身的效益,又能够滚动式可持续发展,这样就提高了政府补贴资金的使用效率。还有,政府不再直接介入农村事务的决定,而是利用一定的机制让农民自己决定村庄的发展模式。如四川支持乡村实行村议会制度,但政府不直接参与,只是通过教育、培训的方式来改变乡村治理方式,这些方式比政府直接介入有效得多。

(三) 农业农村现代化及未来农村减贫事业的五项基础性工作

1. 以有效的乡村治理促进农村扶贫工作和乡村现代化

有效的乡村治理就是有效地向农民提供公共品服务,包括基础设施、教育、医疗、社会保障、卫生等公共品。同时,在公共品的提供过程中,又能实现乡村治理模式的转变,促进农村扶贫工作的开展,促进乡村现代化。

2. 进一步促进农民组织形式的深刻转变

农民组织形式由分散的"小农"转向规模化、组织化的"大农"。组织化的"大农"包括很多形式,其中最主要的是农民合作组织,通过农民合作社、合作联社等把农民组织起来,在合作共有机制中,实现农民的民主决策,实现生产的规模化,实现农民收益的提高和农民抗击农业风险能力的提升。

3. 实现农村资源的有效整合

农村有大量的资源,如金融资源、土地资源、房地产资源、人力资源等,这些资源通过有效的市场和有为的政府整合起来,把原来的死资产变成活资产,提高资源利用的效率,提高农民的收入和富裕程度。

4. 进一步发展壮大农村合作-集体经济

农民个体的脱贫固然重要,发展农村合作-集体经济则是更为长远、更为根本的工作。发展农村合作-集体经济也是农业农村现代化的基础。习近平同志在《摆脱贫困》一书中就特别强调发展集体经济,指出只有集体经济可以成为乡村公共品供给的不竭源泉,一家一户的脱贫只有建立在强大的集体经济的基础上,才不会出现返贫现象。

5. 加强贫困地区的文化建设

农村的文化建设滞后,这是导致农村凋敝、治理失效、伦理失序、社会不稳定的重要原因之一。未来应该加强农村的文化建设,让农民社区成为和谐的社区。对于民族地区来说,区域性民族文化的建设和开发,对于当地经济的发展尤其是文化产业的发展,都有直接的促进作用,对于扶贫的贡献很大。

参考文献

王曙光:《乡土重建——农村金融与农民合作》,北京:中国发展出版社,2009年。

王曙光:《守望田野——农村金融田野调查手记》,北京:中国发展出版社,2010年。

王曙光:《金融减贫——农村微型金融发展的掌政模式》,北京:中国发展出版社,2011年。

王曙光:《告别贫困——农村金融创新与反贫困》,北京:中国发展出版社,2012年。

王曙光:《问道乡野——农村发展、制度创新与反贫困》,北京:北京大学出版社,2015年。

王曙光:《天下农本——制度变革与文化自觉》,北京:中国发展出版社,2015年。

王曙光:《中国方略——经济金融变局与秩序重建》,北京:中国发展出版社,2017年。

王曙光:《中国农村——北大燕京学堂课堂讲录》,北京:北京大学出版社,2017年。

王曙光:《中国论衡——系统动态平衡理论与新十大关系》,北京:北京大学出版社,2018年。

王曙光:《中国扶贫——制度创新与理论演变(1949—2020)》,北京:商务印书馆,2020年。

王曙光:《中国农垦——农业现代化和农业安全的中国道路》,北京:商务印书馆,2021年。

王曙光、王丹莉:《维新中国:中华人民共和国经济史论》,北京:商务印书馆,2019年。

王曙光:《农业农村优先发展与中国经济高质量均衡增长》,《人民论坛·学术前沿》,2020年第24期,第40—51页。

王曙光、王丹莉:《农村土地改革、土地资本化与农村金融发展》,《新视野》,2014年第4期,第42—45页。

王曙光、李冰冰:《农村公共品供给、农户参与和乡村治理——基于12省1 447农户的调查》,《经济科学》,2014年第6期,第116—128页。

王曙光、王丹莉:《减贫与生态保护:双重目标兼容及其长效机制》,《农村经济》,2015年第5期,第3—8页。

王曙光:《农业供给侧改革打开农村金融新空间》,《中国农村金融》,2016年第3期,第

36—37 页。

王曙光:《乡村振兴战略与中国扶贫开发的战略转型》,《农村金融研究》,2018 年第 2 期,第 14—19 页。

王曙光、王琼慧:《论社会网络扶贫:内涵、理论基础与实践模式》,《农村经济》,2018 年第 1 期,第 1—10 页。

王曙光、郭凯、兰永海:《农村集体经济发展及其金融支持模式研究》,《湘潭大学学报(哲学社会科学版)》,2018 年第 1 期,第 74—78 页。

王曙光、王丹莉:《乡村振兴战略的金融支持》,《中国金融》,2018 年第 4 期,第 69—70 页。

王曙光、呼倩:《中国农垦体制改革目标设定与路径选择研究——基于双重功能结构的视角》,《社会科学辑刊》,2018 年第 4 期,第 141—152 页。

王曙光:《从我国多层次农业经营主体看农垦的战略地位》,《新疆农垦经济》,2018 年第 5 期,第 1—3 页。

王曙光:《从历史与现实视角看农垦的核心制度设计与未来战略》,《新疆农垦经济》,2018 年第 6 期,第 1—2 页。

王曙光:《中国农垦体系传统体制的历史贡献与适应性"扬弃"》,《新疆农垦经济》,2018 年第 7 期,第 1—3 页。

王曙光:《中国农垦体系的产业性质、功能结构与剥离"企业办社会"改革》,《新疆农垦经济》,2018 年第 8 期,第 1—3 页。

王曙光:《中国农垦体系四十年改革历程:路径、成就和挑战》,《新疆农垦经济》,2018 年第 9 期,第 1—4 页。

王曙光、郭凯:《农村集体经济中的委托-代理问题与系统性制度创新》,《湘潭大学学报(哲学社会科学版)》,2019 年第 1 期,第 107—111 页。

王曙光、王丹莉:《中国扶贫开发政策框架的历史演进与制度创新(1949—2019)》,《社会科学战线》,2019 年第 5 期,第 24—31 页。

王曙光:《异地扶贫搬迁与反贫困:广西模式研究》,《西部论坛》,2019 年第 4 期,第 1—13 页。

王曙光:《中国农业供应链金融的制度条件与模式创新》,《农村金融研究》,2019 年第 7 期,第 7—12 页。

王曙光、冯杰、李芯锐:《生态保护与"减贫-发展"双重目标的实现机制——四川关坝模式研究》,《中国西部》,2019 年第 3 期,第 10—16 页。

王曙光:《农垦体系与中国大豆产业发展战略:国家农业安全视角》,《新疆农垦经济》,2018 年第 12 期,第 1—5 页。

王曙光:《从全球竞争格局与中国大农业视角布局农垦未来蓝图》,《新疆农垦经济》,2018 年第 11 期,第 1—3 页。

王曙光:《中国棉花产业发展战略与农垦体系:制度与技术创新视角》,《新疆农垦经济》,2019 年第 1 期,第 1—6 页。

王曙光:《农垦体系与地方发展:市场机制下的垦地共生模式》,《新疆农垦经济》,2019 年第 2 期,第 1—4 页。

王曙光:《农垦体系现代企业制度构建与优质企业培育》,《新疆农垦经济》,2019 年第 3 期,第 46—50 页。

王曙光:《农垦体系与中国农业技术进步》,《新疆农垦经济》,2019 年第 4 期,第 1—4 页。

王曙光:《中国农垦国有资本管理创新与混合所有制构建》,《新疆农垦经济》,2019 年第 5 期,第 15—18 页。

王曙光:《论中国农垦一二三产业融合发展战略》,《新疆农垦经济》,2019 年第 6 期,第 1—6 页。

以康养民众为宗旨,促进中医药产业的持续发展*

——以甘肃为例进行中医药产业链发展分析

张国有　韩晶岩　金　华　蒲永杰　陈映龙①

国民健康是民族昌盛、国家强盛的标志。抓住国民最关心最现实的利益问题,将国民健康放在现代化过程优先发展的位置。在中西医结合的趋势中,着重促进中医药的传承创新发展;在重视中医药事业发展的同时,促进中医药产业的发展,系统地完善国民健康发展的各项政策。

怎样发展中医药产业才能为增进民众健康、发挥中医药作用创造更好的成长条件?这是中医药产业发展面临的挑战,也是发展健康医学、健康产业面临的重要问题。

甘肃是中国中医药发展的基础省份,是中央唯一设置的国家中医药产业发展综合试验区,在中医药产业发展领域具有典型意义。以甘肃为例考察中医药产业链的发展,对全国中医药的发展,对健康医学、健康产业的发展具有重要的参考价值。

以中医药及以中医药为主的中西医结合方式,取得了世界瞩目的医学

---

* 这是2020年我们为甘肃省政府决策咨询委员会所做的课题研究。原课题主题为"新冠肺炎疫情下推进甘肃国家中医药产业发展综合试验区建设的对策研究"。现以"以康养民众为宗旨,促进中医药产业的持续发展"为主题,以甘肃中医药产业链发展为例,集中考虑中医药未来发展的相关问题。

① 韩晶岩,北京大学医学部基础医学院教授、中西医结合学系系主任;金华,甘肃中医药大学教授、副校长;蒲永杰,甘肃省中医药发展中心主任;陈映龙,中国医药集团有限公司公共事务部主任。

与医疗成效。支持中医药持续发展,仰赖一个链条,那就是中药材的种植与培育、中医药产成品加工与制造、中医药医疗与中医药康养服务等。中医药产业链为中医药的持续发展提供了产业基础和成长条件。

一、中医药在新冠肺炎防治中取得了世界少有的防治成效

2019年年底出现的新冠肺炎传染性疾病,席卷全球两百多个国家和地区。面对这种突发的严重世界公共卫生事件,全球范围内,除了戴口罩、隔离、静默、封城等预防病毒传播的措施,在治疗方面,基本有两种方式:一是以开发疫苗、抗病毒的药品以及支持疗法为主的西医药治疗方式;二是以温病理论、辨证论治与支持疗法相结合的中医为主、中西医结合的治疗方式。国外采用的是西医药治疗方式,中国同时采用了西医药治疗以及中西医相结合治疗两种方式。中国有更多的途径来预防和诊疗传染性疾病。

(一)因时因地因人制宜,辨证施治,未病先防,既病防变,瘥后防复

1. 对疾病的防治注重人与自然的统一和协调

中医主张:人以天地之气生,四时之法成;欲通天之纪,从地之理,和其运,调其化,使上下合德,无相夺伦,天地升降,不失其宜,五运宣行,勿乖其政……用寒远寒,用热远热……热无犯热,寒无犯寒,从者和,逆者病……这些注重人与自然统一和协调的理念,对于从整体上辨证施治具有指导意义。

在防治新冠肺炎的过程中,甘肃中医界基于"温病由口鼻而入,鼻气通于肺,口气通于胃。肺病逆传则为心包,上焦病不治,则传中焦,胃与脾也;中焦病不治,即传下焦,肝与肾也"等经典理论辨证医治,三焦为基,以常衡变。同时,针对瘟疫病邪"传染性强、易于流行""一气一病、证候相似""起病急骤、病情危重""湿邪贯穿全程"等致病特点,因时、因地、因人制宜,把握地域特征、气候特点,将中医药运用于新冠肺炎防治的全过程。

2. 早用中医,截断病势,三方并举并用

在新冠肺炎防治过程中,甘肃强调"早用中医、截断病势"的方略,采用

"一患一方"的方法,先后制定确立了"未病先防"的预防方"扶正避瘟方"、既病防变的治疗方"宣肺化浊方(普通型)"、患重症的治疗方"清肺通络方"和瘥后防复的康复方"益肺健脾方"等。

同时,注重随证灵活加减,注重肺、脾二脏的"母子"关系,注重焦虑恐慌等不良情绪对病情和病程的影响,注重健运脾胃、疏理肝气法的运用。结合新冠病毒湿邪为患、传变迅速的特点,重视肺(上焦)、脾胃(中焦)、肝(下焦)的治理调节,临证根据病邪特点,采用不同的方剂,辨证施治。这些方剂和办法,整体疗效明显。

在采用口服中药汤剂治疗的同时,甘肃中医药界还指导患者通过膳食、传统功法(例如八段锦、太极拳)、艾灸、刮痧、穴位推拿等方法进行保健及康复训练。这种整体施治的方式,对于降低发病率、复发率具有一定的作用。

3. "甘肃方剂+甘肃方式"构成甘肃施治方案,成效显著

前述的预防方、治疗方、康复方等共同构成"甘肃方剂",加上非药剂保健康复训练的"甘肃方式",形成"甘肃施治方案"。这一方案不但在甘肃防治新冠肺炎过程中取得了显著的效果,而且随甘肃医疗队同赴武汉抗疫一线,用于疫情防治,也取得了显著的效果。2020年3月20日,钟南山院士在与甘肃新冠肺炎防治专家组的视频会议中肯定了"甘肃方剂"的作用。"甘肃方剂+甘肃方式"的施治方案成效显著。甘肃在新冠肺炎诊治过程中全程使用中医药,治愈率达98.81%,位居全国前列。

(二)中医药对新冠肺炎轻症、重症、危重症患者的救治,疗效显著

1. 中医药在重症、危重症患者救治过程中起到了关键作用

疫情发生后,国家组建5批共773人的国家中医医疗队前往武汉进行医疗援助。中医药深度介入防治全过程。2020年2月18日,湖北确诊病例为50 633例(武汉38 020例),至4月14日,湖北除武汉以外病例全部清零。[①]在此期间,中医药除治愈轻型、普通型患者之外,还有效地减少了轻型、普通型向重型的转变,减少了重型向危重型的转变。同时,在重症、危重症患者

---

① 黄蓓,《湖北武汉在院新冠肺炎患者清零》,《中医药管理杂志》,2020年第9期,第167页。

的救治过程中,中医药也起到了关键作用:生脉注射液、参麦注射液、独参汤等药物能够有效改善患者的血氧饱和度;承气汤类方能够明显提高氧疗效果;血必净对于控制炎症反应有明确作用;痰热清注射液、热毒宁注射液与抗生素具有显著的协同治疗作用。①

2. 中医方舱医院零死亡、零转重、零复阳、零回头、零感染

武汉江夏方舱医院作为中医方舱医院,2020年2月14日开舱。运行期间,收治新冠肺炎患者564例。医院采用"以中医为主"的医治模式,给予患者统方(新冠2号、新冠3号)治疗;针对症状,分别给予中药协定方治疗;采用针灸、耳压、经络拍打、养生功法、情志疏导等方法配合治疗。采用中药口服内治及非口服手段外治的"内外合治"②法,提升了治疗效果。江夏方舱医院至封舱之日,取得了零死亡、零转重、零复阳、零回头、零感染(包括医护人员、后勤安保人员)、零投诉的显著成效。③ 中医药的功效在大疫防治中得到了成功的验证。

(三)发挥中西医各自优势,联合防治新冠病毒,功效世界瞩目

中医、西医各有优势,中医、西医联合防治新冠病毒,其功效世界瞩目。

1. 基于温病理论,按卫气营血辨证论治,解决多个难治环节

中医以温病理论为指导,依据新冠肺炎发展不同阶段的特点,分别采用清卫分、清气分、清营、凉血活血的方法治疗。在减轻固有免疫系统引发的白细胞与肺微血管黏附、血浆白蛋白经由微血管渗出、炎性因子释放、脓毒症及其引起的肺间质水肿和肺组织炎性细胞浸润,改善呼吸窘迫综合征、弥散性血管内凝血、多脏器衰竭等环节发挥了重要作用;在防止脏器损伤引起的脏器纤维化等方面也具有潜在的优势。

---

① 黄明、杨丰文、张俊华等,《张伯礼:此次中医药抗疫过程的一些经验和反思》,《天津中医药》,2020年第7期,第722—725页。

② 刘派、任洁、陈燕清等,《外治法在新型冠状病毒肺炎中的应用》,《河南中医》,2020年第8期,第1141—1143页。

③ 史锁芳、刘清泉,《从"江夏方舱中医模式"探讨中医药在新型冠状病毒肺炎治疗中的价值》,《江苏中医药》,2020年第4期,第11—14页。

2. 中医药在"祛邪治病"的同时坚持"扶护自身正气"

中医药在防治新冠肺炎过程中,以"低感染率""低恶化率""低复发率"为标志,获得了政府、社会及民众的高度认可。之所以如此,就在于中医药在"祛邪治病"的同时坚持"扶护自身正气"。《黄帝内经》中称,"邪气盛则实,精气夺则虚""必先度其形之肥瘦,以调其气之虚实,实则泻之,虚则补之。必先去其血脉而后调之,无问其病,以平为期"。中医药理论区别于西医药理论的重要之处就在于其在重视"祛邪治病"的同时还强调"扶护自身正气"。"正气存内,邪不可干""邪之所凑,其气必虚"等,均体现了中医药以扶正祛邪为治疗原则、以恢复机体自身阴阳气血平衡为目标、以养生功法作为扶助正气的养疗方法等一整套以人的健康为主旨的理念和规则。这些理念和规则对于强化预防、康复及保健,降低机体感邪发病的概率,具有指导意义。

3. 坚持"治中有防、以防为治"与"防治互通,康养结合"

《黄帝内经》中称,"夫四时阴阳者,万物之根本也,所以圣人春夏养阳,秋冬养阴,以从其根,故与万物沉浮于生长之门""谨候气宜,无失病机""谨察阴阳所在而调之,以平为期"。在防治疾病过程中,中医药紧紧把握人体与四时、阴阳的协调性、统一性,去调整脏腑气血阴阳平衡。在重视疾病防治的同时,强调通过改善饮食、生活习惯,保证机体自身的御邪能力,以期达到康复养生的目的。将防与治贯穿疾病治疗的始终,将康养理念贯彻于日常生活,这种理念和规则为中医药所独有。

长期以来,中医药在维护和促进民众健康方面发挥了独特作用。甘肃将以中医药为主的中西医结合方式纳入今后的重大疫情防控体系中,系统地进行建设和完善。

(四)中医药体系是人类健康医学体系,与西医药结合具有世界意义

中医药不仅在大疫防治中具有显著优势,而且在慢病防治、重大疾病防治中同样具有显著优势。中医药已被纳入高血压、急性心肌梗死、介入围手术期、心衰、缺血性中风、糖尿病等多种慢病和重大疾病的专家共识及诊疗

指南。中医药的应用提高了慢病、重大疾病、新型感染性疾病的防治水平,在重大疾病的某些环节解决了西医药尚不能解决的问题。

1. 中医药体系是人类健康医学体系,其初心是"天下平安"

中医药理论与实践基础在两汉时期初步奠定之后,又经过两千余年的验证、充实、发展、完善,形成了世界上前所未有的以人的整体健康为出发点的独特的健康医学体系。中医药体系在卫护中华民族的生命健康、防病治病,尤其是在历次大的传染疾病防治中,发挥了不可替代的作用。一个医学医疗体系,经过数亿人两千年不间断的临床实践,验证了其有效性和科学性,除中医药外,世界上绝无仅有。

中医药理论与实践的初心并不是利润第一,而是"天下平安"。一家中医药店的对联"但愿世间人无病,哪怕架上药生尘"可反映中医药经营的基本态度。创建于1669年的北京同仁堂,其业务就是"行医卖药",其信仰是"同修仁德,济世养生",其基本理念包括"可以养生,可以济世,唯医药为最""以义为上,义利共生""遵肘后,辨地产,炮制虽繁必不敢省人工,品味虽贵必不敢减物力""修行无人见,存心有天知"等。中医药人行医卖药要营利,但营利并不总是被放在第一位。中医药的理论与实践大多反映的是人类健康第一的健康医学伦理及规则。

2. 西医药是现代科学的卓越成就,西医药与中医药结合具有世界意义

现代西医药理论与实践是在生物生命、物理化学、信息技术等现代科学的基础上发展起来的,是现代科学的卓越成就。现代西医药成体系地出现,迄今已有四百多年的历史。一方面,长期以来,西医药对治疗病患、挽救生命发挥了巨大的作用。另一方面,现代西医药成体系出现后,又逢资本主义市场机制环境,被资本厂商纳入逐利机制中。资本将大量的西医仪器工具、检测手段、化学元素的合成药等变成营利的产品。这种逐利性关注的是病患增多,医院增多,医药及仪器订购增多、使用增多;同一类药,不断升级换代,甚至终身服用。这些都对资本厂商的逐利很有效用。再加上资本厂商对西医药的过度宣传和西医药在发达国家的统治地位,使得西医药的理念和技术在世界上长期流行。西医药与中医药结合对人类健康的保护和发展

具有世界意义,而这种结合也只有在中国才具有系统性和广泛性。

中医药的理论与实践是中国对世界医药的卓越贡献。同时,中医药对人类健康体系也提出了化学、生物、物理、信息、数字技术等方面的研究课题。中国与世界对中医药的现代科学的研究,将促进人类健康和健康医学的发展,但不是要用中医药替代西医药,而是要以"治未病"为宗旨,在促进人类健康的前提下,选择采用哪种治病手段更合适。

在康养领域,中医药更为见长;就健康医学而言,中医药更为接近一些。所以,对中医药需要百倍爱护,继续传承,发挥其在健康、养生、治疗方面的长处,并在理解现代医学理论和借鉴现代医学技术的基础上,扩大中医药的使用范围,提升中医药的影响力。

二、 中医药产业链为中药材供给、中药制造、中医药服务提供了产业条件

如果中医药在治疗疾病和维护健康方面功效显著,那就要总体考虑如何发展中医药产业才能为增进民众健康、增强中医药成长能力做出贡献。总体上可将中医药第一产业、第二产业、第三产业联结成一个产业链,从产业链出发考虑如何为甘肃中医药创造更好的成长条件。

甘肃中医药产业是以中药加工制造业为主体、中药材种植及仓储业为基础、中药品使用及服务业为枢纽、中医药知识创新为动力的绿色产业,形成了包括中药材种植、加工、仓储、物流、交易、相关产品研发、生产、流通、销售在内的跨行业、跨区域的中医药产业链。

甘肃中医药的产业链条包括中医药第一产业、第二产业和第三产业。

(一) 中药材的种植培育要增大规模,保证品质,增值产地经济

中医药第一产业主要是中药材的种植和培育领域,包括:中药材的种植,种子种苗的培育繁育,药材、种子、种苗质量标准的制定与执行,品种选育、种质资源的筛选和鉴定,土地、土壤及田间管理,种植过程质量检测与监

督,中药材种植活动的组织方式,以及延伸至相关的中药材储藏及中药材交易等。

1. 中药材种植面积稳步增加,品质高,某些药材在全国产量中占绝对优势

2020年甘肃中药材种植面积达480万亩,现有中药资源超过2 500种。人工种植(养殖)常用、大宗、道地与特色中药材超过200种。规模化种植(养殖)中药材超过100种。道地药材当归、党参、黄芪的优良种子种苗繁育基地约18.5万亩。①

如图1所示,甘肃中药材的种植面积从2015年的388万亩稳步增加到2020年的480万亩。2015年标准化种植面积为67万亩,占比为17.3%;2020年标准化种植面积为185万亩,占比达到39%。种植总面积扩大,高品质的标准化面积也在增加。

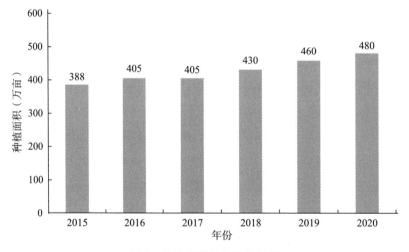

图1 甘肃中药材的种植面积

中药材产量在主要农产品中的比重在提升。从中药材产量与主要农产品产量历年数据可以看出中药材种植在产量上对甘肃主要农产品产量的贡献,反映出中药材种植业在整个甘肃省农业中的比重变化(见表1)。

---

① 甘肃省统计局、国家统计局甘肃调查总队,《甘肃发展年鉴2019》,北京:中国统计出版社,2019年,第382页。

表 1　2015—2020 年甘肃省主要农产品产量

单位：万吨

年份	粮食	油料	甜菜	蔬菜	园林水果	肉类总产量	中药材产量	合计	中药材占比（%）
2015	1 155	77	18	1 086	304	90	84	2 813	2.99
2016	1 117	82	19	1 093	360	92	87	2 851	3.05
2017	1 106	77	27	1 212	397	99	93	3 011	3.09
2018	1 151	70	25	1 293	370	101	102	3 113	3.28
2019	1 163	63	27	1 389	439	102	113	3 294	3.43
2020	1 202	61	22	1 479	481	109	123	3 478	3.54

资料来源：《2020 甘肃发展年鉴》，http://tjj.gansu.gov.cn/tjj/tjnj/2020/zk/indexch.htm，访问日期：2022 年 4 月 8 日。

2015—2020 年的 6 年中，中药材产量在递增，在 7 类主要农产品中的产量占比不到 4%。虽然占比不高，但中药材是特殊农产品，对地块品质和气候条件要求严格，且价值高，对药农增加收入、改善生活、乡村脱贫等具有重要的促进作用。

甘肃许多中药材长期具有品质优势。以黄芪为例，《中华人民共和国药典》规定黄芪（干燥品）中黄芪甲苷含量不得低于 0.04%。据第三方检测机构测定，甘肃黄芪中黄芪甲苷含量近 0.08%。民乐县产的板蓝根浸出物高出《中华人民共和国药典》标准 1 倍以上，党参浸出物高出《中华人民共和国药典》规定标准的 40%。

甘肃有 276 种中药材资源被列入全国重点品种，占全国 363 个重点品种的 76%。甘肃药材品质高，某些药材在全国药材产量中占绝对优势。2020 年，甘肃药材产量占全国药材总产量的 65%，当归产量约占全国总产量的 95%，大黄和党参产量约占全国总产量的 60%，黄芪产量约占全国总产量的 50%，且有 18 个道地中药材品种获得国家原产地标志认证。上述优势全国少有。这得益于甘肃气候、土壤及民众的中草药种植传统。

2. 以高品质为先导的种植、储藏、交易、文化相结合的中药材发展平台

甘肃中药材的规模及品质影响从中药材的交易中也可以反映出来。以甘肃定西市为例进行考察。定西市是我国中药材的重要产地，也是重要的

交易市场。2019年,定西市中药材年交易量达100多万吨,交易额约200亿元。其中的陇西县已发展成为当归、大黄、甘草、柴胡、板蓝根等大宗道地药材的交易中心。目前,定西市全方位提供中药材生产、加工、贮存、销售等方面的服务,已发展成为我国北方中药材主要集散地。定西市陇西县现有各类中药材交易市场23个,在全国市场上的占有份额达到20%以上,党参、黄芪等部分品种占到全国的一半以上,是我国中药材价格变化的"晴雨表"。定西市首阳县每年有近50万吨西北地产大宗原药材和切片销往全国各地市场及药企,年交易额达百亿元。岷县也已成为全国最大的当归交易中心。截至2020年,定西市建成中药材类电子商务平台10个,开设网店3 091家,通过网络外销各类中药材产品价值4.9亿元。

甘肃中药材的全国性影响与其品质优势、天然药库、专业化市场、文化传统密不可分。除中药材品质的特殊优势外,甘肃还是一个凉而不阴、干而不燥的天然储藏药库,具有专业化交易市场和中药材信息中心,以及陇中药都、陇南药谷、陇东医圣、敦煌医药圣殿等传统文化,这些方面结合起来,就形成了以高品质为先导的种植、储藏、交易、信息、文化相结合的中药材发展平台。

3. 中药材种植增值了产地经济,同时也带动了贫困县农民增收脱贫

从经济效益上看,根据我们调研所得到的结果,农民种植一亩粮食作物年纯收入为800～1 000元,种植一亩中药材年纯收入达1 500～2 500元。中药材种植具有更高的经济效益,也形成了产地农民对中草药种植的依赖。

在药材主产区,中药材种植增加了当地的经济收入。2015—2020年,甘肃中药材总产量6年共计602万吨,带来销售收入600亿～700亿元。在中药材产区,农民收入的60%来自中药材种植。例如,甘肃通渭县按照"全域规划、连片开发"的原则,在13个适宜乡镇全覆盖发展万亩金银花产业,组建8个合作社,在贫困村建设11个金银花"扶贫车间",带动1.7万户贫困户实现脱贫增收。

2020年,甘肃58个贫困县中药材种植面积340万亩,占全省中药材种植总面积的70%以上,中药材产业覆盖全省10个市州的51个贫困县区、508

个贫困乡镇,分别占全省贫困县区、贫困乡镇的 87.9%和 51.9%,涉及全省 54.6%的贫困人口。

(二)对中药材进行加工制造,引进外部企业,联合科研机构,增强研发实力

中医药第二产业是对中药材原料进行加工的领域,是中医药加工制造企业的集合。中医药第二产业包括企业原材料采购、中药材的饮片加工、配方颗粒、提取物、中药制剂、中成药、保健品、功能性食品等,其保证了对中成药的供给。

1. 甘肃中医药制造业产值连续提升,对甘肃第二产业的贡献也在上升

甘肃中医药制造业地位通常以其产值占 GDP 的比重来衡量,也可以用甘肃中医药制造业产值占甘肃整个第二产业产值的比重来反映中医药制造业在第二产业中的地位、影响和贡献。2009—2019 年甘肃中医药制造业产值及其占甘肃第二产业的比重如表 2 所示。

表 2 2009—2019 年甘肃中医药制造业产值及其占甘肃第二产业产值的比重

年份	甘肃中医药制造业产值(万元)	甘肃第二产业产值(万元)	占比(%)
2009	434 491	15 272 400	2.84
2010	504 377	19 849 700	2.54
2011	623 331	23 907 000	2.61
2012	871 383	26 177 200	3.33
2013	1 066 289	27 679 400	3.85
2014	1 213 211	29 528 300	4.11
2015	1 376 162	25 219 900	5.46
2016	1 496 368	25 155 600	5.95
2017	1 382 548	25 617 900	5.40
2018	1 235 020	27 946 700	4.42
2019	1 233 637	28 624 200	4.31

资料来源:《2020 甘肃发展年鉴》,http://tjj.gansu.gov.cn/tjj/tjnj/2020/zk/indexch.htm,访问日期:2022 年 4 月 8 日。

注:甘肃中医药制造业产值为规模以上工业增加值。

截至2019年,甘肃规模以上中医药生产企业有63家,建成中医药产业园区6个,培育了佛慈制药、陇神戎发、和盛堂、兰药药业、奇正藏药等一批骨干企业以及六味地黄丸、元胡止痛滴丸、当归腹痛宁滴丸、贞芪扶正胶囊、奇正消痛贴膏等一批优势产品。表2显示,甘肃中医药制造业规模以上企业的增加值,2009年为434 491万元,2019年增加到1 233 637万元。在甘肃整个第二产业中,中医药制造业产值的比重从2009年的2.84%增长到2019年的4.31%。

尽管中医药制造业的产值有所增长,但占比有波动。2009—2014年占比均小于5%,2015—2017年介于5%和6%之间,2018—2019年占比又有所下降。11年间的占比最高未超过6%。

2. 中医药制造企业不断成长,引进外部企业,增强甘肃企业群的实力

甘肃规模以上63家中医药企业2020年创造了123亿元的工业产值,其中有31家企业构成甘肃中医药产业制造业板块的主要力量。2015—2020年,甘肃中医药制造板块增速加快,其中中药饮片增长30%、中成药增长33%,高于整个医药行业20%的平均增速。中医药制造板块中,甘肃陇神戎发、奇正藏药、兰州佛慈三家上市企业具有代表性。2020年,奇正藏药营业收入为14.76亿元,佛慈制药营业收入为6.68亿元,陇神戎发营业收入为2.55亿元。这些企业对甘肃中医药制造具有积极的贡献。《甘肃省"十四五"中医药发展规划》提出,发展一批中药龙头企业,培育一批中药企业集团,提升一批中药骨干企业。根据这样的要求,可积极筹划年营业收入在10亿元以上的中医药企业的建设,力争有营业收入达到50亿元、100亿元以上的企业。如果能够实现,将对甘肃中医药制造业的发展产生重大影响。

总部位于北京的国药集团,其下属中药控股有限公司在甘肃投资十几亿元,建造了8家中医药企业,包括:陇西一方制药有限公司(2015,中药提取物和中药配方颗粒)、陇西一方药业有限公司(2016,中药材、中药饮片的批发)、陇西县冯了性药材饮片有限公司(2017,饮片生产、销售)、甘肃省中医院共享中药智能配送中心(2019,智能煎药、配送)、甘肃陇中药业有限责任公司(2019,饮片、制剂、颗粒的全链条生产)、礼县大黄科技有限公司

(2019,大黄种植、初加工、仓储、交易等)、西和半夏科技有限公司(2019,半夏种植、初加工、仓储、交易等)、甘肃中平仓储服务有限公司(2019,地产中药材的种植、仓储、购销等)。

其中的陇西一方制药公司,致力于中药配方颗粒的生产,药材消耗量很大,对道地药材的品质要求很高。其常年生产300多个品种的中药提取物,其中1/3产自甘肃。陇西一方年收购处理当地生产的黄芪、党参、柴胡、黄芩、款冬花、板蓝根、淫羊藿、甘草等中药材约7 000吨。2020年,陇西一方生产中药提取物4 000吨,中药配方颗粒4亿袋。2017年,陇西一方产值达11.58亿元。2015—2020年,陇西一方累计实现产值59.9亿元,上缴税金4.41亿元,吸引就业524人。陇西一方先后获得甘肃"发展地方经济贡献奖"等20多项荣誉。

省外企业的投资经营增强了甘肃中医药资源的转化能力。甘肃各地应集中力量多引进大企业,这样就能带动当地中医药产业和经济的发展。

3. 企业与高等院校、科研院所联合,搭建平台,增强科研能力

企业与科研院所、高等院校合作联盟,开展创新研究。甘肃中医药领域已有省级以上技术创新平台超过80个。通过政府的政策引导和项目扶持,促进中医药产学研协同创新。中医药企业联合省内外中医药领域科研机构开展新产品研发,力求提升企业的科技创新能力。

例如,甘肃陇神戎发药业股份有限公司、甘肃天士力中天药业有限责任公司与天津药物研究院合作研制中药新产品;甘肃奇正藏药有限公司与甘肃中医药大学、江西中医药大学等科研单位联合成立了甘肃现代中药制剂工程研究院,面向全省中医药企业提供科技服务;兰州和盛堂制药股份有限公司联合沈阳药科大学成立隶属于企业的药物研究院,开展创新中药研发;甘肃天水岐黄药业有限责任公司与广州中医药大学合作开展新药创制和保健品研发。兰州大学、甘肃中医药大学、中国科学院兰州化学物理研究所等科研机构与甘肃省内中医药骨干企业确立了长期稳定的科研合作关系,建立产学研协同创新机制。

甘肃中药企业产品结构为:老产品多,新产品少;低附加值产品多,技术

含量高的产品少;重复产品多,独家拳头产品少;科技创新能力普遍不高。甘肃中药制药企业自主研发经费占销售收入的比重平均在2%左右。企业与高等院校、科研院所联合,搭建平台,有利于联合进行新产品的研发,促进新产品的出现。例如,奇正药业申报新药,2019年进入三期临床试验阶段。还有的企业对已上市的传统中成药进行二次开发,增加其新的主治功能,扩大其应用范围。

(三) 中医药服务业的发展为中医药产业提供了需求动力

中医药第三产业是中医药服务领域,是使用中药材、中药材制品为患者服务、为人的健康服务的领域。其主体是医院、医馆、诊所、卫生院、药店、中医药养生机构、药膳等使用中药材及制品的机构,以及为中医药发展提供流通交易、科学研究、人才培养、咨询、对外交流等方面服务的机构。这些领域的发展为中医药第一产业、第二产业提供了需求动力。

1. 中医药服务领域集中了大量的中医药医疗资源和能力

2020年,甘肃有中医医疗机构1 929家,开放床位42 987张。97%的社区有卫生服务中心,94%的乡镇有卫生院,82%的村有卫生室,有中医药从业人员1.86万人。[①] 这些机构和人员承担着甘肃超过30%的门诊服务量和住院服务量。中医药科研领域,甘肃现有2个国家地方联合工程研究中心、40个省级工程研究中心和企业技术中心、13个省级重点实验室和9个省级工程技术研究中心。

甘肃中医药服务领域多年来集中了中药材使用、中药材制品销售、为患者诊疗的中医药机构、为民众健康服务的各个机构等集群式的资源与能力;培育了大量中医药医院、医馆、诊所、卫生院、药店、中医药养生机构、药膳等机构和单位;这些使用中药材及其制品的预防机构、医疗机构、养生机构及其衍生机构的集合,形成了庞大的中医药流通市场、科学研究、人才培养、咨询、对外交流等方面的需求与供给。

---

① 甘肃省统计局统计数据。

2. 推动中医药养生服务，丰富养生保健食品，发展养生旅游产业

甘肃注重加强中药材治疗、养生与保健研究，推动食养、药养、水养、沙养等养生方式的快速兴起，发展针灸、推拿、刮痧、拔罐等传统疗法和医学美容等现代"药养"产品，同时发挥中医学、老年医学、康复医学等专科优势，逐步形成一些中医养生指导门诊和疗养康复基地，以及养生（养老）医疗健康服务体系。2020年，甘肃已建成中医药养生保健产业基地、产业园35家。

丰富养生保健食品，发展养生旅游产业。甘肃保健食品生产企业共有上百家，岷县以"岷归"等道地中药材为依托研发以当归为主的药品、保健品和美容护肤品等产品，并销往全国各地。陇西康养领域的许多机构向群众提供未病预防、中医康复、中医健康体检、健康评估、药膳食疗等服务。推动建设中医药养生旅游保健基地。例如，陇东南已经成为国家级养生旅游保健基地，有多条中医药养生保健旅游线路，以及31家中医药养生保健产业基地（园）；敦煌将鸣沙山传统旅游与沙疗相融合，设立沙疗中心；天水将麦积山传统旅游与温泉水疗相融合，游客量日益增长。甘肃迄今共建成12个中医药健康文化旅游示范基地。

3. 促进中医药的国际贸易与国际交流

甘肃中医药企业积极参与"一带一路"建设。兰州佛慈制药股份有限公司的产品出口到匈牙利等28个国家和地区，产品国外认证数、海外商标注册数、出口覆盖面、出口品种数长期位居省同行业前列。甘肃亚兰药业有限公司在哈萨克斯坦成立甘草酸生产厂，实现了对中亚地区野生甘草资源的开发利用，开拓了甘肃优势中医药产业在中亚地区的市场。

甘肃中医药相关企业与机构在白俄罗斯、吉尔吉斯斯坦、匈牙利、摩尔多瓦、泰国、乌克兰、马达加斯加、巴基斯坦、法国、俄罗斯、新西兰等国家先后建造了15家海外岐黄中医中心或中医学院，与乌克兰、吉尔吉斯斯坦、摩尔多瓦等10余个国家在中医药领域建立了合作关系。到2020年，甘肃已累计派出中医药专家和工作人员40余人，组织开展多场中医药文化、中医学术讲座和中医义诊活动，向10 000余人普及中医药文化，培养中医大夫近千人。

甘肃中医药大学设立俄语、法语中医相关专业，进行国（境）外留学生的中医本科和研究生学历教育。到 2020 年,接收来自乌克兰、俄罗斯、巴西、法国、韩国的 160 余名中医学员来进修学习中医,接收来自俄罗斯、乌克兰、哈萨克斯坦、吉尔吉斯斯坦等国的 60 名留学生攻读中医本科学位、7 名留学生攻读中医硕士学位。

中医药第一、第二产业的发展,仰赖民众对中医药的需求、医师药剂师等对中医药的使用、医疗机构对中医药科室的设置和扩展。医院、医师、药店、中医药院校、研究机构等方面的发展为中医药产业发展奠定了需求基础。因此,要发展甘肃中医药,就要发挥甘肃中医药产业链的优势:既有种植、加工、流通等环节对道地中药材的保障,又有中药材的加工制造、中成药品及制剂的供给为中医预防和治疗提供前提条件,还有中医药服务业包括各种医疗机构、保健机构、养生机构、教学机构、科研机构、国际交流等反过来为中医药的种植、加工提供巨大的需求。中医药三次产业之间相辅相成,构成甘肃中医药发展的链条机制。

三、甘肃中医药产业发展的管理思考

中医药产业是中药材种植业、中药制造业、中医药服务业联动发展的格局,其中哪一部分不畅都会影响整个产业的规模和质量。多年来,甘肃中医药产业的发展取得了长足的进步,积累了较为雄厚的实力基础。从未来发展看,甘肃中医药三次产业联动还有些短板和问题需要关注。若要寻求发展动力并促进整个产业链的协调发展,就需要从管理角度考虑中医药产业改进、产业改造和产业完善问题。

(一)中医药产业序列中,前端、中端、后端形成相互关联的机制

1. 中医药产业是企业的集合及其关联机构的集合

从产业加工序列来看,中医药产业链是从前端、中端到后端。前端的第一产业主要是中药材的培育与种植,中端的第二产业主要是中药材的加工和制造,后端的第三产业主要是中医药服务业(见图 2)。

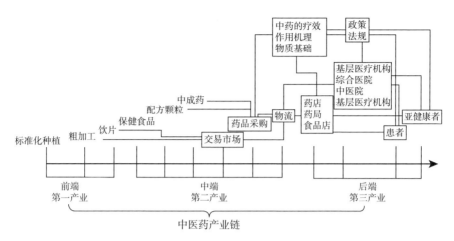

图 2　中医药产业链的前端（第一产业）、中端（第二产业）、后端（第三产业）

甘肃中医药产业之所以能够获得发展,其中既有甘肃本地中医药医学发展的带动作用,也有甘肃以外区域中医药医学发展的带动作用。也就是说,甘肃中医药产业受到"两驾马车"的带动:甘肃本地的需求带动和甘肃以外区域的需求带动。某些情况下,甘肃以外区域的作用可能还会大一些。所以,甘肃的中医药产业发展就要顾及中医药产业发展各方面的牵引力量。

2. 甘肃中医药产业的加工序列相互关联,相互承接

前端的第一产业是第二、第三产业的基础。就甘肃而言,第一产业既是甘肃第二、第三产业的基础,也是其他省区第二、第三产业的基础。许多情况下,甘肃中医药第一产业更多成为其他省区第二、第三产业的基础。

后端的第三产业是第二、第一产业的需求所在。后端需求不旺,中、前端就不兴。实际情况是社会对中医药的需求远不如对西医药的需求大。中端的第二产业是个中间转换的阶段,没有中端,前端长不大,后端也活不成。

上述的前、中、后端形成甘肃中医药产业的加工序列,前后相互承接。就甘肃中医药产业链来看,后端需求不足,牵引力不强,难以带动中端和前端。中端制造转换能力不强,使本地的药材资源得不到充分利用,同时又满足不了第三产业的需要,第三产业的中药品有许多都是由外省企业供给的。

3. 甘肃中医药产业链要集中考虑中端价值向高端价值转移的问题

外省企业使用甘肃的药材制造出中药品、保健品、衍生品等,再销售给

甘肃的医院、药店、民众，同时还销往全国各地，实现中药制品的市场价值。所以，需要增大后端的需求，同时增加中端的品种、提升其制造能力。甘肃制药企业在多大程度上能满足甘肃医院、药店的采货需求，这是甘肃要集中考虑的中端价值向高端价值转移的问题。

就甘肃中医药价值链来看，第一产业附加值比较低，但在甘肃的比重较大；随着产业的升级，第二产业附加值高于第一产业，但在甘肃的比重比较小；第三产业附加值最高，中医医疗服务的价值贡献于甘肃本地，但是，第三产业所使用的中药制成品或中医用器具许多并不是由甘肃所产的。因此，要关注甘肃中医药价值的流失问题。这些问题都要通过产业链机制的完善加以改进，并逐步解决。

（二）对中药材的种植与培育，需要坚守标准，稳定规模，增强品质监测

1. 药材种植稳定规模，在质量基础上增加收益

甘肃中药材的种植面积已达480万亩，这个规模再扩大已经比较困难，且边际效益越来越低。所以，应该在稳定规模甚至缩小规模的情况下追求品质，在质量基础上寻找效益出路，优质优价，增加收益。

2. 制定或完善中药材种子质量标准，强化种子种苗规范管理

在国家层面，《种子质量国家标准》只明确了粮食作物、经济作物、瓜菜作物等种子质量要求，几乎没有对中药材种子质量加以规定。甘肃作为中药材种植大省，制定了道地大宗中药材品种标准，但这些都是地方推荐性标准，并不具备强制性。由于中药材种子种苗大多靠药农或合作社自繁自育，培育过程不够科学严谨，因此容易导致种子种性退化、抗病性差，难以从源头上保证中药材质量。甘肃可以在已有的地方标准基础上制定或完善中药材种子质量标准，按照标准培育种子种苗工厂化育苗基地，并在此基础上将甘肃省的推荐性标准升级为国家的强制性标准。

3. 进一步推进中药材质量追溯体系建设，力求全程质量跟踪与追溯

甘肃正在建设中药材质量追溯体系，在部分标准化种植基地已经配套有追溯系统，但还没有对药农自种药材实现全面追溯；中药材流通追溯体系

正在完善,由于涉及商务、工信、农业农村、市场监督、药品监管等多个部门,流通追溯体系建设进展相对缓慢。所以,需要将种植基地、加工企业、交易市场、物流企业等全部纳入质量追溯体系,实现全过程质量跟踪与追溯。

(三) 对中药材的加工制造需要强化自生企业,引进龙头企业,增强将种植优势转化为制造优势的能力

1. 改变"种植在甘肃,增值在外省"的现状,增加以甘肃中药材为原料的现代制药、大健康产品的加工企业

在甘肃中药材产地,药材以原材料状态出售的比较多,原材料粗加工的合作社、企业不少,但深加工企业不多。甘肃中药材加工基本以净制、切片、干燥为主,大部分以原料药或饮片形式进入市场。2020 年,甘肃中医药加工生产企业中,中药饮片加工企业 145 家,占 81%[1];定西市 74 家药品生产企业中,只有 6 家中药制剂企业,这 74 家药品生产企业还不包括没有获得药品生产许可却仍进行中药材切片加工的企业或合作社。例如,岷县当归品质全国一流,但大多数都是粗加工后就销往外省,外省企业精深加工后产生的经济效益是甘肃外销价的 10 倍。[2] 还有一大部分药材直接在田间地头以鲜药形式运往外省,由省外企业加工销售。所以,要多建以甘肃中药材为原料的现代制药加工企业,多培育带动产业发展的核心企业。尽力提升加工能力,将高附加值部分留在甘肃。

2. 扶持成长或引进龙头企业,形成核心企业带动的强势企业群

尽管甘肃中医药企业有了长足的进步,但和其他省区相比,中医药企业总体规模较小。据康乐药业负责人介绍,康乐药业一年加工 1 000 多吨中药材,生产 400 多种中药饮片,年销售额达 1.3 亿元[3],这个生产规模在甘肃中药制剂企业中可以排在前列,但同等规模的制药企业在安徽、广东等省份只能排在末尾。中药制药企业缺少解决慢病和重大疾病难治环节的重头产

---

[1] 甘肃省统计局统计数据。
[2] 李应东,《甘肃中医药产业发展的思考与探索》,兰州:甘肃科学技术出版社,2019 年,第 44—99 页。
[3] 甘肃省统计局统计数据。

品,产品的科技含量不高,竞争力不强。针对这个问题,中药制药企业需要集中一些核心产品,整合甘肃中医药资源,打造龙头企业。同时,须加大招商引资力度,动员省外大型龙头药企在甘肃设立企业,改变"生产在甘肃、税收在外省"的局面。关键在于引进大型龙头药企,或引进体量并不很大但竞争力强、发展速度快的企业。

3. 参考龙头企业的做法,构建培育新产品的机制与推进平台

甘肃中医药企业的经营主体以中小企业为主,集中度较低,关联度不高,缺乏自有的大品牌以及大健康产品的培育机制与培育平台。究其原因,主要是缺乏灵活、有力、持续的培育新产品的机制与推进平台。所以,构建这样的培育新产品的机制与推进平台非常有必要。例如,总部位于天津的天士力医药集团是中国中药制药企业中名列前茅的大企业,集团生产的中药产品有心脑血管用药、肝胆胰类用药、呼吸系统用药、清热解毒用药、糖尿病用药、抗肿瘤用药、胃肠疾病用药、妇科用药、风湿跌打用药、补益安神用药等。集团 2019 年度营业收入为 189.32 亿元(其中,医药工业 62.15 亿元,医药商业 127.17 亿元)。一家企业的收入比甘肃中医药整个制造行业的产值还高。天士力医药集团的发展得益于建立标准化的中药基地,建立"没有围墙的研究院",建立营销网络和检测体系。甘肃需要有一批实力强、发展趋势好的中医药企业,可仔细研究天士力医药集团、广东一方制药有限公司等企业的经验,对中医药大企业的建设提供参考。龙头企业的建设建成需要有一个积累的过程。不但需要企业积累发展,还需要政府运筹支持。

总体来看,甘肃中医药制造业将种植优势转化为制造优势的能力并不是很强。甘肃缺少中成药单品种超过 10 亿元的中药制药企业,缺少产值超过 50 亿元的中药制药企业。甘肃可分析自身短板,加大科研投入,打造中药大品种和上规模的大企业,带动中小企业上等级、上层次,带动整个第二产业的发展。

(四)中西医结合,以需求牵引中医药产业的发展

在甘肃,自上而下在不同层级设置了中医医院,并在以西医药为主的综

合医院设置了中医药科室,但多数慢病和重大疾病患者的首诊还是多在综合性医院的西医药科室。要扩大中医药的使用规模,就要通过中医药的有效性、便捷性、服务性等,使更多的民众将中医药作为首选。如果相关政策、医生、药剂师对中医药更为理解和认可,就会促使中药材、配方颗粒、中成药等惠及患者,惠及大众,更好地发挥其防病治病的作用。

1. 在甘肃,坚持倡导"西医学中医、中医学西医、一技为主、兼收并蓄",中西医相互交流,合作发展

由于传统认知和体制问题,现行医师管理、药品管理制度还存在"以西律中、中医西化、中药西管"的倾向。对于中医药的发展,甘肃可先行先试,倡导"西医学中医、中医学西医、一技为主、兼收并蓄",使更多的西医医生接触、了解、使用中医药,寻求在西医学中医的基础上中西医相互交流、兼容、合作发展。

民众大量接触的西医药医生,并非都是排斥中医药的医生。有些西医药医生想用中医药,但不知道或者不懂得在哪些必要的情况下如何使用。这是医生能力的问题,也是体制的问题。虽然部分综合医院在二级科室设置了中医药综合治疗中心,但仍集中在中医药非药物疗法方面,在以中医药为主防治常见病、慢病、重大疾病、急性传染病方面并不充分。所以,让西医药医生懂得在哪些必要的情况下如何使用中医药,并懂得在使用中医药的同时如何配合使用中医药非药物治疗方法,对中医药的发展会非常有利。

2. 中医药企业应当对中医药药品的功能标注清楚,使西医药医生也能准确把握

中药制药企业对中成药用于哪些慢病、重大疾病难治环节,如何进入专家共识、诊疗指南、基本用药目录等并不很清楚。对中医药企业而言,这是个大问题。即使有的西医药医生愿意使用中医药,却又因为自己并非中医出身,且许多中医药功能标注不精准,含糊、含蓄、模棱两可,对非专家的西医药医生来说,使用哪种中药难以确定。既然拿不准,最好的办法就是不用。如果连想用中医药的西医药医生都不能、不会、不敢使用中医药,中医

药的使用就的确成了问题。所以,中医药企业要将自己产品的医药功能标注清楚,使西医药医生也能清楚地把握、准确地使用。

3. 坚持将中医药知识和技能列入医生资格考核内容,合格者获得中医药处方资格

2020年12月,教育部已明确规定,从2021年起,中医药课程列为本科临床医学类专业必修课。这对中医药的发展至关重要。除课程设置要求外,在医生资格考核中,也应将中医药知识和技能列入其中。在医生资格国家考核中,应有中医药领域的试题。在行医资格相关规则中,应有考核合格后具有中医药处方权的资格。这样做,便于所有的医生尤其是西医药医生能够在一定程度上使用中医药。

这方面,日本的经验和做法值得借鉴。隋唐时期,中医药书籍开始传入日本。一千多年来,中医药(在日本称为"汉方制剂")的使用一直延续不断。日本通过医生、药剂师来使用中医药。日本8 565家医院、100 152家诊所中的30万医师中,有89%的医师使用过汉方制剂。医疗用汉方制剂在医院、诊所、药店、药局出售。2011年,医用汉方制剂销售额为1 135.36亿日元(约合人民币74亿元)。

医生、药剂师对中医药的认识、能力、责任心、主动性影响着中医药的发展,而中医药教育影响着中医药的临床应用。2003年,日本文部科技省将"和汉药概论"正式列为医学部临床药理学的一章。2008年,日本政府将中医药考题列入日本国家医师考试内容中。日本的大学医学部和医科大学规定用一定的课时来教授中医药相关内容。2007年,日本东洋医学会学术教育委员会出版了《医学生用的汉方医学教材》;2009年出版了《专门医的汉方医学教材》。这些教材主要面向日本医学部的本科生和毕业后的医生。[①]

应将中医药知识和技能列入所有医生资格考核中,全方位考虑中医药的普及和影响。对此,在甘肃,省一级主管部门应统编医疗用中医药使用手册,以此进行普及教育;中医药制药企业应对生产经销的产品编制相关的使用手册,以此进行普及教育;应建设院校教育、毕业后教育、继续教育三阶段

---

① 张伯礼主编,《世界中医药教育概览》,北京:中国中医药出版社,2019年。

衔接的符合中医药临床需求的人才培养体系;医学学会应每年组织研讨会,交流中医药研究及临床应用效果。

4. 在中国建立中医药学习体验基地,吸引外国人到中国来体验和学习

除了在"一带一路"沿线国家和地区合作建设岐黄中医学院及中医中心,还应在中国建立以岐黄中医学院为平台的学习体验基地。具有中国特色的中医药在国外的教学和经营中遇到的法律、传统文化等障碍较多,成功而有效的并不多,但创造条件吸引外国人到中国来学习和体验倒比去国外更为顺畅及便利,更有中医药文化氛围。例如,可以利用类似于陇东南国家中医药养生保健旅游区这样的成熟区域,打造集中医学习体验、中药材种植、中医医疗服务、中医药健康养老、中医药养生保健、休闲养生度假等于一体的中医药健康体验基地。一方面,吸引国内民众前去体验,另一方面,也更为重要的是吸引外国人来感受"中国健康医学"的功力,进行就医、康复、养生的学习和体验。

中医药是中国特色,由于各国的习惯和法律政策不同,可能会受到各种限制。中医药"走出去"的成本会比较高,"走出去"的路途会比较遥远。但在中国国内建立高品质的中国健康医学体验基地,有可能吸引外国人到中国来体验,这是个不必走出国门而胜似走出国门的比较现实的途径。

(五)从以治病为中心转向以健康为中心,推动健康产业链的发展

未来发展中,将中医药产业链转化为健康产业链进行建设,具有长远的战略意义。世界卫生组织的调查显示,预防上多投入 1 元,治疗费可减支 8.5 元,并节约 100 元的抢救费。① 甘肃可率先从以治病为中心转向以健康为中心,以"治未病"为宗旨,在预防及健康管理上,推动甘肃中医药产业链的发展。

---

① 新华社经济参考报社、国家卫生健康委卫生发展研究中心、中国保健协会主办,中国卫生经济学会学术支持,《中国健康经济白皮书 2019—2020》,人民网-人民健康网,2020 年 12 月 2 日。

1. 发展健康产品和健康服务

健康产业反映的是健康产品(包括有形产品和无形产品)的生产、分配、交换、消费等一系列活动的总和,其中包括以疾病治疗为目标的医疗类药品和服务产出、以疾病预防及健康保持与促进为目标的非医疗类健康产品和健康服务。

健康产品和健康服务涵盖六个领域:健康管理服务、健康食品、健康用品、健康金融产品、健康旅游、健康养老服务等。从消费支出看,健康食品产业所占比重最大,约为34%,其次为健康用品产业,约为30%,健康管理、健康金融、健康旅游市场规模依次为18%、13%、4%,健康养老产业市场目前仅为1%左右。[①] 应放宽市场准入政策,加大对甘肃非医疗健康产业的支持力度。

2. 推动健康行动计划

应推动若干项健康行动计划,例如,推动甘肃全民健康运动计划和科学合理膳食行动计划、建立社区健康管理中心、实施全周期全方位的健康教育与健康促进工程等,以此来促进"治未病"主动健康观的确立,强化民众以预防为主的健康意识,使甘肃民众由被动健康转向主动健康,改变个体不良的生活方式,引导高质量、多层次的健康需求,为健康经济发展提供动力。

3. 让"治未病"的理念和规则深入人心

在民众中进行中医药学整体观、健康养生的教育,让整个社会意识由以治病为中心转向以健康为中心。预防为主,未病先防,既病防变,瘥后防复。在以健康为中心的条件下,现代西医医学的微观思维、科技手段成为健康医学的一个组成部分,在增进人体健康的总的前提下,有病治病,手段上,该使用中医药的使用中医药,该使用西医药的使用西医药,中西医结合,共同卫护民众健康。

甘肃以康养民众为宗旨,通过中药材种植、中医药制造、中医药服务的产业链互动,为中医药的发展提供了持续性的产业基础和成长条件。在未

---

① 新华社经济参考报社、国家卫生健康委卫生发展研究中心、中国保健协会主办,中国卫生经济学会学术支持,《中国健康经济白皮书2019—2020》,人民网-人民健康网,2020年12月2日。

来的发展中,应从中医药产业角度考虑,从以治病为中心转向以健康为中心,在中西医结合的基础上,构建大健康产业链。同时,省内外应共同搭建研究平台,融合生命、化学、医学、技术、工艺等现代科技的发展,共同探索中医学实践中显现出来的医学科学问题,推动中西医结合基础上的中医药创新。在以民众健康为宗旨、推进健康产业发展的基础上,推动甘肃的健康经济,构建甘肃经济发展的新格局。

可持续发展：中国的生态足迹及其趋势

王会东[①]

大自然是人类赖以生存和更好生存的基本条件。要在人与自然和谐共生的基础上，谋划经济社会的可持续发展。近几十年以来，可持续发展逐渐成为政府、企业、研究机构、生态保护组织关注的一个重要话题。关注度之所以日益提升，一方面在于，经济和社会发展过程对于自然界能够提供的资源提出了超出其供给能力的需求，供需矛盾主要体现在新兴经济体和其他发展中经济体的增长过程中；另一方面则在于，人类活动产生的对环境的负面影响无法及时足额地得到自然界的吸纳，无论是发达经济体还是发展中经济体，都面临着环境承受力这一难题。因此，自然界提供的各种资源的可持续性，以及自然界对于人类社会发展产生的环境负面影响的吸纳能力的可持续性，两者叠加在一起，导致社会各个方面愈发关注发展的可持续性问题。

一、全球可持续发展面临的挑战

可持续发展是一种在经济发展的同时兼顾环境问题的综合路径，统筹考虑经济增长和环境因素，而不是一味地关注经济增长，将环境因素、自然资源的可持续性供给、气候变化置于次要的和可忽略的地位。

1987 年，联合国世界环境与发展委员会（亦称为布伦特兰委员会）将可持续发展描述为"在不损害子孙后代满足其自身需要能力的情况下，满足当

[①] 王会东，管理学博士，大自然保护协会（The Nature Conservancy，TNC）中国项目首席保护官，曾任天能集团副总裁、汉能控股集团副总裁。

代人的需要"①。20世纪80年代中后期,虽然以联合国为代表的国际机构对可持续发展给予了足够的重视,但其关注的重点依然在于发展中国家的共同发展、自然资源的可持续供给能力。至于自然界对于人类发展导致的负面环境因素的吸纳能力,以及由于人类经济增长和化石能源燃烧等因素产生的全球变暖问题,尚未在当时受到足够的关注。

关注可持续发展问题,直观的领域主要体现在化石能源供给、气候变化危机、生物多样性丧失等方面。

(一)化石能源可持续供给前景

化石能源的可持续供给前景,集中体现在煤炭、石油、天然气等能源的储量、消费量和预计可开采年限等指标上。全社会之所以关注化石能源的可持续供给能力,原因在于人类社会的发展从本质上看是建立在化石能源的基础上的。18世纪中期工业革命以来,以煤炭、石油、天然气等化石能源为代表的能源的开采、加工和使用构成了经济发展、技术创新、科学研究、社会进步等一系列成就的基础。

此外,以化石能源为基础的电力,作为主要的二次能源②,很大程度上是以煤炭、石油、天然气为基础来生产的。

随着经济的发展和社会的进步,第一、第二、第三产业对于化石能源的直接需求不断增加,与此同时,人类生活水平的提高对于生活用能也产生了更为显著的需求,两方面因素的叠加使得基于化石能源的一次能源、二次能源的消耗会在相当长的时期内保持增长。如果说发达国家的生产、生活用能会保持一个相对较低的增长率的话,那么新兴市场国家、其他处于经济发展初期的发展中国家对于化石能源的需求则会保持一个相对较大的增长幅度。

煤炭、石油、天然气等化石能源由数百万年前海底、湖底大量浮游植物和浮游动物有机物残骸的厌氧消化而成,都是属于太阳能长期沉淀的结果。因此,其在地壳中的储量是固定的,消耗越多,后续可使用年限越短,可持续

---

① United Nations, *Report of the World Commission on Environment and Development*: *Our Common Future*, 1987.
② 未考虑太阳能、风能发电等一次能源形式。

供给能力就越差。所以,在过去的几十年间人们越来越担心石油、天然气、煤炭等化石能源的储采比①下降。

以石油为例,2020年全球石油探明储量为2 444亿吨,储采比为53.5年,也就是说,按照当前的年度开采量,全球已探明储量可以支持人类使用53.5年。分主要国别来看②,沙特阿拉伯储量为409亿吨,占全球储量的17.2%,储采比为73.6年;美国储量为82亿吨,占全球储量的4.0%,储采比为11.4年;中国储量为35亿吨,占全球储量的1.5%,储采比为18.2年。事实上,煤炭和天然气储采比也具有相同的规律,关注可持续开采年限,就意味着必须从可持续供给的角度开发可再生能源,以满足人类经济增长、产业发展和人民生活的持续性需要。

由表1可以看出,2010—2020年间中国的一次能源消费一直呈现出稳定增长的趋势,从2010年度的104艾焦耳增长到2020年度的145艾焦耳,相当于约35亿吨原油。表中的数据还提示我们,即使是在新冠肺炎疫情肆虐的2020年,中国的能源消费依然保持了2.1%的增速,略低于2009—2019年间3.8%的平均增速。这样的增速体现了中国经济的增长能力,也显示出中国对于一次能源的依赖性依然很强。反观美国的数据,在2010—2020年这个区间,美国的一次能源消费保持了基本平稳的水平,基本维持在92艾焦耳左右。需要注意的是,美国在2009—2019年间一次能源的平均年增速为0.5%;2020年,受疫情影响,其一次能源消费下降了7.7%。无论是2009—2019年的平均增速还是2020年的年度增速,都与中国同期的表现形成了比较大的反差。

表1　中、美两国一次能源消费　　　　　　单位:艾焦耳

	2010	2011	2012	2013	2014	2015	2016	2017	2018	2019	2020	2020增速	2009—2019增速	2020份额
中国	104	113	117	121	125	127	129	133	138	142	145	2.1%	3.8%	26.1%
美国	93	92	90	92	93	92	92	92	96	95	88	-7.7%	0.5%	15.8%

资料来源:BP, Statistical Review of World Energy 2021。

注:1艾焦耳约等于0.24亿吨原油。

---

① 储采比=剩余可采储量/年度开采量。
② BP, Statistical Review of World Energy 2021.

从中、美两国一次能源消费量占全球的比重来看,以2020年为例,中国的全球份额为26.1%,美国的全球份额为15.8%,美国的一次能源消费量相当于中国的60%。由于化石能源消费在温室气体排放中占据了约65%的份额,因此美国已从最大的排放国变成了第二大排放国。

(二)气候变化危机

与化石能源可持续供给前景密切相关的另一个问题是全球气候变暖的问题。在历史长河中,地球平均气温基本保持在一个平衡的状态。随着工业革命带来的全球技术、工业、交通运输、人民生活等方面的巨大变化,以煤炭、石油、天然气为代表的化石能源的消耗呈现出史无前例的增长,由此带来的一个隐性的结果就是大气中温室气体大量的累积性增长,逐渐打破了地球平均气温的稳定。

为应对气候变化,2015年12月,197个国家在《联合国气候变化框架公约》第二十一次缔约方会议上通过了《巴黎协定》。该协定旨在大幅减少全球温室气体排放,将21世纪全球气温升幅限制在2℃以内,同时寻求将气温升幅进一步限制在1.5℃以内的措施。目前,共有189个国家加入了《巴黎协定》。要实现这一宏大的目标,人类需要在经济增长、社会发展目标与控制以化石能源消耗为代表的温室气体排放指标之间做出选择。但其困难在于,经济增长和社会发展必然需要大量而持续地消耗化石能源,而消耗化石能源又必然会导致温室气体持续的累积性增长,进而导致全球平均气温的升高以及对人类生活和经济活动带来越来越大的毁灭性影响。

过去的二百多年间,西方发达国家一直是温室气体排放的主要国家,地球上的温室气体存量中,相当大一部分是由西方发达国家在历史上造成的。所以,在应对气候危机的过程中,发达国家与发展中国家应当承担的责任是"共同而又有差别的"。

中国过去四十多年的高速发展过程也带来了化石能源消耗和温室气体排放的增长,中国2019年的温室气体排放总量已达140亿吨二氧化碳当量,成为全球第一大排放国。鉴于中国至今仍然属于发展中国家[虽然GDP总量 2020 年已经超过 100 万亿元人民币（约合 14.72 万亿美元），但是人均 GDP 仅为 7.24 万元人民币，约为 1.05 万美元]①，中国既面临着经济增长和人民生活水平提高的压力，同时也面临着全球控温对中国的压力。这两个压力使得中国必须考虑温室气体排放的碳达峰年限以及温室气体碳中和的目标年限。

中国政府已经向世界承诺，将在 2030 年之前努力实现温室气体碳排放达到峰值，并将在 2060 年之前努力实现温室气体碳中和。对照欧美国家实现碳达峰和承诺中和年限的进程，可以发现中国从经济正常增长转向温室气体碳排放达峰经历了较短的决策期和过渡期，而从碳达峰到碳中和也给自己预留了相对较短的年限。

如表 2 所示，根据联合国环境规划署 2020 年的报告，全球年度总温室气体排放量达到 591 亿吨等量二氧化碳，其中与化石能源相关的二氧化碳排放量约占排放总量的 65%，与土地利用变化相关的二氧化碳和其他温室气体排放量占总量的 10.5%，甲烷的排放量占总量的 17%，氧化亚氮和氟化气体的排放量占总量的 7.5%。

表 2 全球和主要排放国 2019 年度温室气体排放情况

	排放总量（10 亿吨）	2010—2019 年排放份额（%）	年均排放增速（%）	2019 年度增速（%）
化石二氧化碳	38.0	65.0	1.3	0.9
甲烷	9.8	17.0	1.2	1.3
氧化亚氮	2.8	4.9	1.1	0.8
氟化气体	1.7	2.6	4.7	3.8
土地利用变化导致的二氧化碳	6.3	10.0	1.3	13.3
土地利用变化导致的其他气体	0.5	0.5	3.7	84.6

---

① 根据国家统计局，《中华人民共和国 2020 年国民经济和社会发展统计公报》（2021 年 2 月 28 日）相关数据计算得到。

(续表)

	排放总量 （10亿吨）	2010—2019年 排放份额（%）	年均排放 增速（%）	2019年度 增速（%）
以上合计	**59.1**	**100.0**	**1.4**	**2.6**
中国	14.0	26.0	2.3	3.1
美国	6.6	13.0	−0.1	−1.7

资料来源：UNEP，Emissions Gap Report 2020。

全球每年向大气中增加排放的温室气体数量不但触目惊心而且具有累积效应。即使是到21世纪中叶全球温室气体能够实现净零排放，工业革命以来累计排放的温室气体存量依然存在，其持续发挥作用的增温效应依然存在。除非有革命性的负碳技术，并且这种负碳技术具有成本可行性，伴随着碳汇的增加和负碳效应的集聚，大气中累积的温室气体总量才有可能逐渐减少。

随着中国政府向全球承诺碳达峰与碳中和，社会各界都在关注如何实现温室气体排放的宏伟目标。事实上，碳达峰与碳中和在起步阶段就是碳减排，那么碳减排的前提是识别目前排放的温室气体的构成，以及如何采取不同的措施减少其中主要的排放成分。

鉴于化石能源燃烧带来的二氧化碳排放量占全球目前总排放量的65%，对于重点排放行业的强制减排管理成为当前减排工作的重中之重。在强制减排基础上，应及时把自愿减排纳入市场机制中，引导不同行业企业参与到节能、可再生能源、工艺流程改进、供应链改进等进程中。对此，我国适时启动了碳排放权交易市场。

同时我们看到，甲烷的排放量占温室气体排放量的17%，因此如何从排放源上控制和减少甲烷的排放量也是需要面对的一个重要问题。根据相关研究，甲烷的来源有两类，其自然源头包括湿地、白蚁、海洋、植被和甲烷水合物，其人为源头包括煤矿开采、天然气生产、垃圾填埋、牲畜、稻田、生物质燃烧等。[①] 鉴于甲烷的人为源排放量占全球甲烷排放总量的50%～

---

① 张定媛、廖宏，《大气甲烷的源和汇及其浓度的观测模拟研究进展》，《气象科技进展》，2015年第1期，第40—47页。

65%①,控制人为源甲烷的产生是减少甲烷排放的重点。

还有一个温室气体排放的大类是与土地利用改变相关的多种气体的排放,这方面的实际案例包括林地形式的转化以及人工管理的土地类型,与此类温室气体排放密切相关的国家包括巴西、印度尼西亚、肯尼亚等国。那么,这些国家的林地转化与我们的生产和生活有哪些关系呢?以大豆为例,为满足大豆出口的需要,巴西的大豆产业增产需要增大土地面积,这也许就会对当地热带雨林造成不利影响,进而导致森林碳汇的减少和温室气体排放的增加。

要实施全方位的减排,就需要全球范围内能够在目标和路径上达成一致。如果全社会能够形成合力,那么减少化石能源使用、减少土地利用形式的改变、控制人为源的甲烷排放就会越来越有效。然而,上述有利于减排的措施,往往会减慢一个时期内经济发展和人民生活改善的速度,两难之中,尽力做到"先立后破",尽量减少发展中的震荡,是中国碳达峰、碳中和工作的前提。

(三) 生物多样性丧失

2021年10月发布的《中国的生物多样性保护》白皮书指出,"生物多样性是生物(动物、植物、微生物)与环境形成的生态复合体以及与此相关的各种生态过程的总和,包括生态系统、物种和基因三个层次。生物多样性关系人类福祉,是人类赖以生存和发展的重要基础"②。近十多年来,生物多样性的现实问题非常严峻。

2019年,联合国"生物多样性和生态系统服务政府间科学政策平台"(IPBES)完成的《生物多样性和生态系统服务全球评估报告》,向全世界揭示了生物多样性领域存在的现实问题。例如,20多亿人依赖木材燃料来满足其初级能源需求;估计有40亿人的健康保健主要依赖天然药物;用于治疗

---

① IPCC, *Climate Change* 2013: *The Physical Science Basis*. Cambridge, United Kingdom and New York, NY, USA: Cambridge University Press.

② 国务院新闻办公室,《中国的生物多样性保护》白皮书,2021年10月。

癌症的药物中约70%是天然药物或源于自然的合成药品；全球75%以上的粮食作物类型，包括水果和蔬菜，以及咖啡、可可和杏仁等一些最重要的经济作物，都依靠动物传粉；海洋和陆地生态系统是人为碳排放仅有的碳汇来源；粮食、饲料、纤维和生物能源生产的大举扩张牺牲了自然对人类生活质量的其他许多贡献，包括调节空气质量和水质、调节气候以及提供栖息地等；可持续农业方式可以提高土壤质量，从而提高生产力并改善碳固定和水质调节等其他生态系统功能与服务；土地退化造成全球23%的陆地面积的生产力下降。

报告指出，如果不采取行动，全球物种灭绝的速度将进一步加快，而现在已经比过去一千万年的平均水平快几十甚至几百倍。按照目前的发展趋势，大多数"爱知生物多样性目标"和《2030年可持续发展议程》的目标将无法实现。鉴于生物多样性事关人类社会从天然药物、基本能源、食物供给、纤维供给到环境质量、气候变化等多个方面，必须结合经济增长、社会发展、环境治理等多方面因素统筹考虑解决方案。2021年联合国《生物多样性公约》第十五次缔约方大会在昆明召开，其预期的主要成果之一就是制定2020年之后的全球生物多样性保护框架，另外也需要在保护资金筹措机制方面取得突破性进展。

二、生态足迹的问题及其影响因素

生态足迹（Ecological Footprint）是对具有生物生产力的土地和水域面积的一种度量，基于通用的技术和资源管理实践，这些面积的土地和水域能够为个人、群体或单一活动生产其消耗的所有资源、承载其占用的城市基础设施以及吸纳其产生的废物。

而生物承载力（Biological Capacity）是指生物圈再生和为生命提供自然资源及服务的能力，由于包括人类生命在内的各种生命形态都在争夺空间和资源，地球表面特定的地域面积的生物承载力代表着其具备的可以再生的满足人们需求的能力。

生态足迹和生物承载力通常以全球公顷这一指标来衡量,代表了特定年份不同类型的陆地和水域面积在生物学意义上可再生能力的平均水平。

(一) 生态足迹与经济社会发展的关系

随着各国经济、社会发展水平的提高,对于资源的需求总量会相应增加,从而导致人均资源需求水平达到或超过全球人均生物承载力水平。生态足迹与经济、社会发展水平之间呈现出很强的相关性。

中国环境与发展国际合作委员会和世界自然基金会(WWF)在2008年就联合启动了关于生态足迹问题的共同研究,发布了《中国生态足迹报告》,这是中国第一次从生态足迹的角度,对于经济增长、社会发展、环境治理、生物多样性等方面进行的一次综合性研究。自那时起,中国生态足迹就一直受到各方面的关注。

地球上的每一个个体、群体或者单一的活动所产生的资源需求,城镇建成区的面积需求,以及产生的垃圾废物的吸纳,都可以用相应的一定面积的具有生物学意义的可再生的陆地和水域面积来衡量。由此,纷繁复杂的经济增长、社会发展、环境治理、个人生活等方方面面的可持续性问题,就统一转化为一个全球公顷指标。

根据全球生态足迹网络(www.footprintnetwork.org)发布的2017年全球生态足迹数据,全球人均生态足迹水平停留在2.8公顷,而人均生物承载力水平仅为1.6公顷,因此存在一个人均1.2公顷的生态赤字。将人均2.8公顷的生态足迹除以人均1.6公顷的生物承载力,比值为1.75,代表了2017年我们对于自然资源的消耗需要1.75个等量地球的资源才能保证可持续供给。

我们来关注一下全球生态足迹网络发布的2017年度全球相关国家生态足迹与人类发展指数的对比分析图。

图1中,横轴是按照联合国开发计划署《人类发展报告》提供的人类发展指数来标注的,从0到1代表了人类发展指数的高低。根据联合国开发计划署的划分标准,人类发展指数在0.550以下为低人类发展指数,介于0.550和0.699之间为中等人类发展指数,介于0.700和0.799之间为高人类发

指数,0.800 以上为极高人类发展指数。中国、美国、新加坡、卡塔尔对应的发展指数分别为 0.753、0.919、0.934 和 0.848,都属于高人类发展指数。纵轴体现了各国人均生态足迹水平与全球平均生物承载力比值的大小,从 0 到 1 再到上面更高的水平,每一个数字都代表了我们需要的资源所对应的等量地球数量。例如,中国的人均生态足迹是 3.7 公顷,与全球人均生物承载力 1.6 公顷的比值为 2.3,在纵轴上所对应的坐标就是 2.3,意味着中国老百姓在 2017 年的生活水平所对应的生态足迹需要 2.3 个等量地球资源才能满足。又如,卡塔尔的人均生态足迹是 14.7 公顷,与全球人均生物承载力 1.6 公顷的比值为 9.2,则其需要的资源供给水平相当于 9.2 个等量地球的供给能力。

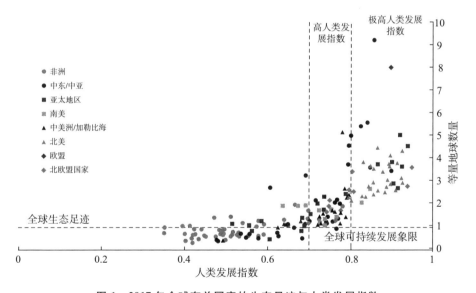

图 1　2017 年全球有关国家的生态足迹与人类发展指数

资料来源:全球生态足迹网络。

从图 1 我们可以看出,右下角区域代表了资源需求低、人类发展指数高这样的理想情形,几乎没有一个国家能够达到这样一种高可持续性的状态。与之相反,很多人类发展指数较高的国家往往需要相对较高的可持续资源供给能力。当然,也有一些发展阶段较低的国家,由于经济和社会发展水平落后,其对于自然资源的需求停留在人均生物承载力水平以下。但是可以预见到随着其发展速度的提升，它们对于地球生物承载力的要求也会迅速提高。

（二）生态足迹的组成部分及其影响

足迹就是指人类活动在地球上留下的印记及其产生的影响。生态足迹就是人类活动在生态学意义上对地球产生的影响，以及如何用一个可量化的指标来衡量进而通过相应的措施来抵消这些影响。下面我们来看看几种主要的人类活动的印记及其影响。

一是农田。农田是所有土地利用类型中最具生物生产能力的，它是由用于生产食物和纤维、牲畜饲料、油料作物和橡胶的土地面积所组成的。目前的农田生态足迹在计算时尚未考虑到耕作技术或不可持续的农业耕作方法可能导致土壤长期退化的程度。农田足迹包括分配给牲畜和水产养殖饲料混合物的作物产品，以及用于纤维和材料的作物产品。显然，人类生存与发展所需的粮食和衣物、各类牲畜所需的饲料、水产养殖的饲料来源等都依赖于农田，其所产生的生态影响就会以农田这种形式、通过全球公顷指标得以体现。随着人类生活水平的不断提高，发达国家人均粮食和油料的消费水平会相对稳定，而发展中国家和极端贫穷国家对食物、衣物等的需求会不断增大。此外，全球总人口的数量在逐步增长，人类生活水平的改善会导致人均食物消费量的提高，所以人类对于农田的需求会持续稳定地增长，进而对地球如何可持续地再生、恢复具有生物生产力的农田面积产生了巨大的压力。

二是林地。林地是除农田之外我们最熟悉的一种土地利用形式，在计算生态足迹时林地主要涵盖森林产品足迹和碳足迹。森林产品足迹是以一个国家每年消耗的木材、纸浆、木材产品和燃料木材的数量为基础计算的。碳足迹既包括燃烧化石燃料产生的二氧化碳排放量，也包括进口商品中的隐含碳含量。生态足迹中的碳足迹成分在计算时是通过吸收这些二氧化碳排放所需的对应的林地数量来体现的。大家可以清楚地看到，通过林地面积这样一个常规的计算指标，无论是森林产品所对应的林地面积，还是碳排放所对应的吸收等量二氧化碳所需的林地面积，生态足迹的概念及其账户体系已经把应对气候变化和生物多样性保护有机地整合到一起了。关注气候变化应对的人会注意到,我国在对外公布的国家自主贡献(NDC)中主要包含了森林蓄积量这样一个关键指标,如果要达成2060年碳中和的目标,我们就需要大量的针对二氧化碳的固碳措施。截至目前,真正具有大规模固碳效果的应对措施主要是增加森林的蓄积量。由此可以看出林地指标在生态足迹和生物承载力账户体系中的关键作用。

三是渔场。渔场足迹是基于对各种鱼类的最大可持续捕捞量的估计来计算的。根据不同物种的营养水平,将这些可持续捕捞量估算值转换为同等质量的初级生产力,然后将最大可捕捞初级生产力的估计值划分到世界大陆架的不同地区。需要说明的是,渔场足迹包含了捕获并用于水产养殖饲料的鱼类。考虑到无论是发达国家还是发展中国家对于鱼产品相关的蛋白质食物的需求都会保持稳步增长,上述不断增长的鱼产品的需求会相应地转化为对一定公顷面积渔场的生态足迹要求。此外,由于水产行业对于饲料产品的需求也会保持旺盛的增长势头,而饲料配方中包含鱼产品的成分,因此水产业的不断发展也会转化为对鱼产品捕捞量的需求,从而增大渔场生态足迹的影响。考虑到无论是鱼产品的捕捞还是近海养殖和内陆养殖都会相应增加对生态系统的保护、修复、可持续管理等方面的工作,以渔场面积为指标的生态足迹也会变相增大。

四是牧场。牧场是用于饲养牲畜以提供肉、奶、皮和羊毛制品的场所。通过将一个国家的可用牲畜饲料量与该年所有牲畜所需的饲料量进行比较,并假设剩余的饲料需求量由牧场来提供,可以计算出牧场足迹。牧场对于肉类、奶制品、皮毛制品的供给起到了不可或缺的作用。因此,随着经济的发展和人民生活水平的提高,一个国家与牧场足迹相关的全球公顷数量也会不断增加。这样就会面临以下两种情形:如果本国自有的牧场面积能够承载本国自己的生态足迹需求,那么就不会造成生态足迹赤字的外溢;反之,如果像中国这样国内的牧场能力不足以满足国内需求,那么相应的生态足迹赤字就会通过进口国外产品来满足,也就是说,需要消费他国的生物承载力来弥补本国的生态赤字。

五是建成区用地。建成区用地足迹是根据人类基础设施(交通、住房、工业设施和水电站水库)所覆盖的土地面积计算的。一般情况下,我们假设建成区用地占用了以前的农田。无论是交通设施、住房建设、工业设施还是水电站建设等,都需要占用农田资源。无论是在规划设计阶段还是在投资建设阶段,都需要关注建设用地的集约性。因为随着社会发展水平的提高,工业化和城镇化必然会导致大量非农业人口的聚集和增多,这势必会导致大城市和超大城市的出现,与之相对应的建成区面积也必然会显著增加。其直接后果是:一方面减少了农田资源,进而有可能降低粮食和纤维产品的产量;另一方面会大量吸引非农业人口转化为城镇人口,随之带来对住房、就业、交通、教育、医疗、环境治理等方面的系统性要求,而这自然会增大由建成区用地引致的生态足迹。

三、中国生态足迹的现状及趋势

如前所述,中国在2017年的人均生态足迹为3.7公顷,而同期的人均生物承载力仅为0.9公顷,存在2.8公顷的生态赤字。可以预期在未来的年份中,随着经济、社会发展水平的持续提升,生态赤字会进一步扩大。在这种情况下,如何兼顾中国的生物承载力和生态足迹?如何从人均消费和整个国家生产能力的角度来看待生态赤字问题?如何从生态足迹的构成来思考可持续生产和生活方式问题?这些都是中国在当前和今后应对气候变化及生物多样性丧失两大危机的过程中需要逐步思考与解决的重大课题。

(一)中国的生态赤字

每个国家和地区所拥有的林地、农田、草地、建成区面积和渔场面积之和形成了生物承载力的计算基础。一个国家所消费的生态足迹总量与本国的生物承载力禀赋之间并不一定相等。例如,加拿大这样地广人稀、生物承载力禀赋高的国家,其生物承载力禀赋会大于其居民所产生的生态足迹总量。因此,这样的国家存在生态盈余。中国的自然禀赋比较低,而人均生活水平又处于不断提升之中,因此生态足迹总量会大于生物承载力禀赋,导致生态赤字的出现。

图2显示,中国的生态足迹和生物承载力呈现出明显的差异。从人均水平来看,中国的生物承载力历年来保持了相对的稳定,基本维持在0.9公顷,低于全球平均1.6公顷的水平。反观生态足迹则呈现出快速增长的趋势。大约在20世纪60年代后期,中国的人均生态足迹就超过了人均生物承载力。也就是从那个时候起,中国的人均消费开始超出本国能够提供的可持续的生物承载力水平。2017年,中国的人均生态足迹维持在3.7公顷,明显高出全球平均2.8公顷的水平。

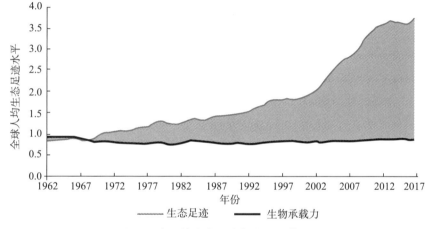

图2 中国的生态足迹与生物承载力

资料来源:全球生态足迹网络。

对比生物承载力和生态足迹两个人均数据,中国在2017年人均拥有2.8全球公顷的生态赤字,与全球人均生态足迹水平持平。也就是说,在中国的人均生态足迹中,有大约76%的生物承载力,要么来自对本国生物资源的过度消费,要么来自对他国生物资源的进口。中国自己能够提供的可持续的生物承载力,仅能满足该年度人均生态足迹的24%。

随着人均生活水平的稳步提高,尤其是在全国脱贫攻坚顺利完成后,中国的人均生态足迹在未来年份还会持续增长。而随着人口总量的日趋稳定,人均生物承载力指标也会长期稳定在0.9公顷这样一个水平。这样看来,在可预见的未来,中国的人均生态赤字还会进一步扩大。

(二)消费增长对生态足迹的影响

国内消费与经济增长之间存在相互依赖的关系。中国目前仍然处于总体 GDP 持续增长、人均生活水平持续提高、脱贫人口生活水平继续大幅改善的情况,因此人均消费水平会持续保持增长的态势。这就意味着我们的人均生态足迹会保持增长。中国的人均生物承载力是基本恒定的。所以中国的总体生态足迹赤字和人均生态足迹赤字都会保持一个持续增长的趋势。

年度统计资料中的社会消费品零售总额就是一个比较有代表性的指标。从图 3 可以看出,2012—2020 年社会消费品零售总额一直呈现出增长的趋势,由 2012 年 15% 的同比增幅逐步下降到 2015—2019 年约 10% 这样一个增幅,2020 年增幅由正转负更多的是受到新冠肺炎疫情的影响。如果刨除新冠肺炎疫情的影响,综合考虑过去若干年社会消费品零售总额的平均增幅,可以预见在未来年份社会消费品零售总额还将维持在 8%~9% 的增长区间。中国的人均消费增长会直接影响到生态足迹总额和人均生态足迹这两个指标。

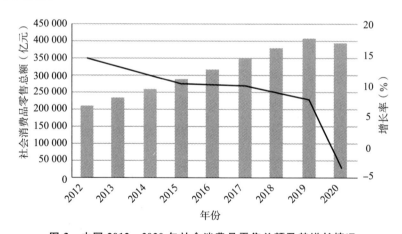

图 3 中国 2012—2020 年社会消费品零售总额及其增长情况

资料来源:国家统计局。

生态足迹是按照消费法来测算的,也就是说,无论当地生产活动规模有多大,生态足迹都只考虑当地居民的消费规模。以中国为例,我们的生产规模要大于国内消费的规模,多余的部分会通过净出口输送到其他国家。所以,仅就对自然环境造成的影响而言,如果从生产法的角度来衡量,中国对于本国以及其他国家的生物承载力提出的需求会更大。换言之,如果综合考虑在中国国土上实际消耗的各种自然资源的总量或者人均消耗量,我们在全球的排名还会上升。

(三) 生态足迹的构成要素对中国发展的影响

不断提升的人均消费水平对农田、林地、渔场、草场、城市住宅用地、能源等方面存在多方面的影响,导致所对应的生态足迹相应增大,进而对经济增长、环境治理、生态保护、应对气候变化等产生更大的压力。

首先,我们关注一下农田、林地、渔场、草场所对应的生态足迹的影响。图4展示了2010—2019年中国的粮油、肉禽蛋、水产、蔬菜等市场成交额的增长情况。可以发现,各个主要的粮油食品和副食种类都保持稳步增长的趋势,而上述这些组成内容都会直接或间接地对国内外的农田、林地、渔场、草场资源产生需求。随着国内人均消费水平的稳步提高、摆脱绝对贫困之后的脱贫人口消费水平的快速提升,以及人们饮食结构的变化,国内外农田、林地、渔场、草场的产出效率和供给能力也必须提高。

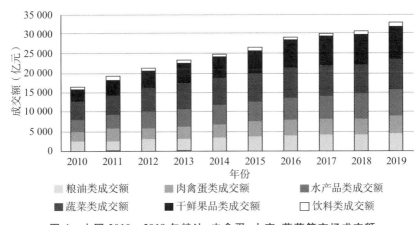

图4 中国2010—2019年粮油、肉禽蛋、水产、蔬菜等市场成交额

资料来源:国家统计局。

中国对于山水林田湖草沙采取了系统性的保护、修复、可持续管理政策措施,以保护生物多样性和提升生态系统服务功能。然而,由于农田、林地、

渔场、草场的数量是相对恒定的,因此中国对自然资源的需求会增大其对于国外资源的需求压力。

其次,我们展望一下能源消费的发展趋势,以便对碳足迹有一个总体认识。如前所述,由化石能源燃烧产生的二氧化碳排放是全球温室气体排放增量的主体,大约占到总量的65%,因此我们需要对与化石能源相关的碳足迹有一个切实的把握。

如图5所示,中国的能源消费总量在2011—2020年间从38.7亿吨标准煤上升到了49.8亿吨标准煤,这10年间的消费总量保持着一个稳步上升的趋势。一方面,由于人民生活水平需要不断提升,城镇化发展还在推进当中,农村人口的生活水平依然需要继续改善,因此与人民生活水平提升相关的能源消费的增长是一个不争的事实。另一方面,我们也需要认识到,无论是在新冠肺炎疫情出现前还是出现后,中国作为世界工厂的地位依然是相对稳固的,因此与生产活动密切相关的化石能源的需求也会保持相对的稳定乃至稳步增长。

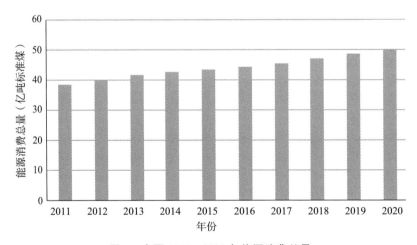

图5 中国2011—2020年能源消费总量

资料来源:国家统计局。

可以预期,在2030年之前中国的能源消费总量会保持持续增长的势头,这也就是我们把碳达峰的年限设定在2030年的原因。由于化石能源消费在2030年之前会保持增长,相应地会导致中国的碳排放和温室气体排放继续增长,因此中国会在相当长的时间内保持全球温室气体排放第一大国的地位。对应到生态足迹中的碳足迹口径,中国在未来年份中的碳足迹无论是在总量上还是在人均水平上都会持续增长,当然也会对抵消这些碳足迹所需要的生物承载力提出更高的要求。

我们再来看看生态足迹中的建成区面积对自然资源的影响。如图6所示,2011—2020年间,中国的房地产开发企业施工房屋面积保持着平稳增长的势头,从2011年度的500 700万平方米增长到2020年度的927 000万平方米,增长幅度是相当大的。

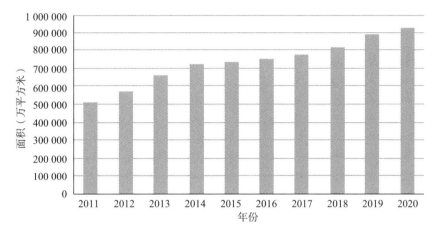

图6 房地产开发企业2011—2020年施工房屋面积

资料来源:国家统计局。

假设建成区面积是对农田的占用,则房地产开发企业施工房屋面积的发展趋势就可以大体反映出整个城镇化进程的趋势。未来年份城镇化进程的深入发展会对用地面积提出新的要求。鉴于中央政府对耕地保护重要性给予了高度重视,如何协调城镇化发展、工商业用地、城镇居民住房改善与保护农田之间的关系,是一个重要的发展问题。

通过上述分析,我们可以得到这样一个谨慎的预测,即在未来可预见的年份中构成生态足迹的农田、草场、渔场、林地、建成区面积、化石能源等因素都会保持现有的增长惯性。因此,中国的生态足迹体现在全球公顷这个指标上会持续增加,进而导致我们的生态赤字同步增大。

(四)生态保护与双碳目标协同发展

虽然面临气候变化和生物多样性丧失双重危机,虽然在未来可预期的年份中国的生态足迹会持续增加,但是我们依然可以通过全社会的共同努力来减缓、适应外部环境的重大变化。其中,需要特别关注基于自然的解决方案。

基于自然的解决方案(Nature-based Solutions,NbS)提倡通过积极利用自然和人工生态系统服务来实现可持续发展目标,包括诸多基于生态系统的方法,如自然基础设施、绿色基础设施以及基于自然的气候变化解决方案等。[1] 在应对生物多样性丧失和气候变化双重危机的过程中,除了人们熟知的常规解决方法,还可以从保护、修复、管理这三个方面提升生态系统的功能,以实现可持续发展目标。

在2020年12月召开的气候雄心峰会上,习近平主席代表中国政府提出了如下发展目标:"到2030年,中国单位国内生产总值二氧化碳排放将比2005年下降65%以上,非化石能源占一次能源消费比重将达到25%左右,森林蓄积量将比2005年增加60亿立方米,风电、太阳能发电总装机容量将达到12亿千瓦以上。"[2]

下面的两个案例可以说明基于自然的解决方案如何在碳达峰、碳中和方面发挥独特的作用。

第一个案例是如何从国土空间规划的角度统筹规划生态保护优先区域与可再生能源选址工作。2017年,大自然保护协会与国家发展和改革委员会能源研究所合作,启动了"生态友好的可再生能源发展规划研究项目"[3]。

相较于单纯从闲置土地、可利用土地、电力输送通道、可再生能源年度指标、能源开发企业资金和技术实力等常规方面规划、分配、建设太阳能光伏、风能发电项目,该研究项目运用发展系统规划方法(Development by De-

---

[1] 大自然保护协会编著,《基于自然的解决方案:研究与实践》,北京:中国环境出版社,2021年。
[2] 习近平,《继往开来,开启全球应对气候变化新征程——在气候雄心峰会上的讲话》,新华网,2020年12月12日。
[3] 大自然保护协会、国家发展和改革委员会能源研究所,《生态友好的中国可再生能源发展空间布局(2016—2030)》,2018年。

sign，DbD），将省级主体功能区划、生态保护优先区域与国家可再生能源（集中式风能发电和集中式光伏发电）可开发区域进行叠加分析，既兼顾了常规可再生能源的通用需求，又将生态保护的优先区域纳入规划视野，进而提出近中期生态友好的集中式风能/光伏发电发展空间布局和发展建议。

如图7所示，纵观2011—2020年不同能源形式在能源消费总量中的占比，虽然煤炭所占的比重在稳步下降，其他能源形式所占的比重在逐步上升，但是可再生能源的份额还是相当小的。当前，随着碳达峰目标的发布，可再生能源在2030年之前应该迎来新一轮爆发式增长。鉴于国家的生态保护红线制度已经确立，而可再生能源发展需要相应的土地资源支持，要想实现生态保护与碳达峰战略有机结合，就需要国家相关决策部门和生态保护专业机构不断创新，将先进理念和科学方法运用到实践中去。

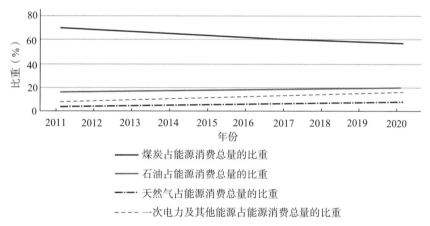

图7　中国2011—2020年主要能源形式占能源消费总量的比重

资料来源：国家统计局。

第二个案例是如何通过造林规划、造林实践、可持续林业管理等措施，提升林业在固碳方面的核心作用，确保国家碳中和目标的实现。

当前和今后相当长的时间内，森林蓄积量是碳汇增加的主力军，提升森林蓄积量就是一个最为典型的自然解决方案。2021年8月发布的《"十四五"林业草原保护发展规划纲要》提出了两项约束性指标，即森林覆盖率达到24.1%、森林蓄积量达到190亿立方米。图8显示，森林蓄积量与森林覆盖率在2011—2019年间取得了长足的发展，但是距离"十四五"规划目标尚有很大的提升空间。随着国家林业统计调查数据的新一轮更新,相信在未来年份的统计数据中会看到森林蓄积量和森林覆盖率的提升。

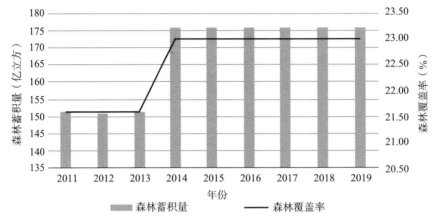

图8 中国2011—2019年森林蓄积量与森林覆盖率

资料来源:国家统计局。

总之,可持续发展与能否成功地应对气候变化和生物多样性丧失危机息息相关。应从经济发展、环境治理、生态保护和应对气候变化的统筹规划出发,注重生态系统的完整性和多样性,充分发挥生态系统服务功能,积极探索生态产品价值实现形式和生态补偿机制,通过提高可再生能源占比、推行可持续生活方式、推动可持续消费等措施缩小人均生态足迹增加的幅度,实现应对气候变化和生物多样性丧失危机的多重效应。

环境治理：废弃物处理流程的数字化改造*
——以危险废物收集处理为例进行的思考

张国有

人类不但生产有用物，还产生废弃物。废弃物通常被称作"垃圾"。当今时代，废弃物的增长率超过了有用物的增长率。如何认识废弃物、采用什么样的技术以及怎样处理，成为需要经常考虑的战略问题。现在处于信息社会的数字经济时代，可以尝试将以往的废弃物人工收集处理流程加入数字技术，在数字技术基础上将废弃物收集处理流程装备起来，提高效率和改善效果。本研究就是以废弃物中的危险废物收集处理流程为例，来看看废弃物收集处理流程经过数字化后将会有的变化和成效。

一、危险废物危害环境和人体健康，以往的处理流程令人担忧

废弃物是失去使用价值并要被抛弃的固体、流体垃圾。按照材料性质划分，则废弃物主要包括厨余废弃物（食物残渣、废料、泔水等）、纸类废弃物（废弃的报纸、包装纸、办公用纸、纸盒等）、塑料废弃物（废弃的塑料袋、塑料瓶、泡沫塑料、塑料餐盒餐具、硬塑料等）、金属废弃物（易拉罐、铁皮罐头盒、铅皮牙膏皮、废钢废铁器等）、玻璃废弃物（有色和无色废玻璃制品等）、织物

---

* 这是我们对浙江蓝景科技有限公司从事废弃物处理的数字技术平台进行调研后所撰写的报告。浙江蓝景科技有限公司成立于2017年12月，是一家从事城市可再生资源与城市数据信息开发、处理、经营的公司。该公司凭借行业认知、技术储备、废弃物处理、物联网等经历及数字技术，促进城市废弃物回收与低碳化处理，为企业和政府提供实体经营及数字化运营条件，实现城市可再生资源与数据资源的转换。

部分内容在北京大学远望15年中国发展座谈会上做过交流。

废弃物(旧纺织衣物和纺织制品等)、建筑废弃物(渣土、弃土、弃料、余泥等)等。其中还有一类就是危险废物,是指对人体和环境有危害的废弃物,例如废电池、废油塑料桶、医疗危险废物、废矿物油,甚至核废料等。

(一)危险废物收集难、转移难、处置难、监管难的问题长期存在

危险废物是指具有一种或多种危险特性(如腐蚀性、有毒、可燃、具有反应性及具有传染性等),或很可能损害环境或人体健康,从而需要被处理的固体及液体废物(包括工业及医疗危险废物)(见图1)。危险废物无论是对人体、土壤还是对环境都会造成很大的危害。

废包装材料	废乳化液	废矿物油	污泥	废油渣
HW49	HW09	HW08	HW08	HW08
900-041-49	900-006-09	900-203-08	900-210-08	900-215-08

图1　列入《国家危险废物名录(2021年版)》的相关危险废物

危险废物从产生、储存、转移、处置到资源化利用的全流程,情况非常复杂。一是产废企业众多,据不完全统计,目前全国的产废企业已达到3 000多万家,其中90%以上为中小微企业。单独一家中小微企业的危险废物年产量小,但产废企业数量众多,分布广、散、乱且不规律,致使产废源排查不清。二是总产废数量大,在《国家危险废物名录(2016年版)》[①]颁布时,全国工业危险废物产生量就已达5 347.30万吨,随着经济发展和中小微企业的增多,现在产废的规模更大。三是产废种类繁多,涉及行业广,《国家危险废物名录(2021年版)》包括50个大类467个小类,几乎遍布各行各业。四是具有处置资质的企业数量少,目前全国具有处置资质的企业仅有2 149家,

---

① 《国家危险废物名录(2016年版)》于2016年3月30日修订通过,2016年8月1日起施行。《国家危险废物名录(2021年版)》已于2020年11月5日经生态环境部审议通过,2021年1月1日起施行。

这些企业分布零散,规范性差。

产品在制造和运输过程中,经常会产生不同的危险废物,例如废油、废乳化液、废机油桶、车船废机油、油污水等。有些城市,中小微企业多,危险废物处理处于散、广、小、乱、杂的状态。例如,类别杂多,回收分散,回收方式单一,收集环节多、效率低,加工处理方式落后;由于回收不规范、运输不规范,增加了各处置环节的处置难度;政府监管人员有限,仅凭现场观察监视、临机处置,常常监管不到位。鉴于上述原因,危险废物的非法转移、非法储存、非法倾倒等违法行为经常出现。相关行业危险废物收集难、转移难、处置难、监管难的问题长期存在。这些问题长期困扰着城市环境治理,同时也危害着民众健康。

(二)对危险废物进行处理,企业、政府虽然采取了不少措施,但收效甚微

比如,在浙江一个地级市的一个区,从事机械与塑料模具加工的中小微企业很多。在使用机床加工各种模具、工件的过程中,需要使用机油、乳化液等不间断地进行润滑、降温,由此会不断产生废机油、废乳化液、废油泥、废油桶等危险废物。2019 年,这个区类似这样的产废企业有 4 427 家,95%为小微企业。有的小微企业有 5 台机床,循环使用润滑机油,一直到实在不能再用的时候才放弃。这样的话,一年产生的废机油还不到 50 公斤,平均每天才 0.14 公斤。这么小的量,随便倒到下水道中是常有的事。由于中小微企业太多,达成千上万家,如果每家企业都这样做,环境后果不堪设想。

区里中型、大型的机械加工企业管理相对比较规范,废机油、废钢屑等都有专门的放置位置,有专门的收集方式,但危险废物处理流程也不尽合理。现在的模具加工设备,多是数控机床,不用手工操作,由技工操控计算机进行加工,但仍然会产生废金属、废机油、废乳化液等危险废物。由于缺少特别的回收设施和回收服务,产废单位有可能随意丢弃或排放。例如将车间用过的废油壶混入生活垃圾中,将船上的废机油倒入海中等。即使有了回收服务和回收设施,由于量小、类别多、回收价值低、转手及运输环节多等,产废单位、运输单位、处置单位缺乏主动处理的积极性。回收后对危险

废物的处理,主要以城市环卫机构和非专业性企业为主,其处理技术和处理方式比较落后,难以进行无害化处理和循环利用。

上述情况致使危险废物处理流程的成效比较低,由于小微企业面广、量大、危险废物种类繁多、情况复杂,政府机构也监管不过来。整个局面处于死不了、活不旺的无奈状态。对危险废物采取有序有效有益的措施加以规范处理,历来都是社会关注的一个大问题,企业、政府虽然采取了不少措施,比如目前在全国范围内推广的小微收集点建设,但因为增加了二次仓储、二次运输成本,反而造成小微企业环保处置成本偏高,收效甚微。

(三) 以往的危险废物处理实体流程环节多,长期积累,积重难返

以往的危险废物处理实体流程从产废企业开始,包括产废企业、经手分类的个人或机构、各运输环节、处置厂在内,我们经过实地考察发现,其前后大概要经过九个位置和八次交换(见图2)。

图2 从产废源到处置厂的九个位置及八次交换

我们看到的情况是:从产废源即产废企业开始,危险废物被卖给收废品的个人、摊贩或成建制机构。这些人和单位对收集来的危险废物稍加整理后,用三轮车等简易的运输工具将其交售给城乡小型中转站进行初级分类处理。小型中转站经过分类整理,用农用车等较大一些的运输工具将危险废物交售给城乡中型中转站进行二次整理分类。中型中转站将整理分类后的危险废物交售给大型中转站,后者继续整理或分类,将废蓄电池、废机油等危险废物集中交售给处理废蓄电池的、处理废机油的等不同的处置企业进行资源化处理。

就上述产废—中转—处置过程来看,从产废开始,不考虑运输转换,中间有A、B、C三个周转环节(见图3),加上前面的产废源和后面的处置机构,

合起来有五个环节。实际情况并非都是这样,有的危险废物的流转环节可能更多也可能更少。有的危险废物到了 A 级中转站后,就被直接送去焚烧或填埋了。

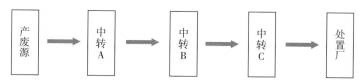

图 3　不考虑运输过程从产废源到中转及处置的五个环节

就费用及交售价格来看,不同类型的危险废物有不同的交售价格或周转费用。除个人及摊贩外,城市环保卫生部门有专门的流程来收集和处理危险废物,这方面的费用通常由政府支付。还有一些危险废物则通过市场进行转换交易。例如,对于医院里的医疗危险废物,有的医院有专门的处理流程,有的医院则直接与个人、摊贩或有规模的民间收购机构进行交易。医疗危险废物中的废塑料针管、医用玻璃瓶、塑料瓶、橡胶管、药棉纱布、口罩手套、防护服、床单被褥、手术刀等危险废物资源化的价值大,交易价格也相对较高。

各周转环节层层加价,到处置厂的价格就是危险废物最后的周转价格,该价格构成处置厂的原材料成本。据介绍,某些机构里处理危险废物的部门或个人将危险废物卖给收废品的个人、摊贩或机构,交售价格(或回收危险废物的收购价格)取整数,假定为 600 元/吨(0.6 元/公斤);而到了小型中转站,其价格约为 1 200 元/吨(1.2 元/公斤);到中型中转站约为 1 800 元/吨(1.8 元/公斤);再到大型中转站约为 2 400 元/吨(2.4 元/公斤);最后到处置厂时,交售或收购的价格就变成 3 000 元/吨(3.0 元/公斤)(见图 4)。①

图 4　从产废源的初级收购价格到处置厂的收购价格

---

① 危险废物的种类有很多,包括废蓄电池、废机油桶、废乳化液、船舶油污水等,其中有的可计价周转售卖,有的则难以计价周转售卖;有的有周转价,有的则没有;有的通过民营机构,有的则通过政府机构;甚至有的情况下,产废企业还要向处置机构支付处理费用,否则处置机构不收,例如核废料的处置等。

图4的流程因不同的危险废物、不同的区域、不同的周转方式而经历不尽相同的环节。其中的价格也不都是精准划一的,实际情况要复杂得多。图4的流程主要用于说明问题。在没有更好办法的情况下,这种实体流转模式以不同的形态在各地存在。

这一流程和模式存在多方面的不合理之处。例如,产废个人和单位非常分散,收集不规范,潜在的环境污染问题较多;即使在可收集、可售卖的情况下,流程环节也过多;不同的商贩、大小单位加入其中,没有资质或资质不一,难以规范,难以保证环节处理质量;由于复杂多变,政府主管部门难以监管;各环节的费用价格不明确、不稳定,上例中,从600元起始的收购价,到处置厂时为3000元,中间的差价达2400元,这样的环节及差价容易滋生交易黑市。长此以往,这种实体流程的问题会越来越突出,最终造成积重难返。

现在的世界处于信息社会的数字经济时代。如何在以往的实体流程中加入数字技术,在数字技术基础上将危险废物处理流程装备起来?我们继续以危险废物为例来看看危险废物处理流程经过数字化后的变化和成效。

二、 对危险废物实体流程进行调整改进和框架分析设计

我们将实体流程分解为两种模式:一种是原始的模式,即原来是什么模样就是什么模样,原封不动地展示出来,前述展示的大致就是原始的模式;另一种是改进的模式,是对原始模式按合理性规则进行改进、重新设计后的模式。对改进的模式要先进行框架分析,鉴定其合理性。

(一)剔除不合理的部分,整理成产废—收集—转运—处置四个环节

传统流程包括九个位置、八次交换。经过评估和分析,可以将其精简为四个位置、三次交换,大大减少了中间环节(见图5)。

图5　从产废源开始到处置厂中间只有两个环节

四个环节均有各自的关键点。产废源的关键点是：主要产出的是什么样的危险废物、传统办法如何处理、希望用什么新办法进行处理、费用上有什么考虑、对政府政策有什么期望、所用办法是否简便可行、是否对企业有利。收集环节的关键点是：谁来收集、如何收集与分类、收购价格如何确定、如何与运输企业相连接等。转运环节的关键点是：谁来转运、如何转运、如何将产废企业和处置企业连接得更好、谁来支付运输费用等。处置环节的关键点是：能否接收危险废物、能接收哪类危险废物、接收的价格如何、处理后的效益怎样等。就整个流程而言，从产废到处置，关键在于考察其流程的合理性、简约性、社会性，以及全流程成本-收益状况，看看全流程能否构成一个自运行的系统。

（二）将四环节流程用市场机制进行串联

对四环节流程用市场机制进行串联，就是不要政府部门强制就可自主运行的机制。传统的流程是在政府指令管理下，用激励和惩罚管理的方式推动的，而市场机制则需要以企业为主并促使其主动运行。例如，政府给经营这个流程的平台企业以政策上的支持；平台企业设计新流程并设计新规则，策划新机制。例如，稳定中间的运输价，使相关环节都有积极性。又如，增加起始收购价，比如将医疗危险废物的收购价从600元/吨提高到800元/吨，使收购方更愿意主动收集交售；同时，降低给处置厂的交售价，将其从3 000元/吨降到2 400元/吨，由此降低原材料成本，使处置企业更乐意收购。平台企业可将中间运输委托给相关的运输公司，按商定的运输价格和规则进行转运。能外包的则外包，平台企业可专做自己擅长且对自己有利的事情。流程及流程相关辅助事务，能按市场机制运作的尽可能按市场机制运作。

（三）对改进后的流程进行价格、收入、盈余等利益机制的激励

流程的自主运行需要利益机制的激励，没有利益激励，流程就难以自主地持久运行。假定运输费用为200元（未按吨公里计，这里仅是框架性思考,未做细化分析)。按传统流程,各环节各赚自己的差价。最后,处置企业的原材料成本为 3 000 元。如果经过处置厂处置,资源化后的产品售出价为 5 000 元/吨,除去原材料与加工成本,利润为 800 元,利润率为 16%(这只是为说明问题对传统流程进行的框架性概算,并不是完全真实的情况)。

改进的流程,中间减去了三个环节,就省掉 1 800 元。若初始的收购价为 800 元,中间的运输费用为 200 元,最后的交售价为 2 400 元(见图 6)。平台企业运行这个流程,其花费为:初始收购 800 元+运输 200 元,然后用 2 400 元的价格将危险废物交售给处置企业,这样其就获得 2 400 元收入。平台企业自身的经营成本为 1 000 元(收购+运输),则还有 1 400 元的盈余。同时,处置企业的成本降低了 600 元(3 000-2 400),加工成本不变,利润变成 1 400 元(800+600),处置企业的吨利润率上升到 28%。当然,这也是一个框架概算,只是为了说明其中的激励机制。

图 6　改进后的利益机制激励流程

改进后的流程架构与利益机制,能够使产废企业觉得简便可行、有利可图;运输企业收入稳定并有所增加;处置企业盈利增多,愿意多收;政府不用太操心,只要定好调控规则和监督各方面契约的执行,统一按规则通过市场机制进行激励即可。这种机制下,相关企业和机构都愿意把事情办好,政府也高兴,愿意积极支持。这样的框架设计缔造了一种各方都愿意主动推行的机制。

三、 在合理框架上进行数字孪生,形成危险废物处理的数字技术系统

(一)双系统合一,共同解决危险废物管理流程的效率和效益问题

有了比较合理的框架设计,接下来就要组织技术人员对流程进行数字

孪生,建模、分析、写码、编程,形成"对危险废物进行辨识、收集、运输、交付、记录、智能处理、反馈的数字技术平台系统"①。这就是在对以往危险废物处理的实体流程进行整理的基础上进行数字孪生,开发软件系统,根据软件需求,进行相关硬件的开发与试制,将危险废物处理流程转换成数字化管理系统:一是实体系统,即看得见的废弃物运转;二是数字系统,即渗入实体系统中并操纵着废弃物运转的数字管理系统。双系统合而为一,共同解决危险废物管理流程的效率和效益问题。这个流程和以往的区别在于:一是流程环节精简,二是建立利益机制,三是实现数字孪生。

(二)数字孪生,构建虚拟的危险废物处理的数字技术网络平台

以数字技术为依托,构建危险废物回收—处理—监管体系。

第一,考察现在的危险废物处置的实体流程,将其在计算机上展现为框图或者图形,展示各个环节及其相互之间的关联,形成新的流程环节结构。

第二,将各环节的功能、设施、设备、能力、能量、投入的资源、产出的结果、成本费用、基本问题等数据标示在适当的位置上。

第三,分析流程的目的及功能,分析各环节构成的合理性,按照合理性进行新的设想、设计,形成合理适用的危险废物处置流程。

第四,根据合理适用的总体流程设计,按照各个局部的特点考虑采用互联网、物联网、大数据、云计算、区块链、人工智能等数字技术,将其转化为虚拟网络平台。

第五,虚拟网络平台形成后,和实体流程结合成孪生机制,相辅相成进行运行。两个流程同时进行,一个在线下,一个在线上,通过互联网、物联网连接起来。

第六,不断升级数字软件系统,同时不断调整实体结构,使二者更加协调,成效更好。

上述最大的挑战和最大的工作量在于构建虚拟的危险废物处理的数字

---

① 蓝景科技在2017年以前用了一年半的时间进行软硬件的构思、设计、开发、制造。约70位开发人员参与其中,花费资金2 000多万元。这个系统于2017年开始运行,到2020年上半年已经迭代了三版。线上、线下成功运行,效果较好。

技术网络平台。这个过程本身就是数字孪生过程,就是产生"实体流程—虚拟流程"这个"双胞胎"的过程,也是实体流程数字化的过程。在这个架构的基础上来构建危险废物处理的数字技术网络软硬件总体结构。

(三)制造云仓,将云仓分别配置在产废单位,收集危险废物及其数据

不同类型的机构设置不同的危险废物收集装置,称其为"云仓",意即可以上云的仓储设备。图7为汽车修理行业用的云仓,是用来收集废蓄电池、废塑料桶等危险废物的装置。图8为医疗行业用的云仓,是用来收集医疗针管针头、医疗塑料制品、防护用危险废物的装置。

图7 汽修业危险废物云仓

图8 医疗危险废物云仓

还有大型的废机油或油污水的云仓,容量可达1吨及以上。企业可以根据自身的需要,放置一个或多个云仓。维修行业的危险废物,例如废机油塑料桶,放进云仓后会被云仓自动粉碎,以便减小容积占用。图9就是废机油桶粉碎后的情形。图10是对进入云仓的废油桶进行的重量和个数的记录:这个仓已有129个废机油桶被粉碎,仓内已有14公斤废料。

废金属桶罐放入云仓后会被云仓自动进行粉碎,以便缩小体积。医疗行业的云仓同样分类设置,例如分为感染性医疗危险废物、医疗废弃塑料等,废针管等物品应放在感染性医疗危险废物云仓内。危险废物被收集进仓之后,都会在屏幕上显示出废机油滤芯、油渣、油漆桶、防冻液桶、活性炭、吸音棉、含油塑料、废矿物油等被处置的数量及余量等。

图 9　废机油桶粉碎后的情形　　图 10　入仓后的数据记录

云仓是个标准化容器。存放危险废物的云仓根据产废行业、产废类型以及产废量进行研制,分类存放不同的危险废物,达到防腐、防渗、防漏等环保与安全要求。云仓所具有的模块化、一体化、标准化特点满足不同行业、不同规模企业危险废物的储存需求。云仓也是个智能传感器的集合体。危险废物云仓集成 GPS(卫星定位系统)、称重传感、满溢检测等传感器将危险废物的各类数据上传云平台,实现危险废物数据的实时监测与显示。

云仓还可进行低功耗 NB-IoT(窄带物联网)无线通信。危险废物云仓采用 NB-IOT 无线通信,配备四节五号干电池可使用周期长达 3 年。通过无线通信将分散的企业云仓连成网络统一监督与管理。云仓通过物联网通信标准协议 MQTT(消息队列遥测传输)与云平台进行通信,既保证通信质量,又兼容后续不同类型设备的扩展,同时为对接其他监管平台提供标准 API(应用程序编程)接口。

通过智能云仓,可及时掌握哪个地方投放了什么危险废物、投放了多少、什么时候投放的等信息,并对投放的固体危险废物进行粉碎、液体危险废物进行分离等减量化处理,从而实现精准分类,提升收集效率,节省仓储成本。实现危险废物从产生、运输到处置再利用的全过程数据链,为推行"谁生产谁负责,谁使用谁交费"创造了条件。

通过危险废物云仓,为产废单位设立标准化、规范化的危险废物储存仓库。云仓通过视频监控技术,监控企业危险废物日常储存管理;通过对危险废物管理过程中的数据产生、数据转移与数据处置,自动生成企业危险废物的电子台账,为环保部门提供危险废物监控数据和电子联单,为危险废物的有效监管提供决策支持。

(四)地网+天网,形成危险废物收集—处理的数字技术架构

配置在各个企业、各个机构的云仓,通过网络连接起来形成"地网";各个云仓自动上传数据,形成云上的数据处理平台,即"天网"。天网连接地网系统,实现从企业碎片化到行业一体化的改变,形成产业数据池。通过云计算,集聚行业需求,减少供应链中间流转环节,重塑产废企业供应链、产业链、价值链,为降本增效赋能。通过铺设地网和搭建天网来收集、上传、集中数据,建设线下线上融合的信息系统。在线下,一企一仓或多仓收集预处理各类危险废物及其数据。在线上,通过产废单位云仓自动上传的数据进行统一的云平台管理,在源头进行危险废物分质分流后,以统筹化方式直接运输到相应处置单位进行集中化处置,完成危险废物收集—处理闭环(见图11)。

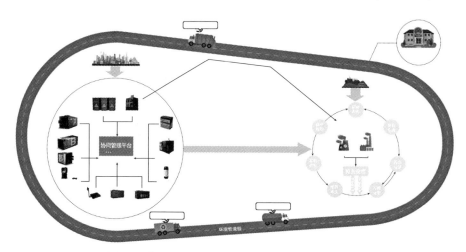

图 11　地网+天网,形成数字技术架构和流程闭环

危险废物收集—处理数字技术云平台(见图12)包括基础层、持久层、服务层、功能层等不同的结构层次。各个层次分别履行各自的职能,共同服务于平台的运行。

危险废物收集—处理数字技术平台数字技术架构涉及以下三个方面:

一是云计算技术。危险废物云仓通过物联网通信协议与云端 MQTT 服务器进行通信、上传数据,而数据的计算和处理全部在云服务器上进行,可根据实际的数据量和业务发展情况对计算资源进行弹性扩展。而不同的终端(电脑端、移动端等)通过 API 的方式使用云平台,能够快速、低成本地享受定制化的服务。

二是大数据技术。危险废物处理数字技术系统采用大数据存储、数据挖掘、大数据可视化等大数据技术方案,对危险废物产业大数据进行清洗、分析和数据挖掘,为政府提供危险废物产业精准监管和决策支持。其中的大数据存储的云平台采用 Hadoop 作为大数据存储解决方案;采用 Spark 作为数据挖掘的计算框架,通过 Spark 计算框架对海量危险废物相关数据进行处理,最后根据用户类型选择性地提供可视化结果。而在大数据可视化方面,危险废物云仓分布图要精确显示出每个云仓的具体位置、流转图以及危险废物相关数据处理后产生的大量报表以及数据看板,需要在地图上显示出大量的点、线以及数据,物联系统目前采用 Mapv 开源框架来实现大量数据的展示,在优先的前端资源下提升大数据的可视化性能。

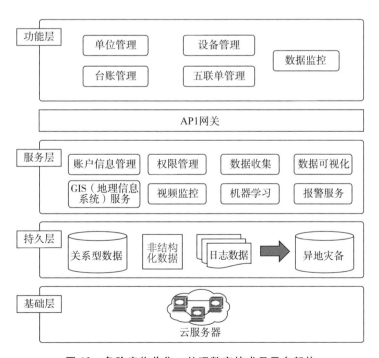

图 12　危险废物收集—处理数字技术云平台架构

三是区块链技术。危险废物处理数字技术系统采用联盟区块链为危险废物转移联单制度提供了解决方案，保证危险废物相关数据的真实性、完整性与可靠性。系统采用分布式数据存储，在点对点的网络上，每个节点都保留一份危险废物相关数据的完整备份，除非所有节点的危险废物相关数据都被破坏，否则危险废物相关数据就不会丢失，保证了危险废物相关数据的安全性与完整性。危险废物相关数据经加密后在区块链网络中传播，危险废物相关数据拥有者可以与特定的组织或个人分享，而网络中的其他组织或个人只能得到加密后的危险废物相关数据，无法获得危险废物相关数据的实际内容，这样可以防止对危险废物相关数据的非法盗取与非法使用。区块链通过时间戳等技术构建起对危险废物相关数据的历史数据的全程真实记录，这些数据是不可篡改的，并且也是加密的。区块的完整历史记载与链的共识验证相统一，可以对每一项数据进行检索、查找和验证。这使得产废端、运输端、处置端以及监管端的行为、数据、信息都是可以溯源的，从技术上消除了黑客入侵篡改数据或权力机构后台篡改数据的风险，杜绝了由数据真实性引发的各类问题。

危险废物处理数字技术系统，其运行主要由收集端（危险废物云仓）、产废端的危险废物管理App（收集宝）、城市云管理平台（云平台）三个部分来控制。平台系统将危险废物的产生、转运、处置、监管等连接在一起。

可视化展示。通过对危险废物的产废数据、转移数据、处置数据进行清洗、挖掘与分析，将危险废物各数据按不同类型、不同区域进行展示，成为危险废物处理可视的云管理平台。

平台云存储数据流并进行实时更新，通过智能云仓信号的反馈，介入谷歌、腾讯、百度、高德四家机构的地图，通过GPS实现对物流车辆的运输路线规划及运输过程的可视化，通过处置企业的危险废物接收量实现对处置企业处置力的可视化。在可视化页面上，自动标示出进入系统的企业个数、管理的设备台数、产废点分布、产废情况的各种统计等。平台企业、政府主管部门可以清晰地观察系统各方面的运行情况。

四、云仓、地网、天网的铺设及系统的整体运行

（一）在机械加工行业，云仓、地网、天网的铺设及系统的运行

在工业固废回收领域，截至 2021 年 10 月 11 日，在台州、宁波、无锡、南京等地，已铺设云仓 13 950 个，服务企业 13 032 家，降低市场处置成本 44%。考虑到中小微企业的实际情况及试点的需要，有的铺设费用由政府支付，但每年的服务费还是由企业承担。

不同的危险废物有不同的设备设施进行贮存和预处理，这样可以极大地提高运输和处置效率。有了这样的处置系统就能够不断接收来自产废企业的危险废物，进入收集—处置闭环（见图 13）。截至 2021 年 10 月 11 日，台州、宁波、无锡、南京等地已累计收集危险废物 3 795.83 吨，转移处理达 3 643.22 吨。

图 13　不同的危险废物处置装置

经过处置，有的危险废物可再商品化。例如，废油经处置后变成再生油和再生水。废乳化液分离后形成 95% 左右的水、3% 左右的基础油和 2% 左右的废油渣。再生油还可用于机加工过程，再生水可用于清洗地面等。

在政府部门监管端，主管部门可以通过可视化平台实时掌握危险废物动态数据，从投入云仓开始，到统筹运输、集中处置，实现全流程数字化监管，精准管理（见图 14）。系统数据可以向监管部门开放共享，促进政府科学决策，有效控制污染源。

交叉管理，缺少联动治理　　VS　　全流程数字化监管

图 14　政府监管从过去的交错复杂的关系转向一个可视化平面

在供应商领域，运用从危险废物处理中获得的供求大数据开辟正品直销通道。例如，通过天网大数据，在油品方面，可向油品供应商集中采购，减少中间环节。对用油企业来说，这既带来了采购便利，又降低了企业用油成本。对油品供应商来说，可以建立直接到达终端的渠道，培育相对稳定的用户，实现集约销售和供给。

（二）在船舶行业，船舶危险废物收集—处理数字技术一体化系统

运输船、渔船等各类船舶的危险废物，包括含油废水、残油、船用废铅酸电池以及船上的各种生活废水、生活垃圾等。由于船多，吨位大小不一，出海返回时间不一样，危险废物处理难以自律和监管。放置在港口的云仓是大云仓，根据港口船舶出入规律，铺设不同容量的船舶危险废物收集与处置云仓（海洋云仓）。云仓容量不等，有 3 吨、5 吨、18 吨、20 吨、30 吨等。

船舶到岸，船上的油污水通过运输车随时输入港口云仓，云仓确认和记录输入量、时间、船舶号、操作人等。云仓中的油污水达到云仓设定的清运阈值（如容量的 80%）前或整片港域内各个云仓的经济清运频次时，运输车就会过来，将油污水从云仓中转到运输车中，并再次确认输出量、剩余量、时间及操作人员等。

还有一种方式，就是安排专门的船只和专门的人员上船收集。图 15 中，左方的船只就是水上收集船。收集后仍然由转运车运输到处置企业。

图 15　水上危险废物收集船

船舶靠岸将油污水转运到港口海洋云仓,再由海洋云仓转运到处置企业;或者由水上收集船收集后转运到处置企业。不管哪种方式,都和前面的机械加工的废机油地网+天网的处理机制是相似的。

在港口,对转运—处置进行总量规划和路径规划。合理划定运输线路,统筹相关区域专业运输车辆的合理运输;计算各个点上云仓容纳污染物的类别、数量、时间等,使船舶废弃物的收集—转运—处置能够有序高效低成本地运行。

(三) 船舶危险废物处理可视系统的信息监测

船舶危险废物处理的监测通过可视系统来进行。其信息监测系统可自动获取 AIS(告警指示信号),收集、分析、预判船舶污染物的产生与排放数据(见图 16)。

例如,2020 年 4 月 3 日的检测信息包括以下几种。

(1) 产废源:渔港 2 座,系统联网渔船总数 4 922 艘。

(2) 运输情况:运输企业 1 家,转移次数 54 次,运输量 235.26 吨、1 309 桶。

(3) 处置情况:处置企业 1 家,处置量 235.26 吨、1 309 桶。

（4）物联设备情况：物联设备总数2台，当月处置13.48吨、74.89桶，已完成联单54单。

（5）第三方服务单位情况：服务单位——浙江蓝景科技有限公司，转移总量235.26吨、1 309桶，总接收次数394次，外籍船接收次数104次。

（6）给船舶设置污染处理情况的船舶健康码，分绿码（污染处理状况好）、黄码（污染处理状况一般）、红码（污染处理状况不好）。从显示情况看，当日污染处理状况好的船舶133艘，污染处理状况一般的船舶0艘，污染处理状况不好的船舶4 789艘。

（7）同时可显示某个城市船舶近15日或近1年污染物收集总量的变动曲线图。

（8）如果要从系统查看某艘船舶的情况，可以点击查看。例如，点看"浙岭渔×××××号"渔船，可看到该渔船的联系人、电话、总行驶里程、正在行驶中的航向、行驶速度、主机功率、所在经纬度等信息。

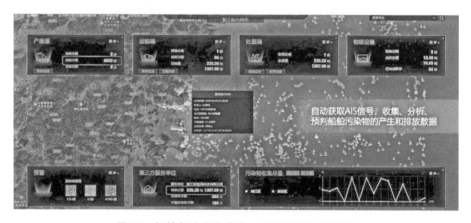

图16　船舶危险废物收集—处理可视系统监测

从危险废物数字技术系统可以收集、显示、监测相关船舶的位置、航行、能源消耗、污染及处理等各种情况。这些情况可提供给平台企业运营所用，也可提供给海事部门、港航口岸和渔业管理局、海洋与渔业部门、交通运输部门、市政管理部门、生态环境部门、海关部门等政府部门管理所用。

船舶危险废物数字技术处理系统和以前的人工系统相比，人工可节约94%，收集处理的年支出费用可降低79.95%（2020年数据）。

同时，船舶危险废物数字技术处理系统运行结果将形成有价值的大数据库。这个大数据包括与政府各相关部门形成的智慧管理数据信息、五联单数据信息（产废端船员的接收联单、收集端收集员的入仓联单、储存端驾驶员的运输联单、运输端驾驶员的接收联单、处置端过磅员的危废联单等电子联单产生的数据）、船舶危险废物处理的物联数据信息（产废船舶、收集船、海洋云仓、运输车辆、处置单位、运营单位以及船舶航行运营所需的各种物质资料等物联数据）等（见图17）。

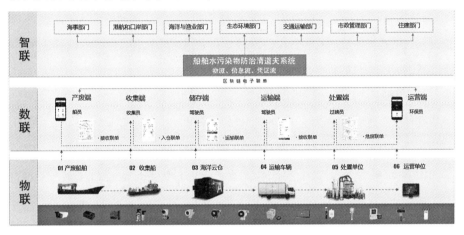

图17　船舶危险废物处理系统中三流合一的数据汇集

这个大数据除了有利于进行危险废物处理，还可以利用其进行延伸，经营船舶用各种物质资料。船舶生产运营部分物质资料，如汽油、柴油、润滑油、蓄电池、无线设备等，都可称为有规模的消耗。甚至出海所用的矿泉水都是大规模的消耗。如果能掌握这些数据，就可以和相关企业（如油品供应企业、食品饮料企业、船用消耗品企业等）商议，折扣销售给船家，用以鼓励自动进行污染物收集。这个由大数据启动的链条具有重要的市场意义和经营价值。

五、废弃物收集—处理数字技术系统运行成效的评价

在数字技术系统运行一段时间后，需要对其成效进行分析和评价。截至2021年10月，城市废弃物收集—处理数字技术平台已建设及系统运行了

四年,对包含危险废物的各类工业固废和海洋船舶危险废物等领域的治理成效还是比较显著的。以下从三个方面进行考察。

(一)建立起有效的废弃物处理数字技术系统具有重要的经济社会影响

1. 智能云仓的研发及功能世界领先

废弃物处理数字技术流程的基础节点在智能云仓。智能云仓与平台连接,内嵌各类传感器,具备污染物智能分类接收贮存、源头"无人化"预处理减量、人机交互智能操作、故障告警和危险废物数据自动采集等功能。在产废源头自动进行预处理,支持物联网、大数据、智能算法、区块链等信息技术,设备单体或组合体均可物联组网,通过与平台数据交互,对接并调度后续的收集、运输、处置企业,自动生成电子联单。目前国内外还没有与智能云仓技术应用和功能集成同类的产品,因此该产品具有世界领先水平。

2. 建立废弃物处理数字技术平台,提供了数字化改造的范例

废弃物收集—处理数字技术系统建立起标准化废弃物收集、转移、处置体系,实现各类废弃物处置全流程数字化监管与溯源,力保各类废弃物特别是危险废物得到安全妥善的处理和处置。

该系统运用云计算技术进行数据挖掘和分析,聚焦企业需求,减少供应链中间流转环节,提供信息流、物资流、资金流的全流程闭环运行,创建了不同于传统的废弃物回收—处置流程的运行平台,实现了废弃物从产生、运输到处置再利用的全过程数据链,为推行"谁生产谁负责,谁使用谁交费"打下了基础。

3. 为政府解忧,构建政府的智慧废弃物管理体系

废弃物收集—处理数字技术系统为政府监管工业固废、海上船舶污染物等城市各类废弃物处理提供了数字技术平台。废弃物处理从原来由政府主导变成了各方参与废弃物分类的新格局,显著减轻了政府的负担,实现了政府监管职能的归位。该系统为政府提供各行各业各类废弃物产废、运输、处置的数字化分析报告,做到废弃物管理全流程预知、预警、预判,有利于落

实废弃物(特别是危险废物)的污染防治责任,实施全流程精准环境监管执法,提升对废弃物的监管和应急能力。

4. 对废弃物进行处理,形成各方愿意主动参与的正向激励效应

通过产废端有偿回收、运输端缩减中间流转环节、处置端缓解供需匹配矛盾,合理确定成本、价格、收益,降低费用,增加环节收益,实现废弃物回收处置的多方共赢;让废弃物分类回收从政策被动转为利益驱动的主动自觉,减少对财政补助的依赖,政府愿意积极支持,各方主动性高,愿意积极参与。

5. 为环境解围,社会价值大

废弃物收集—处理数字技术系统线上线下的实施,有效地改变了废弃物"小、散、乱"的回收状况,使废弃物回收更加规范化、人性化及信息化。该系统对高风险、高污染、高危害废弃物回收实现全流程监管控制,效果显著。该系统还大幅减少了城乡接合部原本存在的垃圾临时堆放加工点,避免了治安、消防、环保二次污染的隐患,具有显著的社会民生意义。

(二)在陆地板块,废弃物收集—处理数字技术系统运行管理具有明显成效

废弃物收集—处理数字技术系统在陆地板块运行管理累积的成效显著。在浙江台州、宁波,江苏南京、无锡等地,服务相关企业和机构13 032家,铺设陆地云仓13 950套,收集处置三大类行业HW08、HW09、HW49等类别的危险废物3 795.83吨,处置各类危险废物3 643.22吨(见表1)。

表1 废弃物收集—处理数字技术系统陆地云仓运行管理成效

项目	机械加工行业	汽车修理行业	高校/科研院所等	合计
服务企业数量(家)	12 760	168	104	13 032
终端设备数量(套)	13 547	213	190	13 950
收集数量(吨)	1 982.30	1 463.05	350.48	3 795.83
处置数量(吨)	1 901.42	1 407.18	334.62	3 643.22

资料来源:"无废城市废弃物标准化治理平台(陆地云仓系统)"(企业内部系统),2021年10月11日。

废弃物收集—处理数字技术系统在陆地板块的运行成效,证明了该系统在软件、架构、硬件、机制、各部分协调方面经受住了实践检验。目前该系统仍在迭代革新,运行效率持续提升,效果进一步增强。

(三)在海洋板块,废弃物收集—处理数字技术系统运行管理具有明显成效

截至 2021 年 10 月,废弃物收集—处理数字技术系统在海洋船舶板块已运行两年,累积成效也很显著。据统计,仅浙江台州、舟山两地即服务港口 24 个,铺设终端设备 51 套,服务船舶 7 913 艘,收集油污水、残油、生活污染、船舶垃圾、废铅酸电池等船舶水污染物 575.14 吨,转移 1 614 次,处置 317.89 吨。涉及收集单位 7 家,运输企业 3 家,处置企业 13 家,监管单位 17 家(见表 2)。

表 2 废弃物处理数字技术系统海洋云仓网运行管理成效(以两个城市为例)

	台州					舟山	合计
	椒江区	玉环市	温岭市	路桥区	临海市	普陀区	
本地船舶数量(艘)	688	424	2 125	283	645	3 748	7 913
港口数量(个)	2	8	6	1	1	6	24
终端设备数量(套)	6	17	15	4	1	8	51
收集数量(吨)	301.23	23.31	225.42	3.28	21.9	—	575.14
转移次数(次)	631	232	703	18	30	—	1 614
处置数量(吨)	300.38	4.59	11.05	0.44	1.43	—	317.89
收集单位(家)	运输企业(家)		处置企业(家)		监管单位(家)		
7	3		13		17		

资料来源:"无废城市废弃物标准化治理平台(海洋云仓系统)"(企业内部系统),2021 年 10 月 11 日。

废弃物收集—处理数字技术系统在海洋板块的运行成效,同样说明了该系统在软件、架构、硬件、机制、各部分协调方面经受住了实践检验。

六、 继续深化：海洋云仓系统扩展为渔业领域的政府管理与市场服务协同平台

为了加强水污染物防治和近岸海域综合治理，满足地方渔业协同治理和渔民共同富裕等需求，海洋云仓系统扩展为渔业领域的政府管理与市场服务协同平台——"渔省心"网络服务系统。

（一）由海洋云仓系统迭代到"渔省心"网络服务系统

海洋云仓是基于"物联网+区块链"技术、解决船舶污染物治理问题的产业数字化尝试，效果良好。自2019年海洋云仓一期工程在台州椒江落地以来，已在台州、舟山24个渔港铺设海洋云仓各类终端设备51台（套），系统管理服务渔业船舶7 913艘，同时浙江温州瑞安、海南澄迈、福建石狮等地的海洋云仓数字建筑综合体均在建设施工中。海洋云仓在浙江、海南、福建等沿海渔业船舶领域大规模应用推广积累了海量的数据资源，为海洋环境提升、渔业高质量发展和渔民共同富裕提供了切入口及数据基础。

海洋云仓系统迭代开发为"渔省心"网络服务系统，在两个方面取得了明显的进展。

1. 终端设备迭代升级

终端设备实现了海洋云仓1.0（椒江一期）、2.0（玉环、温岭等）、3.0（椒江二期、澄迈、石狮等）升级。升级后，污染物储存、预处理、深度预处理等基本功能明显提升，收治污染物种类从单品到全品逐步增加，从渔船污染物治理到渔业智慧服务（例如生态治理、安全应急、惠民便民、数字服务等）的应用场景进一步拓展，结构设计也从单体模块进化到综合体数字建筑（见图18）。终端设备升级后的效果逐步显现。

2. 后台云管理系统

由以船舶污染物治理为主要应用扩展为船舶污染治理、涉渔业数字信用、渔业服务标准化、多部门协同管理四大体系；综合"生态育渔、平安护渔、

图 18　建设海洋云仓综合体数字建筑（椒江二期）

市场兴渔、金融助渔、政策惠渔、公益扶渔"六大应用场景；提供渔船水污染物防治、船港通安全管理、渔获品安全溯源、信用评价管理、渔业生产物资直采、海鲜直销服务、"渔夫贷"金融服务、渔业互保服务、渔民培训教育、政策直通服务等多个功能模块；涉及生态、农田水利、交通、港航、经济和信息化、海事、商务、市场监管等18个部门；形成渔业政府管理与市场服务协同一个平台——"渔省心"网络服务系统（该系统的总体架构见图19）。

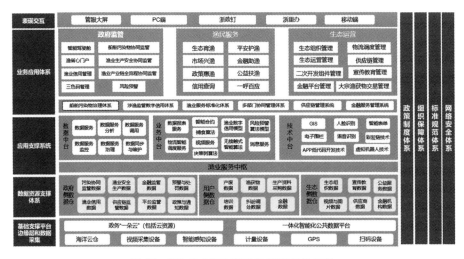

图 19　"渔省心"网络服务系统总体架构

(二)"渔省心"网络服务系统的进展及前瞻①

1. 系统软件开发

2021年6月,"渔省心"网络服务系统移动端上线"浙里办""浙政钉"和数字化改革门户,系统和功能开发正在进行中。2021年10月15日,"渔省心"驾驶舱建设、权限管理平台建设完成并投入初步运行。2021年10月底,渔业信用体系1.0建设完成,金融服务平台建设(渔夫贷)、核心算法(反欺诈算法、信用评价模型算法)、供应链管理体系建设完成。

2. 跨系统的业务贯通

目前正在进行"渔省心"网络服务系统数据仓建设,完成IRS(数字化资源系统)数据目录关联,打通与渔业、港航、生态环境(台州市公共平台)横向协同。2021年年底,初步实现与交通运输部海上船舶(北京中交通信科技有限公司)、浙江省农业农村厅渔船救助信息系统、台州市港渔局船港通(台州市公共平台)贯通。

3. 系统机制体制配套

渔船生态环保"三色码"部门联系管理办理(试行);全国首创渔业数字信用评价机制,建立基于渔业信用评级的银行贷款管理办法("金融助渔"列入全国普惠小微金融改革试点),正在推动省、市船舶污染物数字化治理条例(人大立法),建立全方位可复制的渔业惠民便民服务政策体系。

4. 项目运营推广

在海洋云仓项目推广布局基础上,与浙江石油业务合作,在针对渔船的中央油补资金下降30%的背景下,柴油可通过批量集中采购,大幅降低采购价格(下降15%),极大地降低了渔民的主要生产成本;在完成船舶信用评级后,交通银行、恒丰银行、农商行等推出绿色金融"渔夫贷"产品,绿码船舶可获得免担保贷款100万元,利率下降到5.2%以下,贷款成本下降50%,当前

---

① 2021年6月8日,央视《新闻直播间》播放《世界海洋日·浙江 多措并举 守护海洋环境》专题片;9月27日,《中国改革报》刊登文章《数字化赋能 开辟渔业服务惠民新路》;10月2日,中国新闻网发布《浙江椒江"渔省心"助力 海洋渔业"智治+自治"可期》等文章进行报道。

已发放贷款 8 720 万元,交通银行推出授信产品 1 亿元。这些惠民服务都与船舶信用挂钩,推动渔民安全环保从"要我规范"向"我要规范"转变,推动渔业高质量发展,带动渔民共同致富。

(三) 废弃物数字技术处理平台建设及系统数据应用的综合分析

1. 在生态环境数字化治理方面

平台通过数据,对区域废弃物收集、运输、处置资源进行优化调度,以最合理的收集频率、最佳的运输路线将其靶向调度到最优的处置单位,完成废弃物安全高效低碳回收处置闭环。目前,已为超过 13 000 家各类中小产废企业、近 8 000 艘渔业船舶提供废弃物数字化治理服务,共约 4 350 吨的各类污染物(含对环境威胁极大的危险废物)由平台纳入回收处置闭环,完成无害化处理或资源化利用。

2. 在政府整体环境智治方面

利用废弃物回收处置全过程实时数据,为生态、交通、市政、渔业、港航、海事、住建、商务、市场监管等 18 个部门构建跨部门协同、全过程可视化监管平台,为控制工业企业固危废污染提供工具。目前,平台成为台州市"城市大脑"首批应用之一,其中迭代开发的"渔省心"网络服务系统已成为浙江全省数字化改革第一批"最佳应用"之一,作为各相关管理部门联合监管、协同治理的"驾驶舱",极大地提高了政府部门的环境智治效能,治理成本降低约 70%;同时,与浙江省环保集团合作共建"中小微企业固废防治管理平台"。

3. 在企业供应链降本增效方面

将企业产废信息转化为行业原料带量采购订单,搭建源头供应商直采平台,在降低企业采购成本的同时为源头供应商提供稳定的终端直销渠道,构建行业集采直销通道(见图 20)。目前,已与中国石化、浙江石油签订战略协议,开展以各类油品为重点的生产物资直销,海洋领域渔业船舶率先在"渔省心"网络服务系统上推进项目实施,整体降低渔民物资采购成本 15%以上。

图 20　小蚂蚁配送车将船舶直采物资送达码头

4. 在赋能金融机构导流风控方面

利用平台真实可靠的污染物数据与企业供应链、区块链数据,建立金融风控模型,联合金融机构设立专项信贷产品,打通中小微企业融资通道,服务金融机构风控与企业融资需求。目前,已与金融办、交通银行在"渔省心"网络服务系统相关项目中推出"渔夫贷"产品,直接降低渔民融资成本 50%。

废弃物处理流程数字化改造的基础在企业。企业构建起废弃物数字技术处理系统,将一个不起眼的"收破烂"的行业,变成了一种有前途、有价值的发展模式。这不仅是典型的产业数字化的探索,也能为废弃物处理行业未来模式提供借鉴。

持续发展"一带一路"上的国际经贸合作区*

武常岐①

中国倡导和推动的"一带一路",作为新生的国际公共产品,越来越成为国家间合作的平台,越来越多地造福欠发达地区的经济和世界各经济体之间的往来。现在面临的一个问题是:"一带一路"上的产业合作将来如何发展?这是"一带一路"持续性进程的关键问题。在沿线国家建设国际经贸合作区,是"一带一路"产业合作有效发展的基本途径。

一、"一带一路"倡议如同将散的珍珠串在一起,更具系统性、规模性和持续性

"一带一路"沿线国家间合作发展倡议由习近平主席于2013年提出。在"一带一路"倡议提出之前,中国与沿线国家已经进行了多领域的双边投资活动。"一带一路"倡议使沿线国家相互间的经贸往来更加聚焦、更加系统化,如同将过去散落的珍珠串在了一起,更具系统性、规模性和持续性。

据统计,截至2020年11月,中国已经与138个国家、31个国际组织签署了201份共建"一带一路"合作文件。② 2020年一年,中国同"一带一路"沿线国家贸易总额达到1.3万亿美元。截至2019年年末,中国对"一带一路"沿线国家的直接投资存量为1 794.7亿美元,占中国对外直接投资存量

---

* 部分内容曾在北京大学远望15年中国发展座谈会上做过交流。
① 武常岐,北京大学光华管理学院教授,山东大学管理学院院长。曾任北京大学光华管理学院副院长、北京大学国家高新技术产业开发区发展战略研究院院长等。
② 《我国已经与138个国家、31个国际组织签署201份共建"一带一路"合作文件》,新华网,2020年11月18日。

的8.2%,"六廊六路多国多港"的互联互通架构基本形成。①

2020年,我国对"一带一路"沿线国家重点行业投资较快增长。对装备制造业投资增长21.9%,对信息技术业投资增长9.6%,对科研和技术服务业投资增长18.1%。我国境外经贸合作区累计投资3 094亿元,为当地创造了7.3万个就业岗位。②

2021年对外非金融类直接投资额增长3.2%,其中对"一带一路"沿线国家非金融类直接投资额增长14.1%。③ 中欧班列在中欧"一带一路"建设中最引人注目。2011年仅开行17列,年运送货物总量不足6亿美元。2018年累计开行12 000列,年运送货物总量达160亿美元。中欧班列通达欧洲23个国家180个城市。④

商务部对外投资和经济合作司对于中国企业对"一带一路"沿线国家直接投资状况做了专门的分类统计(见表1),从中可以看出中国企业群体的投资倾向。

表1 2015年至2021年6月中国企业对"一带一路"沿线国家直接投资状况

年份	沿线国家数(个)	直接投资额(亿美元)	比上年同期增长(%)	占对外投资总额的比重(%)	投资主要流向国家
2015	49	148.2	18.2	—	新加坡、哈萨克斯坦、老挝、印度尼西亚、俄罗斯、泰国等
2016	53	145.3	-2.0	8.5	新加坡、印度尼西亚、印度、泰国、马来西亚等
2017	59	143.6	-1.2	12.0	新加坡、马来西亚、老挝、印度尼西亚、巴基斯坦、越南、俄罗斯、阿联酋、柬埔寨等
2018	56	156.4	8.9	13.0	新加坡、老挝、越南、印度尼西亚、巴基斯坦、马来西亚、俄罗斯、柬埔寨、泰国、阿联酋等

① 王毅,《开启"一带一路"高质量发展新征程》,求是网,2019年5月6日。
② 胡必亮,《以共建"一带一路"促高质量共同发展》,《光明日报》,2022年4月4日。
③ 罗珊珊,《"十三五"我国对外直接投资存量翻番》,《人民日报》,2021年1月30日。
④ 《数说"一带一路"成绩单》,中国一带一路网,2019年2月18日。

（续表）

年份	沿线国家数（个）	直接投资额（亿美元）	比上年同期增长（%）	占对外投资总额的比重（%）	投资主要流向国家
2019	59	150.4	-3.8	13.6	新加坡、越南、老挝、印度尼西亚、巴基斯坦、泰国、马来西亚、阿联酋、柬埔寨、哈萨克斯坦等
2020	58	177.9	18.3	16.2	新加坡、印度尼西亚、越南、老挝、马来西亚、柬埔寨、泰国、阿联酋、哈萨克斯坦、以色列等
2021 1—6月	55	95.8	18.0	17.8	新加坡、印度尼西亚、马来西亚、越南、阿联酋、老挝、哈萨克斯坦、泰国、巴基斯坦、柬埔寨、孟加拉国等

资料来源：根据商务部网站及相关资料综合整理得到。

就投资国家来看，中国企业涉及面很广，但大宗流向还是东南亚、中亚的哈萨克斯坦，以及欧亚的俄罗斯。总体来看，年投资总额在150亿美元左右。与上年比较的增长比例有时为正有时为负，相差并不大。因为是企业的投资偏好，故时有波动也属正常。值得关注的是2020年新冠肺炎疫情蔓延时，企业对"一带一路"沿线国家的投资不减反增，竟达到177亿多美元。2021年上半年仍处于上升的势头。这和疫情期间国内外投资环境、投资成本的变化有关。

还有一部分是对外承包工程在"一带一路"上的规模及进展。商务部对外投资和经济合作司对于中国企业对"一带一路"沿线国家承包工程进行了分类统计（见表2）。

表2 2015—2021年中国企业对"一带一路"沿线国家承包工程的状况

年份	沿线国家数（个）	新签合同数（份）	合同总额（亿美元）	金额比上年同期增长（%）	占中国新签合同总额的比重（%）
2015	60	3 987	926.4	7.4	44.1
2016	61	8 158	1 260.3	36.0	51.6

（续表）

年份	沿线国家数（个）	新签合同数（份）	合同总额（亿美元）	金额比上年同期增长（%）	占中国新签合同总额的比重（%）
2017	61	7 217	1 443.2	14.5	54.4
2018	60(估)	7 721	1 257.8	−12.8	52.0
2019	62	6 944	1 548.9	23.1	59.5
2020	61	5 611	1 414.6	−8.7	55.4
2021 1—6月	60	2 508	592.9	−1.7	53.7

资料来源：根据商务部网站及相关资料综合整理得到。

从中国企业对"一带一路"沿线国家承包工程状况看，工程项目涵盖了几乎所有"一带一路"沿线国家，合同金额增长幅度比较大的是2016年和2019年。至于2020年、2021年出现下降，与对疫情影响的预期有关。企业对"一带一路"沿线国家承包工程与对沿线国家直接投资一样，每年的金额多少与企业偏好、对象国的需求、交易的吻合程度有关，时有波动也可以理解。

二、在"一带一路"沿线国家建设国际经贸合作平台，承载持续发展的功能

中国对"一带一路"沿线国家的投资及投资规模，在2013年之前是散状的，没有特别的方向进行集中的谋划。2013年之后，"一带一路"倡议及政策引发的鼓励投资和吸引投资的政策，有利于企业向"一带一路"沿线国家倾斜。沿线国家吸引外资政策的不完善或不稳定，也会导致投资主体投资热情的忽热忽冷。再者，投资跟着项目走，有合适的项目就有增长，没有合适的项目就转投其他，这就会影响企业在"一带一路"沿线国家的投资增长。

针对上述状况，如果能建设可持续经营的发展平台，例如在"一带一路"沿线国家建设国际经贸合作区，制定并稳定吸引外资的政策，不断引进企业入园经营，培育具有竞争力的企业，并推动其长期发展，就可以缓解不稳定

的问题。所以,在"一带一路"合作发展成效显著的基础上,需要建设一个持续稳定发展的平台,那就是在"一带一路"沿线国家建设国际经贸合作区,承载当地生产发展、贸易合作、示范引领的功能。

在"一带一路"倡议之前,20世纪90年代,就有企业自发探索建立境外经贸合作区。从2006年开始,国家经贸主管部门就颁布文件,正式启动境外经贸合作区的申办与遴选规则,并给予一定的贷款优惠。自此,中国企业在相关国家陆续建设境外经济贸易合作区。在"一带一路"倡议之后,这方面的建设步伐有所加快。为了有序推进境外经贸合作区的发展,国家主管部门相继出台了规范性的政策文件,涉及基本要求和申办程序,以及投资、布局、资金管理、风险防范、服务规范、考核等规定。尤其是2013年以后,更是有针对性地推进沿线国家经贸合作区的建设,支持境外经贸合作区的有序发展。例如,相关主管部门先后发布了《关于支持境外经济贸易合作区建设发展有关问题的通知》《境外经贸合作区服务指南范本》《境外经济贸易合作区考核办法》《境外经贸合作区发展布局指引(2016—2025)》《中国境外经贸合作区投资指南(2018)》《关于围绕构建新发展格局做好边境经济合作区、跨境经济合作区工作的通知》等(见表3)。

表3 推动境外经贸合作区建设的政策文件

年份	文件名称	发布机构	文件核心内容
2006	境外中国经济贸易合作区的基本要求和申办程序	商务部	启动境外经贸合作区申办,规定申办的要求及程序,根据要求进行招标、遴选等
2008	关于同意推进境外经济贸易合作区建设意见的批复	国务院	将境外经贸合作区建设作为国家战略,推动企业"走出去"
2010	关于加强境外经济贸易合作区风险防范工作有关问题的通知	商务部、中国出口信用保险公司	完善政策配套,重视合作区建设过程中的风险问题,尤其注意防范投资风险、信用风险、风险防范办法等
2010	对外投资合作境外安全风险预警和信息通报制度	商务部	建立风险预警制度,及时向驻在国使领馆、国内投资主体、上级单位通报,启动预案,做好危机处理,开展危机公关等

（续表）

年份	文件名称	发布机构	文件核心内容
2011	合作区风险防控和安全防范的政策依据和基本要求	商务部	增强风险意识,建立和完善安全防范预案与应急处置机制,进行项目风险评估,建立切实可行的防范措施等
2013	关于支持境外经济贸易合作区建设发展有关问题的通知	商务部、国开行	改进金融支持方式,为合作区的建设及入区企业提供金融政策支持和多领域的金融服务
2014	境外经济贸易合作区确认考核和年度考核管理办法	商务部、财政部	对合作区确认和年度考核做出规定,通过确认考核或年度考核的合作区可申请中央财政专项资金资助。2008年文件废止
2014	外经贸发展专项资金管理办法	财政部、商务部	对中央财政用于优化对外贸易结构、促进对外投资合作、改善外经贸公共服务等专项资金新的管理办法。替代2008年文件
2015	境外经贸合作区服务指南范本	商务部	信息咨询、运营管理、物业管理、突发事件应急等4个方面的服务,计16条
2015	境外经济贸易合作区考核办法	财政部、商务部	对2014年办法进行修订,进一步完善确认考核与年度考核的办法
2016	农业对外合作"两区"建设方案	农业部	启动"一带一路"沿线境外农业合作示范区试点;启动沿海、沿江、沿边农业对外开放合作试验区试点,推动农业对外合作
2017	境外经贸合作区发展布局指引(2016—2025)	商务部	10年规划,政府引导、企业决策、市场运作,引导企业开展境外经贸合作区建设
2018	中国境外经贸合作区投资指南(2018)	中国贸促会研究院	帮助企业了解东道国的投资环境,合作区区位优势,建设主体,产业定位,基础设施建设,投资合作区能够享受的税收、土地、金融、产业和人力资源等方面的政策,合作区投资流程,入驻方式和配套服务,等等

(续表)

年份	文件名称	发布机构	文件核心内容
2021	关于围绕构建新发展格局做好边境经济合作区、跨境经济合作区工作的通知	商务部	建设好沿边地区及跨境的对外开放节点和平台,做好边(跨)合区管理工作,共14条

资料来源:根据相关部门文件汇集而成。

上述文件并非全部,但大致反映了我国从2006年正式启动企业申办境外经贸合作区开始,中央政府及政府主管部门对中国在"一带一路"上进行国际经贸合作区建设的政策倾向及政策要点。由于政府的支持和企业积极主动的参与,十几年来,国际经贸合作区的建设有了长足的进步,更好地承载"一带一路"持续发展的功能。

三、"一带一路"沿线国家的国际经贸合作区成为所在区域经贸发展的示范性产业平台

"一带一路"沿线国家的国际经贸合作区,与我国改革开放后建设的经济技术开发区有些相似,实际上就是将其嫁接到"一带一路"沿线国家。其基本状态就是在"一带一路"沿线国家划出一块区域作为政策特区,集中建设基础设施,建设符合双边或国际水准的投资环境,吸收外资、内资进行投资经营,形成当地的现代产业、科研及生产能力,成为所在区域及周边区域经贸合作和深入发展的示范性区块。

在"一带一路"沿线国家,我国企业用对外承包工程的方式来帮助对象国建设基础设施。2019年,我国企业在"一带一路"沿线的62个国家新签对外承包工程项目合同6 944份,新签合同额1 548.9亿美元,占同期我国对外承包工程新签合同额的59.5%,同比增长23.1%;完成营业额979.8亿美元,占同期总额的56.7%,同比增长9.7%。

与铁路、公路、机场、港口、电网等单项基础项目建设不同,我国企业用国际经贸合作区的方式帮助沿线国家建设产业持续发展的区域条件。在这个特殊区域中,企业享受特殊政策,可以进行资源开发或技术开发或加工制

造或农业种植或商贸物流或兼而有之。这些业务不断投入,不断产出,条件许可的情况下可以长期经营下去。这样的产业园区就成了用于集聚资源、形成产业能力、辐射周边的产业发展平台。

在沿线国家建设国际经贸合作区,对我国企业而言是一种新的对外直接投资方式;对"一带一路"沿线国家而言,是吸引投资、助力本国经济发展的有效方式。截至2019年11月,我国企业在46个国家建设国际经贸合作区113个,累计投资426.9亿美元,入区企业共计5 452家,上缴东道国税费40.9亿美元,为当地创造就业岗位36.7万个。其中,通过商务部确认考核的国际经贸合作区有20个(见表4)。

表4 通过商务部确认考核的20个"一带一路"沿线国家的国际经贸合作区

	合作区名称	境内实施企业名称
1	柬埔寨西哈努克港经济特区	江苏太湖柬埔寨国际经济合作区投资有限公司
2	泰国泰中罗勇工业园	华立产业集团有限公司
3	越南龙江工业园	前江投资管理有限责任公司
4	巴基斯坦海尔—鲁巴经济区	海尔集团电器产业有限公司
5	赞比亚中国经济贸易合作区	中国有色矿业集团有限公司
6	埃及苏伊士经贸合作区	中非泰达投资股份有限公司
7	尼日利亚莱基自由贸易区(中尼经贸合作区)	中非莱基投资有限公司
8	俄罗斯乌苏里斯克经贸合作区	康吉国际投资有限公司
9	俄罗斯中俄托木斯克木材工贸合作区	中航林业有限公司
10	埃塞俄比亚东方工业园	江苏永元投资有限公司
11	中俄(滨海边疆区)农业产业合作区	黑龙江东宁华信经济贸易有限责任公司
12	俄罗斯龙跃林业经贸合作区	黑龙江省牡丹江龙跃经贸有限公司
13	匈牙利中欧商贸物流园	山东帝豪国际投资有限公司
14	吉尔吉斯斯坦亚洲之星农业产业合作区	河南贵友实业集团有限公司

（续表）

	合作区名称	境内实施企业名称
15	老挝万象赛色塔综合开发区	云南省海外投资有限公司
16	乌兹别克斯坦鹏盛工业园	温州市金盛贸易有限公司
17	中匈宝思德经贸合作区	烟台新益投资有限公司
18	中国·印尼经贸合作区	广西农垦集团有限责任公司
19	中国印尼综合产业园区青山园区	上海鼎信投资（集团）有限公司
20	中国·印尼聚龙农业产业合作区	天津聚龙集团

资料来源：商务部国际贸易经济合作研究院、联合国开发计划署驻华代表处，《"一带一路"中国境外经贸合作区助力可持续发展报告：基于经济、社会、环境框架的分析和实用指南》，2019年4月。

协调推进项目建设和产能合作，以某些具有竞争力的产品为龙头，系统地将其设置在一块合作区域上，构建经贸合作区，形成系统能力，这样，使对象、手段、设施集中布局，形成产业点或产业链，持续进行经营。同时，政府机构、商务协会、专业机构及各类民间团体协调支持，形成在一个区域上的投资环境、金融支持、风险管控、安全保障等配套体系，着力构建本地化研发、生产和营销的配套能力。这样的模式有利于优化当地产业链分工布局，推动其上下游产业链的协同发展，提升当地产业配套能力和综合竞争力。国际经贸合作区作为"一带一路"建设的重要载体，在中外经贸合作中扮演着越来越重要的角色。浙江是外贸大省，截至2019年年底共建设了15家省级以上境外经贸合作区，地域遍布东南亚、欧洲、北美和非洲等。

2017年，全球81个中国境外经贸合作区中，农业开发型园区23个，占总数的28.40%，主要涉及农业种植，畜牧养殖，纺织服装，林木加工，饮料食品，以及农产品、农副产品的生产、加工、仓储、物流等领域。加工制造型的经贸合作区有19个，占比23.46%，主要涉及建材、机械、电子、化工、家电、汽车、特殊装备等领域。此外，在"一带一路"六大经济走廊沿线国家和地区中，加工制造型经贸合作区有12个，农业开发型有8个，商贸物流型有5个，资源利用型有 3 个,而技术研发型只有中国—东盟北斗科技城 1 个。①

建设"一带一路"沿线国家的国际经贸合作区,可以集中对象国的资源和市场要素进行开发利用,扩大当地民众的就业,训练当地的工人成为熟练工人,培养当地的管理人才,增加当地的财政收入,增进当地民众的福祉。国际经贸合作区还可通过参与当地的社会公益活动,援建校舍、图书馆和体育文化设施,组织语言和技能培训,带动社会和文化层面的交流,融入当地民众生活。

四、"一带一路"沿线国家国际经贸合作区的建设对落地条件的选择

"一带一路"沿线国家国际经贸合作区的建设,要特别关注对象国政府的态度。对愿意提供有法律保障的优惠条件和相关制度安排的对象国,可优先考虑设区布点。"一带一路"沿线的一些国家缺乏国际经贸方面的制度安排,这需要通过国家层面签署的相关协定,保证合作区享有的法律效力,保证在投资、经营、人员、金融等方面的便利化。例如,在资金便利方面,涉及资金筹措、对外直接投资中的资金进出、离岸贸易产生的资金结算、国际税收制度、不同货币的兑换、资金监管制度等便利性问题;在人员进出方面,涉及人员招聘、商务人员的进出、非熟练劳动力的跨境培训等便利性问题,这些都需要考虑到。另外,还可利用合作区平台,构建中国、东道国、其他国家之间产业发展的互动关系。例如,在埃塞俄比亚东方工业园里,中国与埃塞俄比亚、美国、欧盟等经济体的企业之间,在商业经营、贸易往来、产业发展方面构建起了比较和谐的合作关系。

"一带一路"沿线国家国际经贸合作区建设,要选择具有区位优势、基础条件比较合理和完善的区域。国际经贸合作区通常设置在交通便利之地,离机场或港口近,离城市中心也不远,或者在两国或多国交界处。位于白俄

---

① 曾刚等,《"一带一路"倡议下中国境外经贸合作区建设与发展报告(2018)》,北京:中国社会科学出版社,2018 年。

罗斯的中白工业园、位于泰国的泰中罗勇工业园等就具有这样的优势。白俄罗斯政府不仅为中白工业园提供了良好的区位,出台了相应的政策,还为工业园的开发建设制定了专门的法律,为园区的长期健康发展提供了强有力的法律保障。基础条件既包括法律保障以及水、电、路、气等的基本供给,也包括通信、互联网等技术性设施条件,还包括教育、医疗、商场、体育等一些社会生活设施条件。这些法律制度、公共设施以及周边的公路、铁路、港口等基础设施构成合作区的基础服务能力。①

"一带一路"沿线国家国际经贸合作区建设,还要考虑区内的产业定位以及产业相互之间的关联,最好所选产业具有长远的发展潜力。经贸合作区总体上是一个不同产业落地的空间载体。区内的产业选择,究竟是以一个产业为基础的比较单一的类型,如专事商贸物流,还是以一个主导产业带动其他相关产业的发展,形成产业链条,抑或是多个非相关产业在园内共同发展,要看园区投资者的意图、能量及对象国所在区域的实际需求。例如,越南龙江工业园、泰国中泰罗勇工业园、赞比亚中国经贸合作区、华夏幸福印尼产业新城等属于多元综合型发展园区;埃及苏伊士经贸合作区偏重于加工制造型产业园区;中国·印尼聚龙农业产业合作区是农业开发型的产业园区;而匈牙利商贸物流合作园区则属于商贸物流型的产业园区。②柬埔寨西哈努克港经济特区经过10年建设,已形成5平方公里国际化工业园区规模,引入了来自中国、欧美、东南亚等国家及地区的企业125家,为当地逾2.1万人解决了就业问题(2018年数据)。

从长远来看,经贸合作区要选择和主动培育优势产业。例如,培育适合经贸合作区本身发展所需要的优势产业,同时结合对象国实现工业化所需的优势产业、与国际产能合作相关的优势产业、国际市场所需的优势产业等,来培育经贸合作区的产业。一般情况下,经贸合作区似乎都愿意选择相互关联度比较高的产业聚集发展,但当时可能吸引不到这类企业,于是只好暂不考虑关联度,愿意进入的都可以进入。这就使得一些经贸合作区开始

---

① 胡必亮,《推动"一带一路"境外经贸合作区高质量发展》,《光明日报》,2019年8月2日。
② 曾刚等,《"一带一路"倡议下中国境外经贸合作区建设与发展报告(2018)》,北京:中国社会科学出版社,2018年。

的时候产业构成并不理想,难以一步到位,不过后期可以逐步调整,逐渐达到比较合理的状态。例如,中策橡胶等企业入驻泰国泰中罗勇工业园之后,一批与这些企业在经营上有关联的上下游企业也随之进入,对园区的快速发展起到了直接的推动作用。

五、"一带一路"沿线国家国际经贸合作区的服务经营:为入园企业提供持续性的基本条件

"一带一路"沿线国家的国际经贸合作区作为与沿线国家产业合作的平台,吸引了当地企业、中国企业、其他国家的企业入园合作经营。经贸合作区的管理机构应当为入园企业提供各类经营所需的设施及服务,为入园企业提供长期经营的基本条件。就目前来看,"一带一路"沿线国家的国际经贸合作区至少要提供四类服务。[①]

一是信息咨询服务。包括:政策咨询服务,例如,搭建与东道国政府部门和有关机构之间的沟通、协调平台,提供投资、贸易、金融、产业等相关政策咨询服务;法律服务,例如,提供东道国与投资相关的法律咨询服务,帮助了解东道国基本法律,熟悉投资环境,寻找和委托相应的法律服务中介机构;产品推介服务,例如,协助参加东道国举办的展览会、行业产品对接会、贸易洽谈会等,搭建合作平台,推介相关的产品。

二是运营管理服务。包括:企业注册,例如,建立与东道国外资管理部门或投资促进机构的沟通和联系机制,提供在东道国注册登记的相关咨询服务,协助办理注册登记、投资项目环境影响评估和规划设计审批等相关手续;财税服务,例如,提供东道国相关财务和税收方面的政策咨询,协助办理财务管理、商标注册、税收申报和缴纳等方面的工作;海关申报,例如,提供东道国关于海关申报、进口设备清关、仓储运输、进出口手续、原产地证明及关税申报等相关咨询服务;人力资源服务,例如,提供东道国关于员工管理、人员签证等政策咨询服务,协助办理员工培训、人员招聘、人才交流等人力

---

① 商务部,《境外经贸合作区服务指南范本》,2015年8月4日。

资源方面的事务；金融服务，例如，提供投融资、保险等金融咨询服务，协助办理相关金融手续，建立和国内外金融机构联系的渠道；物流服务，例如，提供必要的运输、存储、装卸、搬运、配送、信息处理等物流服务。

三是物业管理服务。包括：租赁服务，例如，提供标准厂房、写字楼、仓库、展示厅、堆场等设施的租赁服务；厂房建造，例如，在入区企业新建厂房时提供必要的支持，协助其办理包括设计、施工招投标、申请厂房建筑许可证和厂房开工证以及验收执照等在内的相关手续；生产配套，例如，提供供电、供水、供暖、通信、通气、安保、废水处理、垃圾处理、有毒废料处理等生产配套便利和服务；生活配套，例如，提供员工宿舍、高级公寓、运动健身、文化娱乐以及各式餐饮等生活配套设施服务；维修服务，例如，提供专业、高效的维修服务，帮助解决生产、生活中遇到的维修困难；医疗服务，例如，提供简易医疗救治服务，并与合作区所在地医院建立畅通的紧急救治通道等。

四是突发事件应急服务。包括：做好突发事件应急预案；有效预防和应对火灾、水灾、罢工、破坏活动等突发事件的处理救援工作；保障园区及入区企业在经营活动中的人身财产安全等。

对于中小企业来说，它们一般不太熟悉境外经商环境，但通过经贸合作区，可以为入驻企业的投资运营提供政策法律咨询、投融资服务、商业注册、物流清关等一系列服务。这些服务有利于中小企业开拓国际市场，同时还可规避来自欧美的贸易壁垒，降低出口成本，提高市场认可度。

成熟的国际经贸合作区提供的服务相对广泛且质量比较高，吸引力比较强。不同类型的国际经贸合作区提供的服务也有某些不同。因为要提供各种服务，所以就要在人员、设施、土地、水电、通信、交际等方面支出费用，总体核算下来，就成本效益看，2018年实现盈利的经贸合作区大约占12%，基本实现盈利的约占33%，基本持平的约占19%，暂时亏损的约占36%。如果长期亏损，园区经营的持续性就会出现危机。

有些持续性危机是由经营不善造成的，有些则是由设立园区时对风险估计不足造成的。例如，政治风险，"一带一路"沿线多为发展中国家，部分区域政局动荡，偶发战乱，园区建设易受到违约风险、强制征收风险以及战争和内乱风险等。所以，在建设前期就要慎重评估对象国的政治风险和社会稳定程度;要考虑到若出现风险,有无转移或分散风险的预防措施;在预估可能出现某类风险时,事先的契约应有相应的法律约定,例如,政府改组不会影响园区经营的持续性;或出现时局动乱造成损失,应有一定的国家赔偿等。还有汇率波动、通货膨胀、劳动力原材料供应困难等经济风险,以及由不同的政治体制、意识形态、宗教信仰、文化习俗、习惯差异处理不当造成的文化风险等。在预估了相关风险后,再决定是否投资建设国际经贸合作区。

国际经贸合作区的发展是好还是一般,需要有一个评价标准。评价标准还是主要集中于经贸发展与经贸合作方面。例如,园区吸引投资企业的数量及单位平均投资额、存量及增量增长;园区产品在东道国的销售量、出口销售量及各自在总量中所占的比重;出口创汇额及增长率;为东道国所创造的 GDP、税收、就业的数量及增长率;园区经营的收入、成本、利润及可持续性状态;园区运营过程中坚守环境保护标准的情况:绿化、保护水资源、使用清洁能源、污水处理等。上述列举的标准只是一部分,可以进行选择和增删。需要说明的是,必须有一套合适的评价标准和评价办法来评估国际经贸合作区的经营与发展成效,以便比较和改进。

六、"一带一路"沿线国家国际经贸合作区面临的一些问题及对策

一类问题涉及投融资渠道的改善。目前,"一带一路"沿线国家的国际经贸合作区,其融资渠道主要是银行贷款,但中国的银行在"一带一路"沿线国家的分支机构比较少,虽然国家对经贸合作区建设给予了一定的补贴和政策支持,但仍难以满足合作区的境外资金需求。对此,可以考虑创新和改进融资方式。例如,在条件成熟的国家和地区增设银行分支机构,提高对外放贷的权限和境外处理能力;采取无形资产贷款、托管公司托管、互助担保联盟、实物所有权转移、风险投资等办法获得融资;有序推动跨境电子商务、人民币跨境结算;通过不同的金融保障方式,为合作区企业提供合适的项目资金支持。考虑到国际经贸合作区的投资主体现在已经多元化,既有国有企业,也有民营企业,可以继续发挥政府和社会资本合作(PPP 模式)的优

势,利用多方力量投资和建设经贸合作区。也可以采用专项基金、发债、上市、BOT(建设-经营-转让)等资本市场的通行办法改进投融资机制。

另一类问题是关于园区管理机构管理者的沟通协调能力。园区管理机构的管理者需要有很强的沟通协调能力,力求与对象国相关政府部门、园内企业建立良好的伙伴关系,包括与对象国各级政府的沟通能力,人力资源、市场通道、融资投资、物流系统等建设能力,以便构建对象国的本土化发展服务能力。这里,首先是吸引国内优质企业入驻园区,使园区具有基础性的发展条件,同时想办法吸引其他国家的企业入园经营。"一带一路"沿线某些国家并没有经历过中国改革开放的进程,那里的政府和企业不清楚什么是大规模的基础建设开发,不知道"三通一平",也不知道如何招商引资。所以,构建本土化发展的服务能力,有时还涉及对当地的启蒙式辅导和牵引。

再有一类问题是中国企业及产品的竞争力。目前来看,经贸合作区的企业主体是中国企业,这些企业及其产品、服务等在当地市场是否具有竞争力是持续发展的关键问题。例如,产品在当地或者与这个国家相关的出口市场是否具有竞争力。如果以当地市场为主,那么就要考虑已经进入或者新进入者对产品产生的影响。在对象国,有的国家的产品在 20 世纪后半叶已经进入该国市场。如果仅仅考虑成本因素,而没有产品更新能力,那么将来就会比较被动。如果产品定位于与东道国相关的出口导向,那就要涉及这个国家与出口市场国的贸易协定等是否有利于出口,产品的更新换代要与出口市场国相适应。

还有一类问题就是要考虑将来的创新发展问题。"一带一路"沿线国家的国际经贸合作区目前的发展质量还有待提升,尤其是科技研发、高端人才吸引、数字经济等,将来都面临发展的问题。所以,要继续发挥中国企业对外开放平台的作用、国际合作平台的作用。集聚知识、技术、信息、数据等生产要素,促进产业升级,拓展发展新空间。在开放、科技、制度方面不断创新,持续提升对外合作水平和发展质量,建设好经贸转型升级基地和经贸公共服务平台。要在各个经贸合作区之间建立信息交流共享机制。在"一带一路"沿线不同国家的不同经贸合作区企业间,可考虑以某一家或某几家行业龙头企业为主,建立起一个企业间信息共享、利益共享的常态化交流机制,取长补短。继续实施差异化的区域政策,完善基础设施建设和物流交通、承接产业转移、优化投资环境,对建设主体进行资产重组、股权结构调整优化,引入外国投资者,开发运营特色产业园等,并在准入、投融资、服务便利化等方面继续升级。发挥辐射带动作用,形成共生互补的产业生态体系。将来可以考虑推动当地数字经济发展,创建数字产业创新中心、智能工厂、智能车间等,打造科技创新集聚区,进一步将国际经贸合作区推向新的台阶,继续增强其向高端发展的能力。

七、巴基斯坦海尔—鲁巴经济区:首建平台,多方合作,共同发展

2006年11月26日,中国国家主席胡锦涛和巴基斯坦总理阿齐兹共同为巴基斯坦和中国境外经济贸易合作区暨巴基斯坦海尔—鲁巴经济区揭牌,这是我国在境外正式设立的首个经济贸易合作区。

海尔2001年2月进入巴基斯坦市场,与当地企业鲁巴集团联合建厂,生产海尔空调,并先后建成了冰箱、洗衣机、空调、电视机等多条家电生产线。鲁巴集团是巴基斯坦当地国际化经验丰富的企业,在亚洲其他国家也有投资,和海尔的合作比较顺利。2001年4月,双方合资在拉合尔建立了海尔—鲁巴工业园,这也是海尔在美国海尔工业园之后的第二个海外工业园。

工业园区位于巴基斯坦旁遮普省首府拉合尔市。拉合尔是巴基斯坦第二大城市,也是其工业中心。旁遮普省是巴基斯坦经济发展中心,政治、经济、生活环境安全稳定,当时的GDP增长率平均达到8%以上。

巴基斯坦工业基础比较薄弱,规模小,门类不够齐全,尤其是家电制造业相对比较落后,产业链匮乏,缺少创新能力,经济发展对基础设施的投资需求巨大,有较大的投资和市场空间。同时,由于巴基斯坦东临印度,西接伊朗,南濒阿拉伯海,形成了对南亚、西亚以及海湾等周边市场较强的辐射能力。

工业园于2002年建成投产,初步形成了家电的供应链平台及产业配套

体系,包括大家电生产、小家电生产、配套产业、原材料、成品物流、生活区等六大区域。工业园在当地形成生产能力后,逐步建立起销售、售后服务网络,在巴基斯坦全国建立了17个售后服务中心、86个售后服务网点,服务队伍300余人,基本上覆盖了海尔产品在巴基斯坦的全部销售区域。

2006年,海尔与鲁巴集团合资扩建园区,中巴股比为55∶45。双方均以现金方式出资,共同购买土地,进行园区建设。该园区一期占地总面积33万平方米,总建筑面积8.7万平方米,年产家电120万台。①

商务部为鼓励中国企业"走出去",推出了中国境外经济贸易合作区计划,海尔—鲁巴经济区就成为商务部批准建设的首个境外经贸合作区,同时也是巴基斯坦政府批准建设的巴基斯坦—中国经济特区。海尔集团除继续在园区生产冰箱、冰柜、洗衣机、家用空调、商用空调、电视机、微波炉和其他小家电产品外,还将已有的供应链平台和产业配套体系等与新入区企业实现共享。

有工业园区作为依托,到2015年,海尔已成为巴基斯坦第二大家电品牌,到2017年,海尔在巴基斯坦已连续3年位居白色家电市场份额第一,空调和洗衣机连续多年保持最大的市场份额;到2018年,海尔空调市场份额已连续11年位居第一。海尔通过本土化制造、本土化研发、本土化营销"三位一体"运营战略,将用户需求转化为产品,大大改善了当地群众的生活品质。②

针对巴基斯坦当地人一年四季喜欢穿长袍、裹毛毯,每个家庭人口又比较多,洗长袍和毛毯令当地人头痛的情况,海尔开发出了能一次洗15件长袍的洗衣机;根据巴基斯坦经常停电、电压不稳的情况,海尔开发出了"具有停电补偿功能的空调""宽电压带冰箱"等一系列本土化产品,受到巴基斯坦消费者的热烈欢迎。

经过十几年的发展,海尔在巴基斯坦累计投资5亿美元、产销1 000万台产品,每年为巴基斯坦创造1万多个直接和间接就业机会,并与当地企业

---

① 《驻拉合尔总领事龙定斌视察巴基斯坦海尔鲁巴经济区》,外交部官网,2017年4月18日。
② 《从公益到工厂 海尔这样坐上巴基斯坦头把交椅》,搜狐网,2018年4月3日。

一起建立了家电行业的相关标准,共同提升了巴基斯坦整个家电行业的水平。

在"一带一路"的政策背景下,海尔—鲁巴经济区也享受到了当地经济发展带来的好处。例如,凡新设工厂的企业均可享有 10 年的免税期;前来投资的企业不一定非要有巴方的合作伙伴,在引进外国合作方面亦无限制;设备免税;货物可以直接从卡拉奇通过公路运进园区,园区内设有海关,可以当场进行检查。[①] 工业园一期投入使用后已经有 7 家企业进驻,年营业额约 4 亿美元,带动直接就业岗位约 5 000 个,年利税约 9 000 万美元,直接拉动当地经济的发展,带动当地基础建设,增加当地消费者的购买力。[②]

海尔—鲁巴经济区的产业定位以家电及相关配套产业为起点,逐步拓展优势制造业。一期项目已经形成家电配套的上下游产业链,区内的国家级家电检测平台对所有入区企业开放。基于一期项目比较丰富的运作和人力资源经验,二期项目也吸引了一些重型装备制造厂。这样,海尔在当地不但发展了自己的家电产业,同时利用中巴两国之间的合作关系以及双边投资贸易的优惠政策,依托海尔已建立的生产、销售渠道和物流基础,通过工业园区为其他"走出去"的企业提供经营平台和相关服务,为入园企业搭建巴基斯坦及周边南亚国家的跨国通道。

在"一带一路"政策推进及中巴经济走廊的建设背景下,经贸合作区有力地促进了中巴两国的经济技术合作,吸引更多中国企业赴巴投资,从而培训了熟练技术工人,引进了技术和经营管理经验,增加了当地的就业和税收,扩大了出口创汇。

海尔—鲁巴经济区的成功得益于在我国对外开放基础上提出的中国企业"走出去"的政策指引与东道国经济特区的开放政策相吻合。在企业层面,双方企业的国际化经验对于经贸合作区的成功有很大的帮助。成功吸引产业链上的相关企业加入合作区,形成健康的产业生态圈也是其成功的关键因素之一。

---

① Megha Bahree,《巴基斯坦的海尔特区》,福布斯中文网,2010 年 3 月 24 日。
② 《海尔工厂覆盖 4 大洲 6 个工业园布局"一带一路"》,青岛新闻网,2016 年 6 月 24 日。

八、格鲁吉亚库塔伊西华凌自由工业园：适应环境，创造条件，积极进取

2012年7月，新疆华凌集团在格鲁吉亚首都第比利斯市建立国际经济特区，2015年3月，在格鲁吉亚第二大城市库塔伊西市正式建立自由工业园。华凌集团以商品市场建设经营为主体，以"建设大市场、发展大流通"为目标，坚持"立足新疆、服务全国、辐射亚欧"的发展宗旨，自1988年7月成立以来，除经营国内业务以外，还积极对外发展，进军欧亚。华凌集团抓住机会，首先进入的就是格鲁吉亚市场。

华凌集团进入格鲁吉亚之前，积极慎重地审视格鲁吉亚的位置及其营商环境，做了比较多的调研分析。华凌集团看到，格鲁吉亚位于外高加索中西部，处于欧亚交界处，地理位置和战略地位重要，素有"亚欧门户"之称。格鲁吉亚政府对外商投资实行国民待遇，具备比较完善的投资保障法律体系，先后出台了《国家投资促进法》《国有资产私有化法》《格鲁吉亚投资促进和保障外商投资法》《自由经济法》《工业保税区法》等多项政策法规，鼓励建立自由工业区（工业保税区）和工业园，具有较强的投资吸引力。近年来，格鲁吉亚政府致力于建立自由市场经济，推进经济改革，降低各种税率及关税，加快结构调整和私有化步伐，积极吸引外资。格鲁吉亚是世界上税种最少的单一税制国家之一，总赋税水平为16.5%，只有7个税种：个人所得税、企业利润税、增值税、消费税、关税、财产税和博彩业税。

华凌集团发现，格鲁吉亚具有进入周边国家和欧美市场的便利条件。格鲁吉亚与包括俄罗斯在内的所有独联体国家和土耳其等周边国家均为自由贸易，并和欧盟签署了联系协定（AA），其中包括一项深度和全面自由贸易区协定（DCFTA）。在东部伙伴关系框架下，格鲁吉亚的企业能够较为便利地进入欧盟市场，这种直接进入周边国家和欧美市场的优势，造就了天然的转口加工贸易平台。

此外，格鲁吉亚的经营成本相对较低，民众素质较高。格鲁吉亚当地劳动力资源充足，但就业率低、劳动力成本低，2018年男性月均工资1 271.7拉

里（约合 523 美元），女性 818.0 拉里（约合 336 美元）。格鲁吉亚人文化素质普遍较高，官方语言为格鲁吉亚语，居民多通晓俄语，英语也逐渐开始流行。

华凌集团通过林木采伐的机会进入格鲁吉亚市场。格鲁吉亚是一个森林资源丰富的国家，在格鲁吉亚拍卖公司对当地 20 年期每年 8.8 万立方米的榉木采伐权进行拍卖的过程中，华凌集团通过对获得采伐权的中国企业的收购获得了该采伐权，由此正式进入格鲁吉亚市场。这个项目不仅使华凌集团成功进入格鲁吉亚市场，更重要的是得到了格鲁吉亚政府的认可，为其今后的发展创造了有利的条件。

启动并建设库塔伊西华凌自由工业园。2009 年，华凌集团开始在格鲁吉亚中部城市库塔伊西筹划建设 1 000 亩的工业园区。华凌集团进驻之前，该地是一家废弃的老式嘎斯车生产企业。遗留的厂房、办公楼、餐厅、宿舍等破败不堪，前期进驻的员工没地方做饭，下雨天只能露天支起锅灶打着伞做。

华凌集团陆续投入四亿多元人民币，清运了几十万立方米的垃圾，将之前可利用的各种建筑设施重新改造成厂房、办公室、员工宿舍、食堂、库房、宾馆等。同时，华凌集团还与入驻华凌市场的厂商联合组建木材厂、石材厂、五金厂、彩钢板厂等，其建材一方面对外销售，另一方面园区建设自产自用，两面得利。同时，华凌集团还对园区进行绿化，提升经营环境和吸引力。

2015 年 3 月 10 日，格鲁吉亚总理伊拉克里·加里巴加维利正式签署《有关库塔伊西华凌自由工业园成立的规定》（格鲁吉亚政府第 109 号决议），认定华凌自由工业园为该国"自由工业区"。2015 年 10 月 16 日，库塔伊西华凌自由工业园正式运营。园区有工业加工区厂房 30 栋，新建改建海关办公房 1 栋，海关监管库房 6 栋，建筑面积共计 14.47 万平方米。配套服务区规划新建改建办公楼、职工宿舍及住宅公寓、商品展示中心、酒店、商业中心等，共计 33 栋，建筑面积共计 38.95 万平方米。

库塔伊西华凌自由工业园对入驻园区的企业提供诸多便利。首先，按照格鲁吉亚的《自由工业园区法》，入住自由工业园区的企业可享受格鲁吉亚关税、增值税、财产税免税的优惠。其次，凡在自由工业园区加工的产品，出口到欧洲各国均为零关税。此项政策措施可让中国企业合理避开欧洲对中国出口产品的贸易壁垒,降低经营成本。另外,在自由工业园区加工的产品在格鲁吉亚当地销售,只收取4%的海关服务费。再次,园区内为免税工业区提供服务保障,海关可24小时清关。最后,除政策上的优惠条件外,园区还有便利的交通条件。例如,库塔伊西市拥有巴统港、波季港两大著名港口,还具备发达的公路和铁路运输条件。

库塔伊西华凌自由工业园区是中国中小加工企业"走出去"发展的基地。园区依托格鲁吉亚丰富的森林、矿产等自然资源,在工业园区内建立以石材加工、建材加工、木材加工等为主的工业加工区。未来这里还将打造国际化、综合性的以森林、矿业、型材加工为主的建材类深加工产品出口基地。华凌集团还可凭借自由工业园区的平台,引进各种轻工、家电、电子、百货服装等行业,依据格鲁吉亚较低的生产成本及劳动力成本,增强产品在中亚及欧盟市场的竞争力。

华凌集团在格鲁吉亚经营的十多年间,经历过"颜色革命"、政权更迭的政治政策风险以及管理上的各种问题。华凌集团的管理者们积极利用政策法律等条件,寻求法律保障,慎重地规避政治政策风险,为园区创造更加便利的发展条件。

例如,适应《自由工业园区法》,将生产型园区改建为自由工业园。华凌集团建设自由工业园最初的想法是在获得木材开采权后,建造一个以木材加工为基地的生产型园区,将木材的开采与加工做成产业链。在了解到格鲁吉亚政府的《自由工业园区法》后,就将生产型园区申请改为自由工业园区申请,从而享受到一系列的优惠政策。此举大大增加了园区的招商吸引力,也有利于园区企业向欧洲出口产品。前几年中国光伏产业的同质竞争加剧,出口欧美市场的产品低价竞争激烈,被欧洲指责价格倾销并要实施制裁,这种情况下,就可以利用自由工业园区进行周转。

再如,依据当地法律,维护自身的合理权益。华凌集团拿到格鲁吉亚森林采伐项目时,格方承诺20年的采伐期限。但过了两年,格鲁吉亚的土地税增加了。这样,政府就要向华凌集团多收很多税款,税务局也依照新法律来催华凌集团交纳土地税。华凌集团认为当初签订合同时,新政策还没有出台,不宜将之后的法律运用于之前签订的合同。因此,华凌集团将此事交由法庭处理。结果,华凌集团有理有据,获得胜诉,从而维护了自身权益。

另外,要适应当地文化,建立高效稳定的经营管理团队。华凌集团初入格鲁吉亚市场时,对其文化并不熟悉,有些规矩需要双方磨合并逐渐适应。例如,进行木材加工时,木头吊在吊车上,就要装车了,只要到了下班时间,工人就会下车离开,就让木头在上面吊着。工人并没有加班的意识,即使多给工资也不愿意,并且不服从上级的临时安排。如果华凌集团强制员工加班,那么人权委员会就会出面干涉。在园区刚开始经营时,人权委员会就因为加班的事情找过华凌集团好几次。为了解决这类问题,华凌集团尝试采用计件工资制,多劳多得,少劳少得。认可这个规则的员工会自发多干,干得多的人收入就高。这样,就不受人权委员会干涉。华凌集团还设计出一套标准,根据出材率进行考核,出材率提高就有奖励。这样就避免了员工为了速度快而质量不达标的情况。这个规定刚出来时并不那么顺利,后来员工慢慢适应、接受了。所以,需要根据海外的文化环境,具体情况具体分析。

还有,格鲁吉亚政府政务服务也有当地的规矩和特色。例如,当地警察对违规车主开罚单,会先向车主解释违规之处在哪里,让车主明白为什么受罚,然后再让车主签字。另外,政务服务明码标价,不需要托关系搭人情。例如,办理居住证或房产证一类的证件,按照规定需要30天办理完毕。如果想要20天内办妥,那政务部门会标注20天的价格;想要15天,会有15天的价格。一切特殊需求都体现在价格上,不需要找关系。所以,中国企业在格鲁吉亚一定要遵循当地的处事方式,不能用中国思维处理问题。

与在国内进驻园区只是交场地租赁费不同,在"一带一路"背景下,不是所有的企业都有能力和精力"走出去",因为"走出去"首先要适应当地各种与中国截然不同的文化和制度,并有可能付出一定的代价。华凌集团在格鲁吉亚已经有了十几年的经验,其通过为工业园区内的企业提供从入驻到通关的一站式服务,为中方企业进驻格鲁吉亚搭建了很好的平台,可以缩短中方企业进入格鲁吉亚的不适感,更为中方企业搭建了通往格鲁吉亚、亚非、欧洲乃至全世界的桥梁,可以使企业"走出去"更加高效与方便。如果企业对"一带一路"沿线国家逐个投资,单打独斗,则需要分别单独适应不同国家的文化和制度,而进驻工业园区就可以避免,工业园区有专业的运营团队可以帮企业处理外围问题,企业只需要在园区内加工生产即可。

"一带一路"的持续发展需要在相关国家建设持续发展的平台,即国际经贸合作区,将各个国家的国际经贸合作区串联起来,形成有产业基础和服务体系的"一带一路"。在相关国家的国际经贸合作区,都成为所在区域经贸发展以及与各方联结的产业平台和带动当地经济社会发展的引擎,受到所在国的认可和重视,使得当地发展更具有持续性。如果国际经贸合作区在建设期间能够慎重选择和筹划,就能为将来的发展提供较好的初始条件。为增强吸引力,国际经贸合作区要提供高质量的园区服务,让入驻企业能够长久经营。同时,在园区经营过程中,要注意国际经贸合作区面临的问题,并积极应对,管控风险。在合作区经营、扩展方面,巴基斯坦的海尔—鲁巴经济区和格鲁吉亚的库塔伊西华凌自由工业园区,都在建设平台、合作经营、适应环境、积极扩展方面积累了丰富的经验,为国际经贸合作区的持续发展提供了有益的借鉴。总体来看,关键在于建设各方面的持续性机制,使"一带一路"在国际经贸合作区中实现长久发展。

面向 2035：经济现代化的思考[*]

武亚军[①]

中国现代化是一百多年以来一大批仁人志士的理想与梦想。从1898年的戊戌变法、1911年的辛亥革命，到1915年开始的新文化运动、1919年的五四运动，再到1921年的中国共产党成立、1949年的中华人民共和国成立及随后30年的发展，中国政商学各界与文化精英为此进行了长期不懈的努力，取得了历史性的进步与成就。

改革开放四十多年来形成的中国发展道路特别是经济发展道路，是中国上下各级思想改革和实践探索的集成，得益于地方经济竞争及政府和市场的有效结合、出口导向的经济追赶战略、庞大的劳动力规模和制造业集群，以及持续推进的制度创新及相对稳定的政治与社会环境等重要因素。

然而，应当看到，改革开放前30年中国以出口为导向的追赶型、粗放型经济增长模式虽然积累了庞大的经济总量，但同时也带来了一系列的经济社会问题，迫切需要转变增长模式和改变发展战略。近十年以来，随着2008年国际金融危机及逆全球化趋势抬头，支撑中国经济持续高速增长的诸多要素已经逐步弱化：一是生产要素成本全面上升，主要表现在土地成本、劳动力成本、能源成本、资金成本等方面；二是经济增长驱动力不足，对投资、出口的长期依赖带来经济结构的失衡，部分行业产能过剩，社会收入分配差距扩大；三是劳动力供给发生重大变化，表现为劳动力成本攀升，供给总量

---

[*] 部分内容在北京大学远望15年中国发展座谈会上做过交流。
[①] 武亚军，北京大学光华管理学院组织与战略管理系副教授，中国管理科学学会战略管理专业委员会副主任兼秘书长。

逐年下降,人口红利消失;四是能源资源缺口及生态环境压力加大,能源及自然资源消耗加剧,许多地区生态环境承载力将达到或超过极限。因此,中国经济两位数增长态势已不可重复,粗放型经济发展模式和增长结构难以长期维系,必须转换发展动能,以新发展理念引领经济发展新常态,实现由高速增长向高质量发展的现代化战略转型。

实际上,中国经济学界已经有不少学者提出了一系列改革现有经济发展模式的新战略方向与政策构想,并提出创新引领型战略发展思路。不过,考虑到最近十年来全球政治经济发展新形势和以互联网技术为代表的新技术革命发展趋势,考虑到自党的十九大起提出的2050年以前中国两阶段发展战略目标和新发展理念要求,以及经济现代化战略需要更为合宜的路径设定、政策配套与改革推进等情况,有必要从国家发展经济学理论、国家战略体系和政策设计等方面,系统地对未来15～30年的中国经济现代化战略进行更为深入的战略分析与谋划,以便我国能够抓住新技术革命战略机遇,筑牢国家发展的创新驱动与人力资本基础,在核心领域配置关键战略资源和核心政策,扬长避短,攻坚克难,在经济与社会全面改革开放的新发展阶段扎实有力地推动实现中华民族伟大复兴的现代化建设。

一、中国现代化战略与2035愿景

(一) 中国现代化战略部署与两个一百年目标

中华人民共和国成立以来,国家对如何实现国家现代化进行了艰苦探索。改革开放以后,中国社会经济发展步入快车道,现代化发展战略经历了多次制定、修正与更新,伴随着时代的发展得到不断完善(马建堂,2018)。在2017年党的十九大报告中,以习近平同志为核心的党中央在综合分析国际国内形势和我国发展条件后,提出从2020年到本世纪中叶中国现代化可以分两个阶段来安排:第一个阶段,从2020年到2035年,在全面建成小康社会的基础上,奋斗十五年,基本实现社会主义现代化。第二个阶段,从2035

年到本世纪中叶,在基本实现现代化的基础上,再奋斗十五年,把我国建成富强民主文明和谐美丽的社会主义现代化强国。到2035年基本实现社会主义现代化时,我国经济实力、科技实力将大幅跃升,跻身创新型国家前列;人民平等参与、平等发展权利得到充分保障,法治国家、法治政府、法治社会基本建成,各方面制度更加完善,国家治理体系和治理能力现代化基本实现;社会文明程度达到新的高度,国家文化软实力显著增强,中华文化影响更加广泛深入;人民生活更为宽裕,中等收入群体比例明显提高,城乡区域发展差距和居民生活水平差距显著缩小,基本公共服务均等化基本实现,全体人民共同富裕迈出坚实步伐;现代社会治理格局基本形成,社会充满活力又和谐有序;生态环境根本好转,美丽中国目标基本实现。党的二十大报告特别强调党在今后的中心任务就是团结带领全国各族人民全面建成社会主义现代化强国,实现第二个百年奋斗目标,以中国式现代化全面推进中华民族伟大复兴。

(二)总体布局与五大发展理念

从全面建成小康社会到基本实现社会主义现代化,基础在于贯彻新发展理念,即培育以创新、协调、绿色、开放、共享为支柱的发展体系。创新发展主要是解决发展动力问题,协调发展注重的是解决发展不平衡问题,绿色发展注重的是解决人与自然和谐问题,开放发展注重的是解决发展内外联动问题,共享发展注重的是解决社会公平正义问题。

创新是引领发展的根本动力。不断强化国家创新能力建设,以创新培育经济发展新动能,打造经济发展新的增长极;培育和保护企业家精神,加大对民营企业创新的支持力度,鼓励自主研发特别是基础性研发,让更多企业主体参与创新创造,构建产学研深度融合的技术创新体系;通过加大政府教育投入培育更多的知识型、技能型、创新型劳动人才,弘扬劳模精神和工匠精神,实现从人口红利向人才红利转变;完善知识产权相关法律法规,为知识产权保护及应用保驾护航。

协调是均衡发展的内在条件。把握国民经济发展的基本趋势,确保国家各部门经济在空间布局和质量数量上的比例关系合理、适度,生产、流通、分配、消费各环节互联互通;坚持国家宏观调控,发挥政府规划和产业政策的全局导向作用,使得中央与地方、东中西部地区、城乡之间协调发展。

绿色是可持续发展的必然要求。不断完善以绿色发展为导向的政策法规和体制机制,在全社会营造绿色环保的生产生活理念;加快推进清洁生产、清洁能源、节能环保等绿色低碳产业发展;积极引导民众形成绿色消费、绿色出行的生活方式,使得绿色、低碳、共享的发展模式成为社会共识。

开放是全球化发展的基本趋势。开放也是改革的主要内容,不断深入发展的高水平开放格局将促使国内经济发展适时做出调整,是经济结构优化、产业转型升级的重要支撑。未来应推动形成全面开放新格局以助力高质量发展。

共享是社会公平正义的本质特征。坚持改革发展的成果由全体人民共享,促进居民增收与经济发展同步、劳动报酬增长与劳动生产率提高同步,着力提高居民的劳动收入和财产性收入;建成全面覆盖、多层次、高水平的社会保障体系;借助再分配调节收入差距,促进基本公共服务均等化。

(三)抓住战略机遇,构建信息时代的国家竞争优势

在新发展理念引领下,中国经济社会发展的要素条件、动力源泉正发生变革,致力于实现现代化的中国经济将由要素和投资驱动转向效率和创新驱动,国家创新活力和差异化竞争优势成为可持续发展以及迈向2035的动力源泉。

哈佛大学战略学家迈克尔·波特教授在其关于国家产业竞争力的著作《国家竞争优势》中提出了国家竞争优势钻石框架模型,该模型指出,影响一个国家行业竞争力的六大要素包括生产要素,需求条件,相关产业与支持性产业,企业战略、结构和同业竞争,机会,政府,这六大要素相互依赖,彼此互动,共同构成一个动态的产业竞争力系统(波特,2002)。国家竞争优势钻石框架模型已成为各国政府和国际组织用以分析、评估国家或产业竞争优势的重要工具。

自中国进入互联网时代以来,中国庞大的客户基数和市场规模推动了像阿里巴巴、腾讯、百度、小米、美团等一大批互联网应用企业的快速成长和激烈竞争,也拓展了互联网人才、资本和新技术的供应及相关产业(如物流快递、金融科技等)的快速发展。近十年来,随着新一代数字经济以及移动互联网、物联网和人工智能等的进一步发展及应用,生产及消费领域的网络化、数字化、智能化趋势越来越明显,在中国相继形成了消费互联网和产业互联网的巨大发展浪潮,涌现出阿里巴巴、腾讯、小米等一批世界级企业。其中,"+互联网"浪潮借助现代信息和互联网技术可以实现对传统产业与商业模式的改造、升级,"互联网+"浪潮则是互联网企业主动运用新技术整合传统业态和发展实体经济,为客户提供全场景的无时不在的产品/服务,最终实现消费O2O(线上到线下)、模式和智能生产体系的全面联通。与此同时,中国政府包括地方政府对区域内互联网产业的发展给予高度重视,从土地、人才、税收政策等方面全力吸引互联网企业及相关生产要素集聚和发展,出现了浙江、深圳、贵州等一批数字化战略优先发展省市。实际上,中国发展互联网产业与数字经济还存在一个重要的文化传统或思维方式优势,因为中国基于汉字的语言体系促成了中国人的整体、综合、直觉、联系等思维偏向(张岱年,1991),这与互联网时代信息文明所看重的系统、动态和非线性等思维方式比较接近,与此相反,西方所擅长的分析方法和机械性思维则与实证科学和传统工业文明更为契合(邝柏林,1991)。

从人类经济发展与创新历史来看,以计算机、互联网技术和人工智能为核心的信息文明,是人类社会继农业文明(1405年以前)、工业文明(1405—1945年)之后的又一新文明时代(周宏桥,2019)[①]。信息文明时代尤其是进入移动互联网、物联网和智能互联时代以后,一些具有市场规模优势和丰富人才要素供给、政府强力推动和民族文化支持的国家,特别是中国,迎来了一个重要的战略机遇期(周宏桥,2019)。显然,抓住信息文明时代科技革命

---

① 选择1405年作为工业文明时代的开始,是因为其后的西方大航海时代开启了全球贸易、西方思想解放运动和工业革命等浪潮;选择1945年作为信息文明时代的开始,是因为其后世界出现了第一台计算机,而互联网、智能手机等代表则要到20世纪后期和21世纪初期。参见周宏桥(2019)第1章的讨论。

与数字经济发展这一千年机遇,有利于中国实现新、旧动能转换,提升中国经济发展的质量,促进经济与社会的全面现代化。

(四) 中国经济现代化战略需要遵循的若干原则

根据两个一百年战略目标和新发展理念,未来 15 年是中国基本实现现代化的关键时期。在中国现代化战略的设计和构想中,必须重视并遵循以下一些战略原则:一是以两个一百年为发展目标及愿景,以五位一体的战略布局和新发展理念驱动现代化战略(习近平,2019a)。二是现代化战略发展要以解决人民日益增长的美好生活需要与不平衡不充分发展这一中国特色社会主义新时代的主要矛盾作为核心战略任务,以发展和利用人力资本及构建创新引领型动力作为经济现代化战略之本。三是经济现代化作为国家战略,必须体现在国家资源配置和关键承诺上,必须有发展规划、政策配套与重要指标监控及推动等(徐宪平等,2018)。四是经济现代化战略要在抓住信息文明时代革命性战略机遇的基础上,充分吸收借鉴其他发达市场经济国家在工业化、信息化过程中的经验及教训,合理设定相关战略议程和关键措施(厉以宁,1993)。五是在经济现代化战略过程中,需要围绕转型发展的一些重大社会经济问题和难题,攻坚克难,以改革推动转型发展,克服发展瓶颈,推动中国现代化战略的有效实施(厉以宁,2013)。

二、中国经济现代化战略架构

(一) 国家现代化发展的目的与依靠

人是国家现代化发展的最终目的,也是现代化发展的依靠力量,国家发展的最高目标是实现社会人自由而全面的发展(厉以宁,1986,2018)[①]。新

---

① 厉以宁曾明确指出,"对任何一种制度,任何一个国家而言,都应当正确处理人和物之间的主从关系,应当是人支配物而不是物支配人。发展生产,增加 GDP,让人们有更多的物质产品和精神产品,目的是为了人"(厉以宁,2018)。也正因为如此,厉以宁从 20 世纪 80 年代开始就把他的社会主义政治经济学体系建立在体制、目标、人三个依次上升的层次之上。参见厉以宁(1986)以及厉以宁(2018)第 297—312 页的讨论。

时代中国社会的主要矛盾已经转化为人民日益增长的美好生活需要同不平衡不充分的发展之间的矛盾,中国的现代化发展就是为了更好地满足人民日益增长的美好生活需要。社会主要矛盾的历史演变往往与中国共产党人的初心与使命密切相关,习近平总书记多次在不同场合提到中国共产党人的初心和使命,强调始终不忘党因何而建、因何而兴,坚守全心全意为人民服务的宗旨(习近平,2019b)。党的十九大报告进一步指出中国共产党人的初心和使命就是为中国人民谋幸福,为中华民族谋复兴。通过国家现代化发展促进社会生产力极大发展和物质文化极大丰富,才能为人的自由而全面发展创造条件,最终实现人的本质回归。

20世纪90年代,厉以宁在比较经济史研究中就明确指出,"现代化是一个经济、社会、政治、文化的持续发展的过程,而以经济发展过程作为其主要的内容"(厉以宁,1993)。事实上,国家经济发展程度越高,就越有可能加大教育、医疗、科技、卫生等公共事业投入,才能更多地关注人民的社会文化生活及人的自身发展,从这个角度来讲实现现代化应不断发展社会生产力,增加社会物质财富。但更深层次的意义在于,增加的社会物质财富应致力于破除阻碍人自身发展的物质和精神枷锁,不断满足人们的物质和文化生活需要,并使所有的劳动者平等地获取全面发展的权利和自由。实际上,在人人都享有生产要素而又依靠对方提供生产要素或需要生产要素进行社会生产的经济中,如果不是所有人都有同等参与经济活动的机会,那就没有公平可言(厉以宁,1986)。

(二) 财税体制与农村土地产权改革

实现经济现代化必须在贯彻创新、协调、绿色、开放、共享新发展理念的基础上不断推进经济体制改革,为此,国家先后出台了一系列全局性、突破性的经济体制改革举措。财税体制作为国家治理的基础和核心制度,在全面深化改革和推进国家治理能力现代化的过程中发挥着引领性作用,而混合所有制改革、农村土地产权改革及林权改革是盘活国有资本和集体资本、提高国民经济资本配置效率的重要突破口(厉以宁,2015)。

2013年中央关于深化改革的若干决议指出:"财政是国家治理的基础和

重要支柱,科学的财税体制是优化资源配置、维护市场统一、促进社会公平、实现国家长治久安的制度保障。必须完善立法、明确事权、改革税制、稳定税负、透明预算、提高效率,建立现代财政制度,发挥中央和地方两个积极性。"2014年6月中共中央政治局审议通过《深化财税体制改革总体方案》,确定在预算管理制度改革、税收制度改革和财政体制改革三大方面推进改革。这一轮的财税体制改革之所以成为重点工程和基础工程,是因为它涉及全面深化改革中经济、政治、文化、社会、生态文明和党的建设等各个领域改革的联动。其中,作为国家治理的基础和重要支柱,财税体制安排体现并承载着政府与市场、政府与社会、中央与地方等方面的基本关系,深刻影响着经济、政治、文化、社会、生态文明和党的建设等领域的体制格局。因此,在国家治理的总格局中,它是一个具有"牵一发而动全身"之效的要素。就财税体制改革目标和目前的状态来看,其还存在不少问题,主要包括:虽然改革在一些具体领域如预算管理法、具体税收改革等方面取得了一定成绩,但在发挥国家治理基础作用的多种体制改革的协调方面,如中央和地方的事权与支出责任划分、社会保障体制与预算管理、直接税比例增加与税收体制优化、重大改革方案的多方参与及论证等都存在大量的改进空间(高培勇、汪德华,2017)。就发挥中央、地方两个积极性来说,自分税制改革以来,中国政府与企业、中央与地方的分配关系更加规范和统一,但也造成地方政府的财权弱化而事权增强的局面,导致地方财政短缺而过度依赖"土地财政"与中央转移支付。有专家甚至认为,中国长期存在"公共财政保政权运行、土地财政保建设"的二元财政格局,非常不利于国家的长治久安(刘志彪、骆祖春,2014)。有资料显示,近年来中国地方财政收入的40%以上来自中央转移支付,地方财政自给率过低,而发达国家中央转移支付比例较低,例如美国联邦政府转移支付只占州及地方财政收入的20%左右,且都是专项转移支付,未来需要大幅增加中央政府的直接财政支出,减少地方财政的直接支出以提高财政能力,同时赋予地方政府更多的税收权,因地制宜确定本地税收种类(林双林,2015)。需要指出的是,财税体制改革方案的设计及出台需要高度重视流程合法性,其中需要形成国家权威机构组织、多方利益相关者和专家学者参与及协商,最终通过法定机构审议的制度,因为财税体制改革能否真正让人们产生获得感,能否有效促进国家治理现代化进程,还要看其落地实施情况。而改革方案的真正落地,应是建立在公开透明、广泛参与的基础上,应鼓励事前充分发表意见进行博弈,而非方案出台之后的事后博弈(高培勇、汪德华,2017)。

在中国乡村振兴和农业经济发展中,土地是最主要的资本要素之一,因此,土地确权是农村改革的最重要环节,并且应广泛包括承包地、宅基地、林地等多类型土地。在农村土地及林地等产权改革方面,需要完善产权界定制度、产权配置制度、产权交易制度和产权保护制度四个方面的改革(常修泽,2018)。党的十九大报告中针对农村土地改革提出三权分置制度,即确立土地所有权、承包权、经营权三权分置,强调保持土地承包权长期不变,第二轮承包权到期后再延长三十年,建立经营权流转的格局,对包括林权在内的自然资源的产权归属有了比较清晰的界定,能比较有效地推进农业及林业经营的组织化、规模化和长期化,提升农业和农村的现代化水平。因此,未来应积极推进农村土地产权界定和要素市场的自由流动,在不改变基本耕地性质、不破坏农村生态环境、兼顾农民承包权收益的前提下,支持并鼓励农村土地及林地资源实现组织化、规模化和多样化经营,发展现代农业经济和林业经济,促进农村和农业的可持续发展。

(三) 国家人力资本、教育投入与创新体系建设

按照不同阶段经济发展驱动因素的不同,国家经济发展阶段可分为要素驱动、投资驱动、创新驱动和财富驱动四个阶段(波特,2002),当前发达国家处于创新驱动阶段,中国尚处于投资驱动向创新驱动过渡阶段。在波特(2002)看来,经济全球化带来的各国生产要素成本下降和技术差异缩小到一定程度后,国家之间的竞争优势将取决于产业自主创新能力及其支持要素体系。由投资驱动向创新驱动转变的中国现代化,离不开持续的人力资本积累和有效的知识生产,以及构建具有国际竞争力的人才结构体系及国家创新体系等(常修泽,2013)。一方面,需要加大人力资本投资,优化创新创业环境,营造崇尚知识、尊重劳动、勇于创造的社会氛围,通过政策引导劳动力及人才在地区间充分流动,提高全国范围内人力资本的配置效率;另一

方面,要系统构建国家、产业、企业三层次创新体系,通过加大人力资本投资、知识产权保护和人本制度创新提升人力资本的数量、质量和作用效果(常修泽,2013)。同时,还应不断完善教育制度,始终把"发展教育,增强国民素质"作为第一国策,一个国家在不同时期可以有多个国策,但从长远发展来看教育应当被放在首位,因为教育和民众素质是决定中国可持续发展的基础性因素,通过教育可以实现国民优化、政府优化、规则优化等重要改进(张国有,2017)。因此,需要持续加大教育投入以强化知识生产和人力资本积累,注重创新型人力资本培养,提高全国的人力资本质量及其培养与塑造。

(四)国家自然与生态资本、社会与文化资本的双重强化

作为国家竞争优势和可持续发展的基础要素,自然生态资本和社会文化资本在国家现代化进程中的战略意义已经越来越明显。现代化发展必然是尊重自然、顺应自然、保护自然的发展,是人与自然和谐共生的发展,是既能创造符合人民美好生活需要的物质财富和精神财富又能满足人们对高品质生态和居住环境的期待的发展。构建自然与生态资本的关键在于强化生态建设及绿色发展意识,构建全新的发展观、生产观和消费观,以最小的自然资源消耗和成本投入获得最大的经济效益和环境效益,制定包括清洁生产、绿色消费、污染控制、绿色税制在内的政策法规体系,以绿色环保制度和低碳发展宏观政策体系为人的全面发展提供生态环境保障(厉以宁等,2017)。

作为社会现象的中国文化不仅具有时代性,而且具有民族性,即民族的文化同时也是时代的文化(庞朴,1988)。文化资本是国家现代化发展宝贵的战略资源,就国家而言,它涉及文化产业、文化启蒙、文化自信、文化包容及文化创新等多方面的重要内容(厉以宁,2018),同时,它也是一个国家软实力的重要体现(奈,2016)。中国的现代化必然是传统与现代的统一,是文明继承与发展的统一,是文化传承与共享的统一(厉以宁,1993,2018)。作为中国现代化的重要基础,我们应该吸取中国近代百年以来的历史教训,反对否定传统的文化激进主义,在坚定文化自信、坚持"扬弃"的基础上实现中华传统文化与现代化的相互促进(陈来,2006)。2017年中央出台《关于实施中华优秀传统文化传承发展工程的意见》,对于推动中华优秀传统文化的创造性转化和创新性发展具有重要指导意义,党的十九大报告也指出推动中华优秀传统文化创造性转化、创新性发展、不断铸就中华文化新辉煌是坚持社会主义核心价值观体系的重要内容。从国家现代化战略看,我们必须推进文化领域供给侧结构性改革,坚定文化自信,进一步解放和发展文化生产力,着力解决发展过程中不平衡不充分问题,这样才能更好地满足人民日益增长的精神文化需求,创造具有中国特色的文化资本体系,提升国家的"软实力",促进国家长治久安和持续稳定发展。

(五)数字产业政策和新型土地政策作为高质量发展助推器

围绕现代化经济体系而构建的四大资本平台是转变经济发展方式、优化经济结构的有效支撑,它需要以不断激发中国经济新的增长动能作为保障。实际上,中国经济进入中速增长期后增长动能主要来自三个方面:一是现有经济如何提升效率,二是以服务业为代表的一些行业还有较大的增长潜力,三是前沿性创新带来的经济增长。为此,需要将既有的经济增长潜力加上新体制、新机制、新技术、新商业模式,才能将全面激发出的新动能转化为高质量发展意义上的新经济(刘世锦,2018)。新时代应以数字产业政策和新型土地政策作为两大政策抓手,加持倍增国家四大资本平台,从而全面助推国民经济高质量发展。

在人类社会发展中,科技革命和产业革命相互促进、相互激荡促进人类改造自然能力的提升。其中,蒸汽动力学革命催生了以蒸汽使用为主要特点、以纺织业为主导产业的第一次产业革命;电磁动力学革命催生了以电的普遍应用为重要特点的第二次产业革命;如今,以计算机、互联网、物联网、云计算、大数据、移动智能终端为代表的信息技术革命,使数据(数字)成为最重要的社会资源和生产要素,使数据获取、加工、计算、运用、存储等活动和过程较之于产品、服务本身的生产、流通、消费变得更为关键、更为重要、更为本质。随着这一进展的不断升级,人类社会迎来了数字经济这一崭新的经济形态(马建堂,2018)。在这一过程中,数字技术革命使得全球范围内的需求和供给之间可以高效率、低时滞地得到连接与匹配,人们的各种个性化需求可以通过供应的网络化、智能化、平台化而得到高效率的感知与满足。因此,实体经济数字化是中国高质量发展的重要方向,也是我国未来的重大战略机遇。利用数字产业技术来倍增和加持实体经济、社会服务、政府管理和文化发展,将成为我国未来数十年战略发展的一个重要助推器。这主要包括两方面的政策:一是数字技术产业化和发展"互联网+",如加大对互联网技术、云计算、人工智能等行业的促进和扶持力度,加大数字基础设施领域的投资、建设与完善;同时,互联网企业加大对实体经济的渗透。二是鼓励传统行业、部门和机构进行数字化转型,即发展所谓的"+互联网"。需要强调的是,这一数字产业政策不仅要鼓励互联网企业加持或改造传统实体经济,也不仅要求用互联网相关技术改造经济发展的体制与机制,它的有效利用还需要渗透到教育、政府管理、社会服务和文化建设等各个领域,即推动"数字化+"商务+教育+政务+医务+社会服务等各领域,全面助力中国的现代化进程。实际上,数字技术确已成为新的科技革命和产业变革中驱动创新及转型发展的重要力量,有数据显示2018年全国数字核心产业增加值达到5 548亿元,同比增长超过13%,由此形成的数字产业集群有利于改造提升传统产业,打造更高品质和高附加值的终端产品,培育新的比较优势,同时推动数字经济不断赋能公共服务领域,创新城市运行模式,促进政府治理现代化(潘家栋、包海波,2019)。

土地制度是中国政治经济制度的基础性安排。过去四十多年,土地制度的独特安排与变革是中国经济高速增长和结构变革的发动机,由此形成的"以地谋发展"模式又成为拖累经济转型的重要制度性障碍。随着经济增长进入中速增长平台期,国民经济结构变革转向城乡互动,土地制度的不适应性凸显,必须深化土地制度改革,告别"以地谋发展"的传统粗放模式,以土地结构优化促进结构改革,以新型土地政策促进新型城镇化和城乡互融,以及促进经济的全面转型发展(刘守英,2017)。从历史上看,改革开放以来我国土地政策一直处于适应城镇建设的不断调整中,国家现代化形成的产业集群和人口集聚带动城镇化快速发展及城市规模扩张。传统土地政策引致城市土地过度开发、土地市场化配置程度低、生态环境恶化等诸多问题。

新时代的土地政策需着眼于科学合理的城市规划、产业布局和环境承载能力,统筹城乡土地政策的综合改革,体现政府、市场与农民多种力量的综合效果,促进新型城镇化与推动高质量发展的政策改革。实际上,随着我国经济发展进入高质量发展阶段,经济发展将更多依靠内生动力,创新成为引领发展的第一动力。土地作为我国拥有的一项重要的优势经济资源,需要着力于促进城乡一体化制度改革、调整产业结构和产业升级、发展新型城镇等方面,聚焦支持创新驱动战略实施,保障科研教育、新产业新业态、医疗卫生和创业创新等用地需求,支持推进新型城镇化、生态文明建设、美丽宜居乡村建设等,推进我国重要区域及流域经济带的全面协调发展。

(六)以人力资本和创新为核心的全要素复合型国家现代化战略架构

中国经济要实现从大到强的伟大飞跃就必须建立现代化经济体系,更好地满足人民日益增长的美好生活需要,这也是党的十九大确立的战略构想,是中国经济体制运行的总体指向。就未来15年的发展要求来说,建立现代化经济体系就是要把供给侧结构性改革作为主攻方向,构筑、形成并不断强化中国经济发展的质量优势,实现健康良性的经济运行和发展。现代化经济体系是由社会经济活动各个环节、各个层面、各个领域的相互关系和内在联系构成的有机整体,它既是一个目标体系,也是一个不断变革的过程,体现了以新发展理念为支柱、以四大资本平台为基础、以数字产业政策和新型土地政策为杠杆的国家现代化战略构架和发展愿景(见图1)。

在经济现代化战略架构的底座部分,来自国家财税体系与各种所有制企业投入的经济资本是国家经济发展的直接资本来源,也是国民经济第一、二、三产业发展的物质依靠;自然与生态资本既是国家经济发展依靠的自然资源的总和,也是民众生存和高质量生活环境的必要组成部分;人力与知识资本是创新驱动型经济发展的核心资源和关键要素,必须得到持续不断的发展与壮大;其总量不仅依赖于高、中、低各层次人力资源的数量,而且主要依赖于各产业中、高层次人力资本的培育与开发利用程度。在上述架构中,法治与文化资本指的是一个社会有序高效运转所依赖的国家制度、法规、社

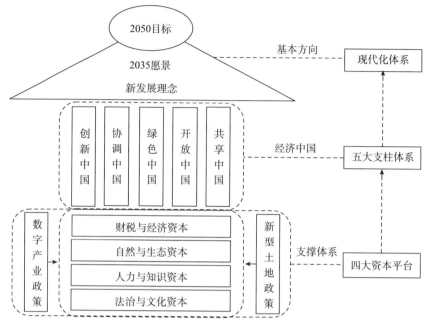

图 1　中国经济现代化战略架构

会价值观和宗教伦理观念等的总和。法治与文化资本是一种无形而又非常重要的资本,它体现在某种社会组织之中、某些行为规则之上或某些共享观念之中,影响了一个社会人力资本的增长和人力资本作用的发挥(厉以宁,2010)。同时,从数百年经济发展历史来看,一个国家的制度和文化资本相对于人力资本和物质资本来说是更为基础、更为重要的因素,它可以是一种生生不息的创造性力量的来源(韦伯,1987)。因此,我们把法治与文化资本置于图 1 的经济现代化战略架构地基的底层。

需要指出的是,在图 1 的架构底座中,我们把数字产业政策和新型土地政策作为国家经济发展四大资本平台的加持倍增,是指利用这两大中国经济优势资源与政策导向可以对培育和利用四大类国家资本起到加速及放大的积极作用,它们一方面可以对四类资本平台的某个层次如人力资本或生态资本发挥作用,另一方面也可以起到促进四类资本融合、加固或放大的作用。

在图 1 所示的战略大厦支柱部分,我们将创新、协调、绿色、开放和共享作为五个支柱,它们体现了中国基本实现现代化后经济中国的五个主要面向。在战略大厦的屋顶,是2050年中国现代化的梦想和2035年中国基本实现社会主义现代化的创新强国愿景,以及实现这些发展目标所要求的"五位一体"的新发展理念。

三、迈向2035中国愿景:关键指标设置与核心政策构想

(一)关键指标设置

实现2035年中国现代化战略愿景及构想,需要构造一系列代表性衡量指标,进而通过表征新发展理念指标体系的设定倒推出中国现代化进程中需要的发展路径和重要的应对举措。

指标选择主要遵循两个标准:一是能够充分体现创新、协调、绿色、开放和共享的新发展理念,二是通过多个维度描述2035年中国在经济增长、创新驱动、人力资本、绿色协调等方面的发展能否满足人民日益增长的美好生活需要。实际上,发展指标及指标体系不仅是对经济现代化结果的衡量,也深刻反映出对发展路径的选择。

2019年,以北京大学光华管理学院教师为核心的研究团队系统分析了实现2035中国愿景的具体指标体系,在指标的衡量与评估方面主要进行了两方面的考虑:一方面,采取国际比较方法,确定美国、英国、德国、法国、日本等主要发达国家在实现与中国同等经济现代化程度时(以人均GDP水平为主要标准)所对应的经济和社会多方面的指标值及主要表现,以此为基准情形并结合中国发展的具体情况将其作为中国2035年指标值的预测基础;另一方面,遵循社会经济发展的基本规律,结合中国经济发展的基础条件、结构特征、驱动因素对推动经济深化发展的动能进行全面分析,并以培育人力资本为核心实现创新驱动的高质量可持续发展。这两方面的考虑,体现了从外向内和从内向外视角的结合,符合中国经济社会发展的内在逻辑,同时也兼顾了主要发达国家在经济现代化发展过程中呈现的一般规律(见表1)。

表1 中国现代化战略的关键指标设置

类别	指标	2035年	单位	说明
经济增长	人均GDP	34 950	国际元[a]	以2011年不变价为基准[b] GDP年增长率为4.0%~5.5%
	全要素生产率年均增速[c]	2.7~3.0	%	以2018年为基准
	人均资本存量	136 582	国际元	以2011年为基准
创新驱动	国家研发强度	≥3.0	%	国家研发支出占GDP比重
	基础研发经费结构	≥12.0	%	国家基础研究支出占研发经费比重
	专利申请强度	10 000	个	每千亿国际元GDP对应的专利申请数量
	PCT(《专利合作条约》)国际申请	140 000	个	
人力资本	政府教育支出强度	≥4.75	%	政府教育经费占GDP比重
	全国受高等教育人口比重	≥23.43	%	6岁以上接受高等教育人口占比
	人均预期寿命	≥81.2	岁	基准情形
	国家医疗卫生支出强度	≥8.59	%	国家医疗卫生支出占GDP比重
绿色协调	城镇化率	70~80	%	城市人口占比,高值为乐观估计
	产业结构优化	≥65	%	第三产业增加值占比
	人口结构优化	≤23.29	%	65岁以上老年人口占比
	消费结构优化	≥58	%	居民服务消费占总消费比重
	环境PM2.5量	≤37.87	微克/立方米	考虑不同地区的经济增速及环保要求设定标准
	单位GDP能耗	≤0.39	吨标煤/万元	
	人均碳排放量	≤12.26	吨/人	

资料来源:根据北京大学光华管理学院课题组(2019)研究报告汇总整理。

注:a. 国际元,是指采用购买力平价而不是汇率的方法来确定的一种国际标准货币单位(对美国而言,国际元与美元相当于1:1的估值)。

b. 这里以2011年不变价为基准年,是为了便于估算各发达国家达到35 000国际元的时间,具体为:美国1988年、德国1998年、法国2001年、英国2003年、日本2004年。

c. 基准情形预测是2035年中国的全要素生产率水平达到美国的65%,为此中国在2015—2035年的全要素生产率增速应该比美国同期增速高1.95个百分点。美国近年的全要素生产率增速已经降到1%左右,如果这一增速在未来不发生结构性的变化,则意味着中国全要素生产率的年均增速应该保持在2.7%~3.0%的水平。

关于表1设定的18个关键指标,有必要着重强调以下三点:

第一,全要素生产率及其提升是中国经济现代化的一个总体型创新监测指标。所谓全要素生产率(Total Factor Productivity,TFP),是指所有资源的开发利用效率,等同于一定时间内国民经济总产出与要素总投入的比值。全要素生产率的增长率并不是指所有要素生产率的增长部分,而是指经济增长中不能归因于有形生产要素的增长部分,它只能用来衡量除有形生产要素外的纯技术进步或资源配置效率提升所引致的生产率增长。因此,全要素生产率的增长率是指全部生产要素(包括资本、劳动、土地等)的投入量都不变时,生产量仍能增加的部分。一般认为,全要素生产率有三个来源,分别是效率改善(宏观上国家体制和政策的优化,以及微观上企业科学化管理水平的提升)、技术进步(各种科学技术的发展与应用)以及规模效应(通过增大规模带来经济效益的提高)。出于各种体制机制原因,以及中国经济的转型发展特征,中国在2035年的全要素生产率达到美国的3/4被认为是相当好的一个期望目标(北京大学光华管理学院课题组,2019)。

第二,表1中的核心指标并不都是政策着力点。这些指标主要是为了监测经济现代化发展的多维度特性而设定的,每个指标在其所关注的领域并不是唯一的,也并非都是政策实施的着力点或抓手。其中,若干具有政策抓手性质的战略性指标可以作为我们实施现代化战略的政策着力点,如提高国家研发强度和国家财政性教育支出强度可以起到强化创新驱动及人力资本培育的作用。另一些指标主要是作为政策实施和调整的可参照的监测指标,如老年人口占总人口的比重和居民服务消费占总消费的比重。

第三,针对表1中的一些关键政策指标,特别是国家研发强度、政府教育支出强度和国家医疗卫生支出强度的2035目标设定,表1中所引用的课题组提出的数字标准是比较保守的。为了凸显本研究倡导的以人力资本为核心、创新驱动的中国经济现代化战略设计,笔者认为这些关键指标需要高标设定,其具体数值建议和依据将在本研究政策构想部分进行详细论述。

(二)财税体制改革与扩展经济资本的核心政策构想

中国经济四十余年的高速发展为积累现代化需要的经济资本奠定了良

好基础，充足的资本存量和多层次的人力资本——世界范围内大量的高中低技能的劳动力资源，为中国推进产业结构升级和就业结构转型提供了便利，新旧动能转换、城镇化进程中大量基础设施投资与建设也进一步为资本积累和创新发展带来机会。此外，持续稳定增长的居民收入也带动了国内消费需求升级，统计显示，全国居民人均可支配收入已从1978年的171元增加到2018年的28 228元，扣除物价因素后实际增长24.3倍，居民收入水平提高带来了消费升级，特别是信息时代随着互联网技术革新及应用的蓬勃发展，中国社会消费需求的多样化、个性化特征越来越明显，倒逼中国企业加快创新和产品更新换代步伐，充分利用互联网技术提供高附加值、定制化的产品和服务，实现经济的高质量发展。

中国财税体制改革的一项核心内容是建立事权与财权划分相适应、财力协调、区域均衡的央地财政关系。其中，需要进一步理顺中央、地方的事权划分，按照事权责任划分确定与地方责任相适应的分税制，完善地方税体系和种类；同时，中央需要根据各地财政支出标准与实际财政收入的差额确定对各地的一般转移支付标准，并逐年按一定增长率调整，逐步将大部分专项转移支付变为一般转移支付，充实地方预算，逐步减少地方政府对土地财政的依赖。此外，在税制改革中降低总体税负，且优化税收结构，包括税收收入与非税收入结构、直接税收入与间接税收入结构，核心在于降低间接税尤其是增值税占比并提高直接税占比，优化产业、行业税负结构，降低实体产业，包括农业实体产业税负，在实体产业中以降低制造业税负为主；逐步调整法人与自然人税负的比例关系，降低法人税负，提高自然人主要是高收入群体的税负。最后，应进一步完善预算制度改革，财政预算先规范后透明，加强预算立法和人大对预算的审查监督，推进预算绩效管理（刘志彪、骆祖春，2014）。

在扩展经济资本方面，应该加大国有资产管理体制改革力度，提升国有资产资源配置效率，并通过国有企业混合所有制改革提升企业活力和效率，在农村通过进一步推进农地和林地产权制度改革，扩展国民经济中可供投入的经济资本总量，提升资本投融资和运营效率（厉以宁，2014）。

(三) 提升自然与生态资本的核心政策构想

在高质量发展的新阶段,全国都要践行"绿水青山就是金山银山"的发展理念。为此,需要通过广泛的文化宣传,提升地方干部和群众坚持绿色环保发展理念,动员更多的城乡居民自觉地、主动地参加绿色经济和绿色环境的建设(厉以宁,2018)。在宏观管理层面,需要把"低碳发展"作为国民经济宏观管理的目标之一,以产业生态化、生态产业化促进区域可持续发展,大力发展低耗能、低排放的节能环保产业和现代服务业,鼓励并引导全社会形成简约适度、绿色低碳的生产生活方式(厉以宁等,2017)。在经济发展方式上,各级政府要跳出"发展就是拼资源、拼能源"的传统发展误区,摒弃以"末端治理"作为环境保护手段,把自然资源的有序开发和综合利用放在首位,严控高污染项目的立项审批,通过大力发展节能环保产业带动相关绿色产业链和生态产业集群,加快构建绿色技术成果转化推广机制,不断引领产业结构的绿色化、集约化、规模化,实现第一、二、三产业的低碳发展(厉以宁等,2014)。

从国家财税体制上看,需要以绿色税制改革带动中国税制整体优化,促进国家可持续发展(武亚军,2005)。应充分借助财政、税收等政策手段和制度安排为绿色发展提供体制保障,以绿色税制改革带动中国税制整体优化。根据笔者的一项研究,在改革开放的前三十多年中,中国经济增长的资源环境代价巨大,其中存在重要的制度性原因,绿色税制改革具有控制污染、改善资源利用效率、筹集资金及实现经济发展"多重红利"的潜力,我国绿色税制改革的一个合理目标是使绿色税收占税收总额的9%～10%或者占GDP的2%,而现阶段与国际水平相比中国税制绿色度还比较低(1%左右),税制绿化的主要措施在于提高和完善资源税、环境税及排污收费等税制体系,并且基于绿色税收的税制优化及收入中性的改革组合,可以弥补税制改革带来的税收收入的减少,使税制改革走向可持续发展的制度创新之路(武亚军,2008)。[①]

[①] 考虑到转型发展中更好地促进长期可持续发展,我国绿色税制改革中可以根据宏观税负总体较高的现实,进一步优化绿色税制改革设计,不仅总体降税而且实现结构优化,从而更好地促进中国经济的创新、绿色、共享和可持续发展。

（四）推进国家研发与创新体系的核心政策构想

21世纪是知识经济世纪，也是信息文明时代一个国家依靠创新竞争的世纪。要实现2035年愿景和2050年目标，要实现经济现代化和伟大创新强国的目标，中国必须依靠长期的高强度的科技研发投入及研发资金的有效利用。

国家研发强度是指国家研发支出占GDP的比重。作为一项重要的发展指标，实证数据表明其与经济增长存在显著的正相关性。1996—2015年，全球、高收入国家、中国、法国、德国、日本、韩国、英国、美国的研发强度与人均GDP的相关系数均为正，分别为0.779、0.551、0.976、0.071、0.947、0.888、0.950、0.380、0.693。其中，中国研发强度与人均GDP关联度是最高的，为0.976（北京大学光华管理学院课题组，2019）。根据国际统计，中国2017年的研发强度为2.15%，明显低于OECD国家的平均水平（2.37%）、美国（2.79%）、日本（3.21%）和韩国（4.55%）；而且OECD主要国家研发强度在2012—2017年保持相对稳定（见表2）。从人均水平来看，2017年依据购买力平价调整的人均研发投入中国仅为356.8美元，而美国、日本、韩国分别达到1 666.5美元、1 348.8美元和1 768.4美元，OECD国家平均达到1 049.9美元，中国仅为美、日、韩三国和OECD平均水平的1/3~1/5。

根据以上发达经济国家的基本经验以及中国2035年愿景，笔者认为，中国未来15年应该向发达经济体学习，特别是向日本、韩国、瑞典、丹麦、美国等创新强国学习，不断提升研发强度并优化研发资金的结构和使用效率，以强力承诺推进中国的技术研发与创新能力，驱动经济实现高质量发展。据此，2035年中国研发强度的一个合意目标应该达到3.0%~4.5%，2025年的合意目标应该达到2.5%~2.8%。①

---

① 这一合意目标的下限与北京大学光华管理学院课题组（2019）相同，与其不同的是，笔者认为中国可以在研发投入上更为激进一些，以日本、韩国和瑞典等国为师，在2035年将研发强度提升到4.0%甚至更高。

表 2 主要 OECD 国家与中国的研发强度比较

单位:%

经济体	年份						
	2005	2012	2013	2014	2015	2016	2017
丹麦	2.39	2.98	2.97	2.91	3.05	3.10	3.05
芬兰	3.33	3.42	3.29	3.17	2.89	2.74	2.76
法国	2.05	2.23	2.24	2.28	2.27	2.22	2.19
德国	2.43	2.87	2.82	2.87	2.91	2.92	3.04
日本	3.18	3.21	3.31	3.40	3.28	3.16	3.21
韩国	2.63	4.03	4.15	4.29	4.22	4.23	4.55
瑞典	3.38	3.28	3.30	3.14	3.26	3.27	3.40
英国	1.56	1.59	1.64	1.66	1.67	1.68	1.66
美国	2.52	2.68	2.71	2.72	2.72	2.76	2.79
中国	1.31	1.91	2.00	2.03	2.07	2.12	2.15
OECD	2.14	2.31	2.33	2.35	2.34	2.34	2.37

资料来源:根据 OECD 科技数据库文件摘编,2019 年。

此处需要注意的是,研发分为研究和开发两个方面。其中,研究是为获得新的科技知识而从事的有创造性的调查、分析和实验活动,可分为基础研究和应用研究;开发是在开始商品生产或使用前将研究成果转化为一种新产品或工艺的系列活动。研发经费方面,如果按经费来源划分,则结构性指标可分为来源于企业资金、来源于政府资金、来源于其他资金的比重关系;如果按研发经费执行部门划分,则结构性指标可分为企业部门、政府部门、高等教育部门和其他部门的比重关系;如果按研究类型划分,则结构性指标可分为基础研究、应用研究、试验发展的比重关系。根据国际比较分析,中国目前存在的一个重要问题就是基础研究经费过低,原创技术和原始创新动力不足(见表 3)。2017 年,中国基础研究经费占研发经费的比重仅为 5.5%,而近几年主要发达国家基本都在 10% 以上,所以中国在未来应加大基础研究经费支持力度。中国 2035 年对基础研究的研究经费支持可以争取达到 12%,其中 2025 年争取达到 8.5%。

表 3　中国创新结构的国际比较(按研发经费划分)

单位:%

	中国	法国	德国	日本	韩国	英国	美国
1. 按经费来源划分	**2016**	**2014**	**2014**	**2015**	**2015**	**2015**	**2015**
来源于企业资金	76.1	55.7	65.8	78	74.5	48.4	64.2
来源于政府资金	20.0	34.6	28.8	15.4	23.7	28.0	24.0
来源于其他资金	3.9	9.8	5.3	6.6	1.8	23.6	11.8
2. 按执行部门划分	**2017**	**2016**	**2015**	**2015**	**2015**	**2015**	**2015**
企业部门	77.6	65.1	67.7	78.5	77.5	65.7	71.5
政府部门	13.8	13.1	14.9	7.9	11.7	6.8	11.2
高等教育部门	7.2	20.3	17.4	12.3	9.1	25.6	13.2
其他部门	1.4	1.5		1.3	1.6	1.9	4.1
3. 按研究类型划分	**2017**	**2014**		**2015**	**2015**	**2014**	**2015**
基础研究	5.5	25.2		12.5	17.2	16.9	17.2
应用研究	10.5	38.9		20.8	20.8	43.3	19.4
试验发展	84.0	35.9		66.7	61.9	39.8	63.4

资料来源:北京大学光华管理学院课题组(2019)。

(五) 发展人力与知识资本的核心政策构想

迈向 2035 的中国必须具有与现代化发展相匹配的、具备足够知识与技能、身心健康的劳动力资源,这意味着持续的足量人力资本供给将是一个必要前提。因此,必须加大政府教育投入力度,深入推进"健康中国"建设,通过人力资本平台建设来强化对经济现代化的战略支撑(厉以宁,1986;北京大学光华管理学院课题组,2019)。

一定的受教育程度是人力资本的基本要素。教育是对人力资本投资的主要形式,它直接作用于提高劳动者的知识水平、劳动能力和生产技术等。从人力资本利用来看,劳动力配置必须与产业结构相适应,未来中国第一产业就业人口将持续向第二、三产业转移,这意味着需要加大教育投入和推进教育体系的结构性改革与之相适应。政府的教育经费投入情况直接反映了一个国家对教育的重视程度,同时也是未来人力资本质量的间接反映。根据国家统计局的相关数据测算,2017年中国国家财政性教育经费占GDP的比重为4.17%,近年来则基本维持在4%以上,政府教育经费虽有一定幅度的增长但投入强度变化不大(见图2)。目前世界各国财政性教育经费支出占比的平均水平为7%左右,其中发达国家达到9%左右,这意味着中国仍需要继续提高政府的教育投入强度,一个可考虑的合意目标是2025年达到5.0%,2035年达到5.5%~6.0%。这一目标值较前述北京大学光华管理学院课题组的目标(2025年达到4.47%,2035年达到4.75%)更为激进,但笔者认为这是必要的且是合意的。设定这一更高目标值主要是考虑两方面的因素:一是国际横向比较。主要OECD国家(包括英国、美国、荷兰、法国、加拿大、日本等市场经济国家),其国家公共教育经常费用占国民生产总值的比率在20世纪70年代末(1975—1977)的平均值就已经达到4.71%~5.35%(厉以宁,1987),目前世界很多发达国家也达到7%以上。未来中国基于人力资本与创新驱动的现代化战略在追赶阶段仍需要加大投资,提前做好布局;近几十年以来,随着中国经济的发展和教育市场化、产业化的推进,中国城镇居民家庭承担了大量的中小学生教育课外培训辅导费用,居民家庭负担日益沉重且社会效率不高。为此,一些教育学和教育政策研究者都呼吁国家承担更多的中小学基础教育活动开支,而不是把相关责任都推向家庭和市场,否则可能出现"教育的拉丁美洲化"(王蓉、田志磊,2018)。① 由此,笔者认为需要将国家教育支出强度这一指标从目前的4.2%左右逐步提升至2025年达到5.0%,以及2035年达到5.5%~6.0%。

---

① 所谓"教育的拉丁美洲化",是指这样一种教育格局:在人口收入差距显著的社会中,大量中高等收入的家长可能逃离公共教育体系而在私立部门寻求更高水准的服务,公立学校特别是基础教育阶段的公立学校逐渐成为低劣质量机构的代名词。这将导致国家基础教育方面的很多不公平和低效率问题。参见王蓉、田志磊(2018)第38—40页的论述。

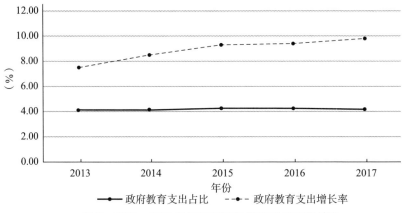

图 2 2013—2017 年国家财政性教育经费支出情况

资料来源:根据国家统计局数据测算。

健康的身体是人力资本的另一基本要素。国家对医疗卫生领域的重视程度与支出会直接影响居民的健康水平和预期寿命,近年来中国在积极发展经济的同时逐步增加医疗卫生方面的投入,提高国家医疗科技水平。中国大健康行业规模不断扩大,2017 年大健康服务行业规模超过 6 万亿元。但从健康产业占比最大的医疗卫生行业来看,医疗卫生支出占 GDP 的比重仅为 6.2%,而同一时期美国的医疗卫生支出占 GDP 的比重超过 17%,日本、法国、德国等国也超过 10%,由此可见中国医疗支出占比在国际上仍处于较低水平(见表 4)。从增长趋势来看,中国医疗卫生支出占比虽呈现增长趋势,但增速远低于发达国家,且与它们的差距在拉大。因此,加大卫生健康领域支持力度仍有很大空间,必须坚定不移地继续深化医药卫生体制改革,建立优质高效的医疗卫生服务体系,2035 年力争将医疗卫生支出占 GDP 的比重提高到 8.5%~9.0%。同时,考虑中国正逐步进入老年社会的现实挑战,国家在医疗卫生产业政策上应倡导健康文明生活方式,坚持预防为主,推进医养结合,支持社会办医,大力发展健康老龄事业和相关产业。

表 4 2016—2017 年中国及主要发达国家医疗支出占 GDP 的比重

国家	2017 年人均 GDP(美元)	2016 年占比(%)	2017 年占比(%)
美国	60 302.80	17.1	17.2
德国	44 750.96	11.1	11.3

(续表)

国家	2017年人均GDP(美元)	2016年占比(%)	2017年占比(%)
英国	40 109.06	9.8	9.6
法国	38 631.24	11.5	11.5
日本	38 334.61	10.8	10.7
韩国	29 870.81	7.3	7.6
中国	8 752.43	6.2	6.2

资料来源：根据OECD数据库、历年《中国卫生健康统计年鉴》、北京大学光华管理学院课题组(2019)等资料整理得到。

（六）夯实国家法治与文化资本，提升国民思维能力与文化创造力

国家现代化发展不单单依靠经济，文化软实力也占据着重要地位（奈，2016）。文化来自历史、面向未来，是经济社会发展的精神根基与灵魂支撑。无论哪一个国家、哪一个民族，如果不珍惜自己的思想文化，丢掉了思想文化这个灵魂，这个国家、这个民族是立不起来的（习近平，2014）。文明因交流而多彩，文明因互鉴而丰富。要坚持从本国本民族实际出发，坚持取长补短、择善而从，讲求兼收并蓄，去粗取精、去伪存真。新时代更应当把中国优秀传统文化作为一项独特的战略资源，把中国优秀传统文化作为中华民族的"根"和"魂"，坚持创造性转化、创新性发展（习近平，2019c）。

中国传统文化是经济社会发展的根基，也是推进社会主义法治建设的基础。实际上，要对传统文化进行创造性转化和创新性发展，必须在坚持文化自信的基础上，对中西文化的特点及其优长短弱有具体而深入的理解，在此基础上才能真正自觉地进行跨文化交流、学习和融合，才能真正有效地将优秀传统文化变成中国现代化发展的一项独特战略资源（李泽厚，1980；朱康有，2019）。具体到中国的文化传统，它包含思维偏向、传统伦理价值观念、创造力特点及国民心理素质等四方面的内容（王元化，1994）。由此，我们可以从文化继承发展的视角提出以下一些核心构想：

第一，在坚持发挥中国整体、综合、辩证思维的基础上，学习和吸收西方的分析思维方法，形成一个适应现代科学发展及信息文明时代的现代思维模式体系。大体上说,中国思维偏向整体、综合、直觉、意向等特征,擅长辩证思维,在分析思维方面较西方落后;同时,中国辩证法强调对立面的交参与和谐,西方强调对立的斗争与转化(张岱年,1991)。正因为如此,在近代中国实证科学精神并未得到大的发展,在工业化进程中落后于西方国家,但是,我们必须看到,在未来的信息和知识社会中,分析与综合相结合的辩证思维模式可以更好地适应未来社会的发展,而这种辩证思维方法是中国的优势思维偏向。因此,从哲学上讲,我们应该致力于"辩证思维的条理化、分析思维的精密化",并让创造性思维得到昂扬发挥及发展(张岱年,1991)。

第二,以"扬弃"为方法,中国传统伦理价值观念可以而且应该在构建社会主义核心价值观以至中国现代化建设中发挥社会整合和秩序重建的作用(朱康有,2019;李泽厚,1980)。例如,传统儒家强调"仁义礼智信"等价值观念,倡导"大学之道,在明明德,在亲民,在止于至善",追求"修齐治平""内圣外王",这些"道义性"价值观念在现代中国社会尤其是经过20世纪六七十年代"文化大革命"和最近几十年市场经济快速扩张之后,对现代中国社会的公民观念重塑、行为整合、社会秩序重建乃至国际交往与发展仍然具有重大的现代价值(朱康有,2019)。

第三,中国要大力学习、吸收近代西方文艺复兴后形成的人权、平等和法治等价值观念,顺应工业化、现代化和互联网时代的发展潮流,在国家和社会层面实现现代经济与社会运作的法治文明建构。这是因为,在1919年以前两千多年的时间里,中国传统的农业社会和封建社会形成了以儒家"仁学"为主体、儒法互补(治理结构)、儒道共济(心灵结构)的文化格局,这一社会心理结构与文化格局是适应传统农业社会和封建社会的一种架构(李泽厚,1980)。从未来中国现代化发展来看,我们要大力构建国家法治与文化资本、践行社会主义核心价值观和民主法治,必须坚持古为今用、推陈出新,突破中国传统农业社会之儒法互补(治理结构)、儒道共济(心灵结构)格局,顺应工业化和现代性的发展潮流,在国家和社会层面实现现代经济与社会运作的法治文明建构(任剑涛,2001)。实际上,"在市场经济的现代物化文明建设机制坐实之际,需要法治和责任制政府的制度文明对之进一步夯实。否则已经取得的经济体制改革成果,也可能毁于一旦。……简而言之,以法治国是中国建构现代国家,突破已经取得的稳定国家机制的既有成就,成功建构现代国家的法治与责任制政府两根支柱的必需。这是中华文明依赖法治中国建构,寻求文明自我超越的重要契机,也是决定中华文明前途与命运的重大事务"(任剑涛,2014)。

(七)以数字产业政策为杠杆,推动国民经济中各产业数字化与管理现代化

当前以"数字产业化、产业数字化"为特征的新一轮科技革命和产业变革正加速演进,数字经济已然成为推动经济可持续发展的新动能(马建堂,2018)。来自中国信息通信研究院的数据显示,2018年中国数字经济规模达31.3万亿元,占GDP的比重达到34.8%。数字经济在提升中国全要素生产率、传统农业和服务业数字化改造、制造业数字化转型、培育新经济模式等诸多方面仍有巨大潜力。因此,中国需要一整套适应数字经济发展的数字产业政策,包括:鼓励以5G通信、互联网、云计算、人工智能等为代表的核心技术突破,加快前瞻性布局和前沿技术研发,建立以企业为主体、市场为导向、产学研深度融合的技术创新体系,同时,建议在国家层面制定和出台《国家数字技术产业促进实施法》;逐步提升涉及社会公共利益的政务、交通、物流、医疗、教育、金融等行业的数字化水平,降低经济活动中的交易成本[①],比如,浙江的"最多跑一次"改革,依托互联网和数字技术打通政府部门间的信息孤岛,大大提升了公共服务效率及企业和百姓的满意度;提升数字经济的治理水平,以更加积极的姿态参与全球数字经济治理体系,适时制定和修改相关政策法规,使之既保护数字经济下新兴业态发展,又打击侵犯个人隐私与知识产权等违法行为;积极参与全球数字治理协商与规则制定,确保全球范围内中国国家网络空间与信息安全(郝叶力,2016)。

[①] 目前中国社会经济中的多个领域仍存在不少低效甚至无效的流程或管制安排,提高了社会经济运行的交易成本,而利用数字技术与电子化流程及制度改革可以大大降低这方面的社会成本,提升全要素生产率。例如,近年来全国推进的高速公路不停车收费系统和拆除省界收费站就是交通领域数字化改进的典型案例。

(八)以新型土地政策为杠杆,推动国家发展核心资本平台的转型升级

土地政策是中国城市化进程中的核心政策,事关国计民生和国家政治经济基础(文贯中,2014)。20世纪90年代以来中国偏向于凝聚资本的"土地财政"是助推中国城市化的关键制度设计,为1994年分税制改革后地方政府的财政资金来源提供了重要渠道。土地财政的融资模式,使得中国高效获取了城市化所必需的原始资本积累,确保中国经济成为开放和全球化中获利的一方(赵燕菁,2014)。然而,土地财政制度与相关土地政策也导致土地资源浪费、配置效率低下、金融风险加大、贫富分化加剧及严重的"城市化困局"等一系列问题。比如,与城镇化同步推进的因招商引资而不断扩展的经济开发区与产业园区,虽成效显著但后遗症严重;"化地不化人"导致城乡二元体制未被破除等。

新时代应尽快实施新型土地政策,包括以下重要方面:

第一,通过农村土地制度改革,包括承包地、宅基地、林地等土地确权与产权改革,破解城乡二元体制,走出一条符合中国国情的新型城镇化道路(厉以宁,2013)。

第二,通过财税体制改革,增加地方政府的法定税收来源,包括稳妥修订及实施具有可持续税收来源的房产税等[①],从体制上减少地方政府对土地财政的依赖,变"城市售地"为"城市经营",变"一次性政府"为"长期政府"。

第三,在城市化和城镇发展中,适时将土地政策改革与人力资本和科技资本相结合,在提高土地配置效率基础上继续发挥土地资源对高质量发展的推动作用,实现经济转型升级和区域均衡发展。目前,成都、深圳等地推进的城乡土地政策一体化改革实践,无论是集体建设用地流转、宅基地退出还是增减挂钩等方面均统筹了政府、市场、农民等多方利益相关者参与改革,全面地推进了城乡一体化和我国新型城镇化的发展(国家信息中心课题

---

① 为了破解"土地财政"困局,中国的税制改革需要全面清理现有经济体制各环节存在的房地产税费,减少税费总量,优化税费结构(变一次性土地出让金缴费为长期持有缴费),并通过完善相关法律基础、缓解民众担心与减轻不合理负担得以谨慎稳妥推进。

组等，2010）。此外，一些教育资源丰富省份的大学城建设、自然与历史文化条件较好地区开发的文旅城和特色小镇、东莞松山湖新园区等实践也为新型土地政策的试验与推进提供了有益的借鉴。

四、产权改革、传统文化、文明互鉴等问题的探讨

（一）产权改革、混合所有制与新公有化经济发展

现代产权制度是现代化经济体系的核心内容，完善社会主义市场经济体制需持续推进产权制度改革。这里所谓的产权，不仅包括财产所有权，也包括经营权、承包权、控制权、收益权等一系列重要权益，同时，它也不仅仅限于财产物权，也包括知识产权、收益分红权等（齐宝鑫、武亚军，2018）。近年来，随着市场经济的深入推进，中国产权改革领域的深层矛盾逐渐显现，主要表现为产权的界定及其边界模糊问题突出，尤其在国有企业、乡镇或村级集体企业中普遍存在，因土地使用权、技术转让权、商标权等多样化产权归属而形成的纠纷越来越多，进而引发产权流转不畅、产权保护不力等问题，导致国有资产流失、法人与个人财产被侵占现象时有发生。越来越多的实践表明，不论是国有企业、民营企业还是混合所有制企业，完善的现代产权制度都有利于激发经济活力并提高社会生产率，创造社会和谐红利（厉以宁，2014）。实际上，市场经济条件下的新时代产权改革，应当包括产权界定、产权配置、产权运营（产权流转或交易）、产权保护等四个方面的内容，每个方面都需要根据时代发展特征不断创新。事实上，随着中国经济的发展，新型公有制企业在国民经济中所占的比重也会越来越大。早在2004年，厉以宁就明确指出：在社会主义市场经济条件下，所谓的新公有制企业，包括四种形式：①经过改制的新的国家所有制企业；②由国家控股或国家参股的股份制企业，或称混合所有制企业；③没有国家投资的公众持股企业，包括工会、社团、社区或个人集资等集体所有，又称公众所有制或共有制；④公益性基金所有制企业（厉以宁，2004）。其中的③和④都可以称为共有制企业，其代表的经济可以称为共有制经济。从社会主义市场经济发展趋势看，

上述的类型②、③、④,即混合所有制企业和共有制企业将在中国经济中发挥越来越大的作用。混合所有制企业是中国社会主义市场经济制度的一种重要实现形式,它较好地解决了国有经济与市场结合、国有企业政企不分、国有企业真正引入市场机制等难题,在未来15年中国竞争性产业发展中将发挥主要作用(厉以宁,2014)。最近数十年,中国建材集团公司的快速发展就是混合所有制发展的一个典型范例(宋志平,2019)。共有制企业,例如华为的员工持股制是产权界定和运营方面的创新模式,属于社会化的财产组织形式,集中体现了筹集社会资本、快速组织生产力的优势,为中国建立现代产权制度提供了新思路和新方向。必须指出的是,"公众持股的企业在社会主义市场经济条件下是一种新公有制企业,即公众所有制企业。……从动态的、发展的角度来观察,社会主义市场经济条件下的民营企业,只要规模扩大了,向公众持股的企业形式的演变将是不可阻挡的趋势。……中国正在新公有化"(厉以宁,2004)。不限于此,可以预期在新时代中国经济现代化发展中,多种形式的共有制经济也将得到更为迅猛的发展。

(二)传统文化、文化保守主义与中国现代化

现代化发展伴随着经济、政治和文化的互动与演变,如何实现传统文化与现代化的相互促进、在传统农业社会基础上构建现代权利体系与文化意识,将是中国现代化发展的基础性命题。"一个国家只有最大限度地利用过去遗留下来的文化财富,才能使现代化的努力富有成效,也才能对现代化战略做出有益的选择,否则现代化可能是徒劳的",这是因为:任何一种成功的现代化必然是传统与现代的统一、是文化启蒙与文化创新的统一、是文化传承与文化包容的统一(厉以宁,2018)。关于传统与现代化的历史解释,争论的焦点在于现代化与历史是连续抑或断裂的问题。近代以来,中国现代化的思想和行动经历了科技革新(1860年左右开始的洋务运动)—政治革命(1898年的戊戌变法和1911年的辛亥革命)—文化革新(1915—1923年的新文化运动)三个历史过程,中国社会结构机体变迁的实践表明,光引进西方的科技、工艺和兴办实业是不能成功的,必须有政治体制(上层建筑)和观念文化(意识形态)上的改革并行来相辅相成、彼此配合,现代化才有成功的

可能。实际上,1915年开始的新文化运动提倡启蒙和对传统的猛烈批判,其历史的推进、解放作用是众所公认的,而"五四"思潮把整个文化传统看成巨大的历史包袱,要传统文化对中国的落后负全责,以为经过简单激烈的决裂才能对中国面临的现实问题做出贡献,则带有明显的激进色彩(陈来,2006)。从学理上看,"五四"全盘反传统的思潮主要有两个失误:一是认为一切与富强的政治经济功效无直接关系的人文文化都没有价值;二是不能正确地了解近代文化中价值理性的意义,把西方恃以战胜东方的文明因素(科学与民主)当成了西方文明的本质或全体。西方近代文明通过启蒙运动挣脱了基督教会的约束,通过科学、民主取得了长足进步,但西方文明之所以能够延续,西方社会作为一个整体存在与发展,是与以基督教为形式的价值传统的连续性分不开的。基督教经过宗教改革和其他转化形式仍然是西方近代文明中不可或缺的要素。

"五四"以来我们看西方,只看到近代民主与科学的进步,而没有认识到伦理-宗教传统的连续性,从而使我们对传统与现代、对文化发展的继承性与创发性,不能有全面的了解(陈来,2006)。事实上,基于中国社会曲折发展与自身的遭遇,王元化曾对"五四"以来中国的文化激进主义进行了深刻反思,挖掘了新文化运动中杜亚泉"中西文化调和论"的合理价值,对"意图伦理""功利主义"和"激进情绪"及"庸俗进化观点"进行了深刻批判(王元化,2004)。正是基于历史实践和学理反思,我们在现代化发展上提倡一种文化保守主义立场,即在坚持对中西方文化特质予以体察、辨识与"扬弃"的基础上,使文化的继承、包容与发展相统一,实现传统文化的"创造性转化、创新性发展",这样才能真正从思想方法论和哲学高度开拓出中国现代化发展的新局面。

(三)中国经济、政治、文化改革的关系与次序问题

经济、政治、文化改革的关系与次序问题一直是中国改革与发展过程中的一个关注焦点,其最终目标是中国在各个领域全面实现现代化。正如党的十八大报告提出的以人为本全面推进经济、政治、文化、社会、生态建设的全面协调可持续发展,党的十九大进一步提出新时代统筹推进"五位一体"

总体布局的战略部署。然而,现实中的发展与改革涉及多方面关系的协调,需确保动态中的整体发展,但又不是绝对的同步推进。其中,经济改革和发展是政治体制改革的基础,政治体制改革又是经济改革和发展顺利推进的保障;民主政治同样需要文化的充分发展作为支撑条件,政治体制的有效运作要求社会成员具备足够的自组织与协调能力,缺乏公民文化充分发育的民主政治将是"民粹主义"陷阱(萧功秦,2012);而文化变革和发展又依托于经济发展及其所带来的人的物质生存状况的改善,整个中国文化的发展前景都建立在经济变革这一基本前提之上,中国文化的变革必须同经济变革相适应,经济的更大变革也将带来更大程度的文化变革。

基于世界与中国历史发展的经验及教训,后发展国家的现代化应采取一种温和渐进的改革观,即坚持改良而非革命,只有具有市场经济导向的稳定的权威存在,才有可能保持政治稳定,只有政治稳定,才能导致经济开放与繁荣,只要市场经济能发展起来,就会导致社会的分殊化与利益集团的多元化,只有社会多元化,才会导致文化价值观的契约化意识与宽容精神,而所有上述这些因素的结合,才会使具有中国民族特色的民主政治有了社会、经济、政治与文化的支持条件。一言以蔽之,新权威—政治稳定—经济发展—社会多元化—公民契约意识—民主政治,这种内源性发展模式才可以引向真正的民主社会的来临(萧功秦,2010)。需要注意的是,在中国经济的转型发展中,坚持这样一种改良主义立场,并非意味着不对政治体制与文化意识形态进行改革,而是要注意改革的侧重点、节奏与配合关系,并且坚持"扬弃"的文化保守主义立场,在达成基本经济发展目标后,及时改革阻碍个人权利保障、限制中产阶层发育与公民意识培养的不良社会制度与文化观念,避免"救亡压倒启蒙"后遗症的泛滥,最终使中国社会实现一种以人为目的、有中国文化特色(情理交融的)、全面的现代性(李泽厚,2019)。

(四)文化交流、文明互鉴与中国伟大复兴之路

实现中国和平崛起和伟大复兴是中国现代化的内在要求,也是全球文化交流与文明互鉴过程中必须面对的议题。不同国家在文化交流与文明碰撞中，既要坚持自身特点和优势，又要主动引进学习外来成果，一个国家的复兴必然是独立发展和互鉴互促的双重结果，是全球化与本土化的统一。因此，要求我们坚定文化自信，在继承优秀传统文化的基础上不断创新，创造具有中华民族特色的文化资本体系，中国现代化应该是建立在中国文化基础上的现代化，世界上不存在抽象的、普遍的文化，只有个别的、具体的文化，每种文化都是特定环境的产物，每个国家的现代化都是成长于自身文化基础之上的；同时，我们吸收异域文明精华，借鉴优秀外来文化及法治文明，顺应现代性的时代精神，不断丰富、拓展其内涵，赋予文化资本体系新的表现形式和时代内容，提高国家文化软实力，坚持开放、包容性文化发展，全面提升国家竞争力。

必须指出的是，中国的和平崛起与伟大复兴必定会遭到既有国际领导力量特别是美国的阻挠，"文明冲突论"也因此一度流行并成为某些人的信仰，然而，面对全人类只有一个地球的现实和全球文明冲突的警告，文明对话不仅是一个愿望，而且成为必需。在新时代的全球化发展中，有效的文明对话和文明互鉴要求我们做到以下几点：①在思维方式上超越那种"非此即彼"的二分法，拥抱"中庸与三分"的辩证系统观（庞朴，2011）——地球只有一个，人类命运共同体的认同必然意味着以中美为代表的东西方文明都只是其中不可或缺的组成部分，每种文化都有其优长与弱点，竞争与合作也必然是大国之间关系的两面；②人性、互惠性和信任是人类文明与文化之间有效交流的共同价值基础，对文明多样性的真正接受"可以使人们从由衷的宽容走向相互尊重，进而达到彼此之间的欣然肯定"（杜维明，2004）；③中华文明作为持续数千年的华夏文化积淀与结晶，应该而且可以对人类文明做出贡献，作为其主干的儒学深层结构可能而且应该通过创造性转化和转化性创造，为人类创生一个温暖的"情理交融"的后现代文明做出贡献。

五、结语与展望

中国现代化战略致力于构建从全面小康社会到基本实现现代化、实现由中等收入阶段向中高等收入阶段过渡的基本图景,现代化所面临的重大发展问题是创新的动力所在,回应这些重大发展问题的理念就是习近平总书记提出的创新、协调、绿色、开放、共享的新发展理念,需要通过新发展理念引领现代化发展和创新。从中国实际来看,现代化经济体系能够很好地满足人民日益增长的美好生活需要,是现代化战略的支柱体系,以财税与经济资本、自然与生态资本、人力与知识资本、法治与文化资本为基础的四大资本平台是现代化战略的基础体系,而数字产业政策和新型土地政策可以发挥杠杆效应及倍增作用,从而巩固基础资本平台。

在核心政策层面,本研究提出了以人力资本为核心的创新驱动的经济现代化发展政策构想:

第一,持续提高国家研发强度,使之由目前的2.2%提高到2025年的2.5%~2.8%,2035年达到3.0%~4.5%,并且提高其中的基础研究经费占研发经费的比重,使之从目前的5.5%提升到2025年的8.5%,2035年达到12%。

第二,继续提高政府公共教育的财政投入强度(教育公共支出占GDP的比重),使之由目前的4.2%提高到2025年的5.0%,2035年达到5.5%~6.0%。

第三,提高政府医疗卫生领域的财政投入强度,使之由目前的6.2%提高到2035年的8.5%~9.0%。以上资源配置型核心政策,需要产权制度与混合所有制改革、新型土地政策与绿色税制改革以及国家法治与文化资本培育等重要改革加以支持和强化。

由于国家现代化战略涉及层面众多,本研究的分析主要集中于中国经济现代化战略的关键指标、基础体系以及核心政策,对产权与经济体制改革、现代化与传统文化、文明交流与互鉴等问题只做了初步探讨。未来可就上述关系问题进行拓展研究,一是围绕产权改革产生的新所有制模式,如混合所有制和共有制经济,研究其如何激发市场活力、更好地服务于现代化战略;二是如何继承和发扬中国优秀传统文化,充分利用传统文化这一独特战略资源使之与中国现代化发展相互促进;三是探究在全球化时代,传统文化,特别是儒家文化能否在对外交流中不断自我丰富和推陈出新,真正成为助推现代化发展的优势力量。

参考文献

北京大学光华管理学院课题组,2019,《2035年远景目标和2050年展望研究》。

波特,迈克尔,2002,《国家竞争优势》,李明轩、邱如美译,北京:华夏出版社。

常修泽,2013,《创新立国战略导论》,《上海大学学报(社会科学版)》第5期,第10—26页。

常修泽,2018,《紧紧抓住完善产权制度这个重点》,《中国战略性新兴产业》第3期,第96页。

陈来,2006,《传统与现代:人文主义的视界》,北京:北京大学出版社。

杜维明,2004,《全球性与多样化》,载哈佛燕京学社编,《全球化与文明对话》,南京:江苏教育出版社。

高培勇、汪德华,2017,《怎样评估本轮财税体制改革进程》,《新华月报》第5期,第28—35页。

国家信息中心课题组、厉以宁、蒙代尔、蒲宇飞,2010,《西部大开发中的城市化道路——成都城市化模式案例研究》,《经济研究参考》第15期,第5—17页。

郝叶力,2016,《网络世界的原则性与灵活性——三视角下网络主权的对立统一》,《网络空间研究》第6期,第9—14页。

邝柏林,1991,《中国传统思维方式在近代的变革》,载张岱年、成中英等著,《中国思维偏向》,北京:中国社会科学出版社。

李泽厚,1980,《孔子再评价》,《中国社会科学》第2期,第77—96页。

李泽厚,2019,《寻求中国现代性之路》,北京:东方出版社。

厉以宁,1986,《体制·目标·人——经济学面临的挑战》,哈尔滨:黑龙江人民出版社。

厉以宁,1987,《〈教育投资在国民收入中的合理比例和教育投资经济效益分析〉研究报告》,《中国高教研究》第Z1期,第23—74页。

厉以宁,1993,《比较经济史研究与中国的现代化》,《社会科学战线》第3期,第53—63页。

厉以宁,2004,《论新公有制企业》,《经济学动态》第1期,第18—20页。

厉以宁,2010,《工业化和制度调整:西欧经济史研究》,北京:商务印书馆。

厉以宁,2013,《中国经济双重转型之路》,北京:中国人民大学出版社。

厉以宁、傅帅雄、尹俊,2014,《经济低碳化》,南京:江苏人民出版社。

厉以宁,2014,《中国道路与混合所有制经济》,北京:商务印书馆。

厉以宁,2015,《只计耕耘莫问收:厉以宁论文选2011—2014》,北京:中国大百科全书出版社。

厉以宁、朱善利、罗来军、杨德平,2017,《低碳发展作为宏观经济目标的理论探讨:基于中国情形》,《管理世界》第6期,第1—7页。

厉以宁,2018,《文化经济学》,北京:商务印书馆。

林双林,2015,《健全地方财政收支平衡的政策体系》,《国家治理》第3期,第9—13页。

刘世锦,2018,《中国经济增长的平台、周期与新动能》,《新金融》第4期,第4—9页。

刘守英,2017,《中国土地制度改革:上半程及下半程》,《国际经济评论》第5期,第29—55页。

刘志彪、骆祖春,2014,《财税关系:全面深化改革的突破口和关键环节》,《学习与探索》第8期,第75—80页。

马建堂,2018,《数字经济:助推实体经济高质量发展》,《新经济导刊》2018年第6期,第10—12页。

奈,约瑟夫,2016,《美国世纪结束了吗》,邵杜罔译,北京:北京联合出版公司。

潘家栋、包海波,2019,《打造数字经济发展新高地》,《浙江日报》,7月22日。

庞朴,1988,《近代以来中国人的文化认识历程——兼论文化的时代性与民族性》,《教学与研究》第1期,第35—40页。

庞朴,2011,《三生万物:庞朴自选集》,北京:首都师范大学出版社。

齐宝鑫、武亚军,2018,《转型经济中民营企业成长的中长期激励机制研究》,《复旦学报(哲学社会科学版)》第3期,第156—169页。

任剑涛,2001,《现代性、历史断裂与中国社会文化转型》,《厦门大学学报(哲学社会科学版)》第3期,第57—66页。

任剑涛,2014,《以法治国与中华文明的自我超越》,《马克思主义与现实》第6期,第149—156页。

宋志平,2019,《问道管理》,北京:中国财富出版社。

王蓉、田志磊,2018,《迎接教育财政3.0时代》,《教育经济评论》第1期,第26—46页。

王元化,1994,《思辨随笔》,上海:上海文艺出版社。

王元化,2004,《清园近作集》,上海:文汇出版社。

韦伯,马克斯,1987,《新教伦理与资本主义精神》,于晓、陈维纲等译,北京:三联书店。

文贯中,2014,《吾民无地:城市化、土地制度与户籍制度的内在逻辑》,北京:东方出版社。

武亚军,2005,《绿化中国税制若干理论与实证问题探讨》,《经济科学》第 1 期,第 77—90 页。

武亚军,2008,《转型、绿色税制与可持续发展》,《中国地质大学学报(社会科学版)》,第 1 期,第 5—14 期。

习近平,2019a,《深入理解新发展理念》,《求是》第 10 期,第 4—16 页。

习近平,2019b,《在"不忘初心、牢记使命"主题教育工作会议上的讲话》,《求是》第 13 期,第 4—13 页。

习近平,2019c,《坚定文化自信,建设社会主义文化强国》,《求是》第 12 期,第 4—12 页。

习近平,2014,《在纪念孔子诞辰 2565 周年国际学术研讨化上的讲话》,人民网,9 月 24 日。

萧功秦,2010,《历史的眼睛》,北京:东方出版中心。

萧功秦,2012,《重建公民社会:中国现代化的路径之一》,《探索与争鸣》第 5 期,第 23—28 页。

徐宪平等,2018,《国家发展战略与宏观政策》(上下册),北京:北京大学出版社。

张岱年,1991,《中国传统哲学思维方式概说》,载张岱年、成中英著,《中国思维偏向》,北京:中国社会科学出版社。

张国有,2017,《将发展教育作为第一国策》,《人民论坛》第 6 期,第 60—63 页。

赵燕菁,2014,《土地财政:历史、逻辑与抉择》,《城市发展研究》第 1 期,第 1—13 页。

周宏桥,2019,《剑桥的历史哲学:人类创新主脉与结构之演进逻辑》,北京:机械工业出版社。

朱康有,2019,《中国优秀传统文化与马克思主义》,重庆:重庆出版社。

国家战略：将"发展教育，增强国民素质"作为第一国策[*]

张国有

教育、科技、人才是国家现代化建设的基础性支撑。面对 21 世纪的挑战，我们应该做的事情有很多。最应该做的就是从现在起，将"发展教育，增强国民素质"作为第一国策，把国民经济的发展转向以国民素质为基础的轨道上来。应高度认识教育的基础意义和基本功能，建立国家现代化的国民基础，提高对全球不确定性的适应力。

一、将国民经济的发展转向以国民素质为基础的轨道上来

（一）国民经济：国民创造的经济

2020 年，我国国民 14.43497378 亿人[①]，当年创造 GDP 101.3567 万亿元人民币，合 14.69 万亿美元。[②] 人均 GDP 为 7.0216 万元，合 1.02 万美元。全员劳动生产率为 11.7746 万元/人。[③] 14 亿多国民在农林渔猎，采矿业，制造业，电力、热力、燃气及水生产和供应业，建筑业，批发和零售业，交通运输、仓储和邮政业，住宿和餐饮业，信息传输、软件和信息技术服务业，金融业，政府、社会与个人服务，其他经济活动等部门领域从事生产、分配、交换、消费活

---

[*] 本文的部分内容曾在《人民论坛》上刊发过，详见：张国有，《将发展教育作为第一国策》，《人民论坛》，2017 年第 6 期，第 60—63 页。

[①] 国家统计局，《第七次全国人口普查公报（第二号）——全国人口情况》，2021 年 5 月 11 日。

[②] 按 2020 年人民币平均汇率为 1 美元兑 6.8974 元人民币计算。

[③] 国家统计局，《中华人民共和国 2020 年国民经济和社会发展统计公报》，2021 年 2 月 28 日。

动。国民中 15～59 岁的有 8.94376020 亿人，占国民总数的 61.96%。老年人退休、婴幼儿年幼，虽不从事生产性活动，但仍在进行消费。所以，14 亿多国民都是国民经济的贡献者。

国民一年创造多少经济价值、创造的效率有多高？其影响因素有三个：国民创造的工具水平、国民有序化程度、国民的素质。如果工具落后、组织涣散、素养不高，国民经济就缺乏上升的活力和潜力。

使用过的工具与技术，例如农业社会的农耕技术、工业社会的制造技术、信息社会的数字技术，当下在中国仍然存在。如今，计算机、计算机网络、数字技术正在蓬勃发展。2020 年网民（互联网上网人数）达 9.89 亿人，其中手机网民达 9.86 亿人，互联网普及率为 70.4%，其中农村地区互联网普及率为 55.9%。软件和信息技术服务业完成软件业务收入 8.1616 万亿元，比 2019 年增长 13.3%。2020 年中国全年网上零售额 11.7601 万亿元，比 2019 年增长 10.9%。[①] 这种在数字工具与技术的引领下的各时代工具技术的统合，推动着国民经济的发展。

有组织的国民创造有效率的经济。在有效市场、有为政府的架构下，截至 2021 年 7 月中国有市场主体 1.46 亿户，法人企业 4 600 万户，个体工商户 9 800 万户，市场主体活跃度在 70% 左右。[②] 这 1.46 亿市场主体的组织效能与活力影响着国民就业和促进发展的效率及效果。

有什么样素质的国民个体就会集合成什么样的国民总体，有素质的国民决定和影响着国民经济的规模、速度及国民经济的品质。以扶助贫困地区贫困村户致富脱贫为例，这是自 1986 年国务院启动农村扶贫开发开始持续三十多年推动农村贫困地区发展的事情。到 2020 年年底，实现 9 899 万农村贫困人口全部脱贫，832 个贫困县全部摘帽，贫困地区农村居民实现"两不愁三保障"，人均可支配收入达到 12 588 元人民币。[③] 这部分国民经济的规模和品质是怎么实现的呢？除村干部和村民共同努力外，还有 25.5 万个

---

① 国家统计局，《中华人民共和国 2020 年国民经济和社会发展统计公报》，2021 年 2 月 28 日。
② 国家市场监督管理总局新闻宣传司，《"激发市场活力 规范市场秩序 助力全面建成小康社会"发布会》，国务院新闻办，2021 年 9 月 7 日。
③ 国家统计局，《中华人民共和国 2020 年国民经济和社会发展统计公报》，2021 年 2 月 28 日。

驻村工作队的同志、300多万名第一书记和驻村干部、近200万名乡镇干部[①]的努力。如果9 000多万贫困村民都有高水平的眼光、能力和经验,贫困乡村不需要扶助就能脱贫致富。所以,国民的素质会影响到国民经济的规模、速度和品质。

(二)国民素质:国民行为常态起作用的比较稳定的个性特征

未来,中国面临各种须提高素质的挑战。一是高技术经济的挑战。人类社会进入信息化时代,2020年,中国的计算机、通信和其他电子设备制造业生产总值增长7.7%,信息传输、软件和信息技术服务业生产总值增长16.9%,全国研发费用增长10.3%,占GDP的2.40%。科技和信息产业的高速发展,需要处理数字技术基础上的数字产业化、产业数字化、数据价值化、数字化治理等各种新问题。二是中国现代化建设和全球环境之间的协同性挑战。三是中国内部集中与多元化治理的挑战。四是企业和研究机构持续性创新的挑战。五是新生人口减少、老年人口增多、机器人增加的结构性挑战。这些挑战都需要高素质国民、高素质政府、高素质企业、高素质社会来应对。其中,高素质国民是基础。

高素质国民在于国民个体的知识、理念、规则、技能、生理、心理、品德等总和起来,常态起作用的比较稳定的国民个性特征,具体到每个人又有不同的侧重与差别。总体上,我们希望国民平均的受教育程度比较高,知识结构能够基本适应当下及未来一个时期的需求。可以先实现受教育12年,即劳动年龄人口中多数达到高中层次的知识水平;再考虑劳动人口中较高比例达到高等教育知识水平。所有受教育者都能得到全面的训练而不仅仅是学科技术方面的训练。2020年,国民中拥有高中(中专)文化程度的有2.13亿人,占国民总数的14.76%;拥有大学(大专及以上)文化程度的有2.18亿人,占国民总数的15.10%;两者相加占比29.86%;15岁及以上的人平均受教育

[①] 习近平,《在全国脱贫攻坚总结表彰大会上的讲话》,新华网,2021年2月25日。

年限为9.91年。① 上述的知识水平和受教育年限与国民经济高素质发展的要求还有相当大的距离。

还有一个可喜的情况,就是在新增劳动人口中,平均受教育的年限较长、具有高等教育文化水平的人较多,而且在逐年增加(见表1)。

表1 2015—2020年新增劳动人口中平均受教育年限及受过高等教育的比例

	2015	2016	2017	2018	2019	2020
新增劳动人口中平均受教育的年限(年)	13.3	13.4	13.5	13.6	13.7	13.8
新增劳动人口中受过高等教育的比例(%)	42.5	44.7	46.4	48.2	50.9	53.5

资料来源:教育部,《2020年全国教育事业发展统计公报》,2021年8月27日。

例如,2020年城镇新增劳动人口1 186万,这部分人中大部分是在2000年以后出生的(00后),平均受教育年限为13.8年,多数至少高中毕业。受过高等教育的比例为53.5%,那就是说,00后的城镇新增劳动人口一半以上受过高等教育。这个趋势很令人高兴。

(三) 国民经济轨道:发达的国家经由发达的国民来实现

国民经济在一定的历史时期内出于某种特殊原因及特殊要求,表现为某种特征性发展。这种特征性发展往往可以被归结为某种"国民经济发展轨道"。国民经济发展轨道通常被看作一定时期内引导国民经济发展方向、支撑国民经济波动、保证国民经济承载、呈现阶段性重心的运行系统。

轨道和转轨源于列车及道路。轨道是引导列车方向、支撑列车载荷、保障列车运行的由地基、钢轨、路线、规则、信号等构成的运行系统。不同的轨道支持不同的列车。重载列车不能运行在轻载列车的轨道上,而要另建重轨轨道。这是转轨。高速列车不能运行在低速列车的轨道上,而要另建高速轨道。这也是转轨。中国铁路的轨距是1.435米,俄罗斯铁路的轨距是1.520米。中国的列车到俄罗斯去,在边境要更换车轮系统、更换轮距,才能

---

① 教育部,《2020年全国教育事业发展统计公报》,2021年8月27日。

转轨到俄罗斯的轨道上;反过来,俄罗斯的列车到中国来,在边境也要更换车轮系统、更换轨距,转轨到中国的轨道上。转轨是为了适应新的情况、新的要求。

如果国民经济的发展方向、波动强度、承载结构等发生变化,就会出现阶段性重心的新要求,出现转轨的倾向。国民经济要在什么轨道上运行取决于影响国民经济的主导力量。例如,企业群体、政府政党、国际大势、国民要求等都可能成为主导力量。中国国民经济从以阶级斗争为纲转向以经济建设为中心的转轨,是以党中央为主导力量,适应国民要求,转向以经济建设为中心的轨道上,国民经济的规模、速度、结构、效益等发生了根本的变化。

中华人民共和国成立以来,我国经历多次运行轨道的转换。曾经历过或正在经历的,例如,以计划与政治挂帅为纲的发展轨道、以经济建设为中心的发展轨道、高速度GDP指向的发展轨道、美好生活指向的高质量发展轨道等,总体上还是在政府调节下市场运行的发展轨道和市场机制基础上政府干预的发展轨道两者之间权衡。再往未来看50年,将来在什么轨道上?中国的未来发展,就中央的意图,目前已有的指向:国家的社会主义现代化、生态环境的碳中和、各方民众的共同富裕、世界的人类命运共同体等。如此看来,将来国民经济的发展轨道,拟为健康、安全、和谐指向的以国民素质为基础的发展轨道。

健康方面强调国民经济的健康发展,既不是单偏向大规模,也不是单偏向高质量,更不是单偏向高速度,而是着重于经济的"健康发展";安全方面强调社会安全、就业安全、食品安全、生态安全等经济的"安全发展";和谐方面强调民众与生态环境和谐、产业之间和谐、官与民和谐、国与国和谐等。健康、安全、和谐三个愿景,都需要高水平的国民素质。国民素质成为国民经济发展的长久基础。发达国家,例如美国、英国、日本、以色列、北欧的一些国家等,没有一个是在国民素质低的基础上发达起来的。

据相关资料,劳动人口(25~60岁)中受过高等教育的比例(2017年的数据):爱尔兰为37%,澳大利亚为38%,芬兰为38%,英国为38%,韩国为40%,新西兰为41%,美国为42%,日本为45%,以色列为46%,加拿大为51%,中国为15.1%。就高等院校的所均人数来看,2018年美国3.3亿人口,有高等院校 4 298 所,所均人口为 7.67 万;2015 年德国 8 288 万人口,有高等院校 325 所,所均人口为 25.5 万;2017 年日本 1.27 亿人口,有高等院校 764 所,所均人口为 16.62 万;2020 年中国 14.43 亿人口,有高等院校 2 738 所,所均人口为 52.70 万。[①] 由此就可以理解发达的国家经由高素质的国民来实现,中国 14.43 亿人口要建成现代化强国,也需要大量高知识、高素质的国民来支撑。

二、将"发展教育,增强国民素质"作为第一国策

(一)教育是影响人类生死存亡的基础因素

人类分布在 230 个国家和地区,地球人口总数约为 75.9693 亿人。[②] 影响人类生死存亡的因素有很多,除冰河、酷热、外星球撞击等地球因素之外,与人类自身相关的基础因素有四个。

一是"生活"。人类的生活行为十分宽泛,但生活的原始问题是人类的繁衍即生儿育女问题。不生儿育女,人类就要灭亡。有人类的"生",才有人类的"活","生活"是人类生存和更好生存的本能意愿。对于生育,地域上的国家可以调节但难以终止,而人类减少生育或不愿生育,却是其消亡的前兆。每个国家都必须为所有出生了的人口负责,中国的责任尤其重大。

二是"生产"。为了生存人类必须进行生产活动。人类的生产活动也十分宽泛,但生产的原始问题是如何得到食物,没有食物,人类也要灭亡。人首先要吃,其次是穿衣、居住、来往、娱乐等。从最先的渔猎、采集,其后的种植、养殖,到后来的大农业,再到现在的制造式农业、智慧农业等,其原始功能都是为了获得合适的食物。中国以农业为基础,着重解决"首先"的问题;以制造业、服务业为手段,着重解决"其次"的问题。

三是"环境"。人类的生活、生产等活动,需要空气、阳光、温度、水、生物链及相应的食物链、地球引力等各种物质条件,需要和平、交往、知识、关怀

---

① 教育部,《2020 年全国教育事业发展统计公报》,2021 年 8 月 27 日。
② 数据源于联合国及各国统计局,更新时间:2021 年 11 月 2 日。

等各种社会条件,这些条件共同构成人类活动的环境。如果环境恶化,人类的生存就会受到威胁。空气污染、水源污染、土地污染、滥砍伐林木、滥采地下水、生态链残缺、核泄漏、食品安全问题等,如此循环往复,人类将毁灭自己。环境保护的国家行为就是在减免人类自身制造的环境危机。雾霾、极端气候等不断地在给人类以教训,也给政府越来越多的警示。

四是"教育"。教育是将上一代人、上若干代人在生活、生产、环境保护等行为中积累的知识和技能传授给下一代人,同时把当代创造的新知识、新技能也一同传授给下一代人,使下一代人具有更新的理念和规则、更强的能力,去处理人与自然的关系、人与人的关系,以及自我调适的问题。如果没有知识和技能的传授,后代人认识世界、分析问题和解决问题的能力就会越来越弱,最终会退化到跟一般动物差不多的程度,人类就会因此而消亡。中国是世界上人口最多的国家,以教育给予国家未来,中国应最为关切。

四种基础因素中,人们对生活、生产、环境产生了深刻的认识,唯教育作为影响人类生死存亡的基础因素不为人们所特别关注。发展中国家对发达国家长期跟随而又无法超越,其基本原因不在技术,而在教育落后和国民创新能力不强。教育,按中文字义理解,"教"为"上所施,下所效",而"育"为"养子使作善"。教育在于传授和接受,而传授的目的在于不断增进人们的德行、知识和技能。所以,教育关乎人们的素养,教育关乎下一代的素质。

(二)长远看,将"发展教育,增强国民素质"作为最重要的事情来对待

因某个基础要素对国家的重要性,政府有可能将其作为国策。例如,与"生活"相关,可将鼓励生育或限制生育作为国策;与"生产"相关,可将发展经济摆脱贫困作为国策;与"环境"相关,可将防止污染、保护环境作为国策;与"教育"相关,可将科教兴国作为国策;等等。上述诸多方面,唯有提高民众的德行、知识和技能,才能增进生活、生产、环境的品质,进而提高效率、促进社会进步。对国家而言,不同时期的国策可以有多个。但从长远发展看,唯有"发展教育,增强国民素质"可以作为"第一国策"。不但要重视教育,而且在任何时候都要把通过教育增强国民素质这件事作为基础性的头等大事来对待。

从现在看长远,唯有人的素质最为基本。21世纪20年代出生的人,在其30岁时,会成为那个年代的主导力量和中坚力量。那时的中国人有什么样的理念,遵循什么样的规则,养成什么样的习惯,将对那时的国民经济发展产生决定性的影响。面对21世纪中叶的挑战,现在的中国应该做什么?重视科学、发展技术、创新产品、改善环境,这些方面都很重要,但所有这些方面的进步和发展,都要依赖现在的中国人所积累起来的德行、知识和技能。我们无法预测30年后中国人有哪些发明创造,但我们能从教育给予人的知识和技能对人们解决未来问题的能力上做出大致的判断。

例如,我们从幼儿教育开始观察,看幼儿园的老师让孩子们学些什么,看家长、家风对孩子们的影响,看孩子们模仿什么、形成了什么样的习惯等。再从小学看中学、看大学,看积累到青年人身上的是什么知识、品行、偏好和能力。中国从幼儿园开始就学英语;日本家长送孩子到家门口,让孩子自己去学校;美国有人主张幼儿高年级可以学习计算机编程等。这些"初始的教育"都会在人的素质结构中留下印记。

又如,将来还需要什么?眼下出现的互联网、物联网、大数据、云计算、3D打印、智能机器人、智慧农业、智慧城市、智慧地球、火星移民、外空间探索等,是否也需要通过不同的教育途径使人们掌握?不同民族、不同文化之间所需要的沟通、合作、包容、互惠、学习等基本素质也要通过实践教育在下一代身上体现出来。现在的教育所积淀的国民素质将决定国家发展的品行和高度。

再如,我们到一个国家,看这个国家的民众是否特别喜爱读书,是否把读书作为一种生活方式,就能判断出这里的民众的素质以及这个国家的未来。国民的读书习惯就是这个国家最简单、最普遍的教育,就是知识和技能最直接的传授、接受方式。任何一种课堂教育都比不上民众的常规习惯。习惯就是力量,习惯预示着某种持续生存的能力。

从根本上看,生产者是第一生产力,生产工具是第二生产力,工具源于生产者,其余的都是借助于生产者和生产工具发挥作用的因素。技术没有独立的实际形态,只有借助于人或者工具才能发挥作用。技术发挥作用,对人而言,通过教育和实践来实现,人因此成为高技术含量的人;对工具而言,是人做成了工具,是人在工具中运用技术,使工具成为高技术含量的工具。源头又回到了人,回到了教育。教育是基础。没有教育,就没有高素质的人;没有高素质的人,就没有高水平的技术。无论是学校教育还是非学校的学习,都是技术借助于人发挥作用的途径。

中国的核技术是通过20世纪50年代的中国知识分子引进进而对技术吸收、消化、集成等多方面的作用创造出来的。没有人,那些核知识和方法只能束之高阁。西方发达国家的一些政客,对中国的航空航天成就感到畏惧的不是火箭和飞船本身,而是设计、制造火箭和飞船的这支队伍,是这支队伍的素质及年轻化。中国强大的根本在人不在物,而人强大的根本又源于教育,所以,将"发展教育,增强国民素质"作为第一国策,就是要确立人的本位,使国民优化,以国民的本能去激励国民经济,进而建立起具有创新能力的国民经济。

(三)使国民优化,尤其要提高农村居民素质,促进农村就地现代化

中国社会至今仍是个受小农传统影响的社会。无论是北京、上海、广州等一线城市,还是边远城市,无论是高官显爵还是白领、蓝领、灰领,做事待人仍然时隐时现着小农意识、小农习惯。中国没有经过大工业的洗礼,"差不多、不一定、很难讲、看着办、走着瞧"的模糊思维经常隐含在管理系统中。中国的现代化和中国的乡土文化有着千丝万缕的联系。和城市相比,农民、农村和农业的长期落后将长期影响中国的政治基础、文化基础和经济基础。农村、农业的落后首先是农民的落后。只重视农业现代化、农村现代化,忽视农民现代化,是个根本性的偏差。

改革开放以来,农村的经济面貌、农民家庭的经济收入在逐步发生变化。尤其农村贫困人口摆脱绝对贫困,达到小康水平,农村居民整体的经济面貌发生了显著的变化。表2反映了2016—2020年五亿多农村居民经济状态逐年变化的情况。经济状态未来还会继续提升,今后要着重考虑的是农村居民自身素质的提升,这种素质将作为内生条件和内生动力,对农村经济状态、政治状态、人文状态长期发挥作用。

表 2　2016—2020 年中国农村居民经济状态

	2016	2017	2018	2019	2020
全国居民人均可支配收入(元)	23 821 (+6.3)	25 974 (+7.3)	28 228 (+6.5)	30 733 (+5.8)	32 189 (+2.1)
全国居民人均消费支出(元)	17 111 (+6.8)	18 322 (+5.4)	19 853 (+6.2)	21 559 (+5.5)	21 210 (-4.0)
乡村人口(亿人)	5.8973	5.7661	5.6401	5.5162	5.0978
农村居民人均可支配收入(元)	12 363 (+6.2)	13 432 (+7.3)	14 617 (+6.6)	16 021 (+6.2)	17 131 (+6.9)
农村居民人均消费支出(元)	10 130 (+7.8)	10 955 (+6.8)	12 124 (+8.4)	13 328 (+6.5)	13 713 (+2.8)
全国农民工人均可支配收入(元)	39 300 (+6.6) 3 275/月	42 820 (+6.4) 3 568/月	44 652 (+6.8) 3 721/月	47 544 (6.5) 3 962/月	48 864 (+2.7) 4 072/月
贫困地区农村居民人均可支配收入(元)	8 452 (+8.4)	9 377 (+9.1)	10 371 (+8.3)	11 567 (+8.0)	12 588 (+5.6)

资料来源:国家统计局 2016—2020 年《国民经济和社会发展统计公报》。

注:表中的"+""-"表示比上年增降的幅度,例如+6.3,即为比上年增长 6.3%;-2.7,即为比上年下降 2.7%。

要提高国民素质,推进现代化,今后几十年,应当将农民素质的提高作为增强国民素质的首要部分来对待。近期看,贫困地区农民脱贫致富很有成效。长远看,农村居民素质的提高更为重要,农村教育的发展更为重要。2020 年第七次全国人口普查中,3 775 万文盲人口(15 岁及以上不识字的人)多数在农村。[①] 现在文盲越来越少了,但学前教育不足、九年义务教育不足,问题较多的仍在农村。2020 年中国学前教育毛入园率 85.2%,九年义务教育巩固率 95.2%[②],其中的不足部分多数也在农村。多年来,农村教育在不断进步,但和城市相比,仍不尽如人意。

要提高农民子女的素质须从幼儿教育开始,使乡村的幼儿教育能够达

---

① 国家统计局,《第七次全国人口普查公报(第六号)——人口受教育情况》,2021 年 5 月 11 日。

② 教育部,《2020 年全国教育事业发展统计公报》,2021 年 8 月 27 日。

到与城市一样的水平。以此类推到小学、中学、大学。掌握新知识、新能力的新生代的农村居民,成为内生式农村建设的主导力量,成为乡村就地现代化的推动者。为了成就这样的新生代,政府、社会要鼓励更多优秀的教师和能干的校长到农村、到边远的地方任教、任职,政府要有长期稳定的法规、政策、规则给予支持。

乡村就地现代化所需的人才,一部分是当地农村受教育后的子女在当地就业创业,或是从外地打工回来创业;一部分是城市居民到农村居住、就业、创业;还有一部分是政府安排的挂职人员进入乡村工作等。这样,在每一块乡村地域上,都集聚了来自各方比例不等的高素质、高能力的人才,共同推动农村当地的现代化进程。几十年来,已经有大量的校舍、资金、图书、电子设备等支持给予农村学校,但农村教育并没有达到期望的效果,关键在于缺乏优秀的人才。

目前情况下,农民教育、农村发展还是需要外部的投入和滋养。用于农村教育的优秀干部、教师、校长从哪里来?可否考虑从当年毕业的大学生和研究生中进行动员及选拔?这样做,毕业生就业和农村发展一举两得。问题在于政府政策是否得力,是否具有号召力。2020年,中国研究生毕业生72.9万人,普通本专科毕业生797.2万人[①],两者相加为870.1万人。每年若有26万~43万的本科及以上毕业生到乡村基层任教、任职(占当年毕业生总数的3%~5%),全国1800多个农村县,平均每个县可得140~230个本科及以上的毕业生。若每年如此,贯彻30年,将对中国农村居民素质的提高和国家现代化建设起到关键性的推动作用。

如果要真正激励有作为的人到农村去,就需要构思比城市优越数倍的具有强激励作用的政策,并长期稳定地贯彻实施。和20世纪五六十年代相比,现在的困难可能会多一些。但只要下决心做,政策到位,还是会有良好结果的。

(四)"教育+互联网",在互联网机制下便捷地提高国民的文化素质

互联网技术在中国发展得很快,在经济领域的应用规模处于世界前列。

---

① 国家统计局,《中华人民共和国2020年国民经济和社会发展统计公报》,2021年2月28日。

尽管农村互联网普及率不及城市,但随着第一国策的实施,随着农民收入的提高、交往的频繁,这一比例会提高得很快。中国幅员辽阔,地情、乡情千差万别,我们可以利用互联网机制来推动中国教育,尤其是推动中国农村教育加快发展。中国互联网移动终端的普及状态非常有利于互联网教育在农村的终端化发展。

用"教育+互联网"的模式来实践第一国策,创造互联网机制下中国式教育的新体系,对发展教育和增强国民素质极有好处。现在已经有许多小学、中学、大学采用在线远程教育的方式,进行互联网教学及培养人才的活动。尤其是边远山区的学校,互联网平台缓解了那里稀缺的师资问题、教具问题、方法问题,缩小了城乡教育水平的差距。互联网大学机制已经将某门课程优秀的教师、先进的教材、合适的方法搬到平台上,进行在线教学,世界各地的学生都有机会选修。只要在线管理得当,学生所在学校认可学分,就可以替代本校的同类课程。互联网平台上的教育模式将会导致人人皆学、处处能学、时时可学的学习场景,互联网机制下网络化、数字化、个性化、终身化的教育体系将成为现实。

这种模式如果不断扩展下去,民众受教育的机会差异就会在一个国家内明显缩小,甚至在全球范围内缩小。民众受教育的成本会大大降低,受教育的便利性会大大提高。互联网机制下的教育模式将在教育领域产生颠覆性的影响,将给落后地区的教育、给希望得到更好教育的农村居民、给教育公平带来更多的机会。

当然,在线教育反映出了诚实问题、当面交流问题、群体文化问题、互联网社会病问题,等等。这些问题确实存在,但我们不能因为有部分问题而不积极作为,因为它们都可以通过试验和研究得到适当的缓解或解决。政府可首先将"教育+互联网"确立为国家战略,投资建设数字教育基础设施,首先在农村建设这一设施;同时制定数字教育资源质量标准、数字教育资源准入办法、数字教育运行规则和监管机制;探讨网上的学历教育和非学历教育的管理办法,以及互联网机制下新的教育体系持续发展的问题。

用"教育+互联网"的模式来创造互联网机制下的中国式教育体系,重点放在农村或首先在农村延展实施,优先缓解农村教育所急需的优秀师资、教学资源、器具设施等常规条件缺失问题。对农村实施远程在线教育支持工程,对于快速提高农村居民素质极有好处,对促进就地城市化极有好处。

三、以规则为基础进行持续训练,提升国民素质

国民素质与家庭养成、学校教育、基础知识、专业技能、社会规则、自我沉淀、习惯传统等密切相关。高素质的国民个体集合成高素质的国民总体,高素质的国民总体造就高品质的国民经济。问题在于如何实现国民高素质。其中一个途径就是以规则为基础进行持续训练。

(一)按规则训练军人,按规则训练机动车驾驶者,形成习惯

群体的素养是以规则为基础训练出来的。解放军三大纪律八项注意的规则,就是军队维护民众的利益,得到民众拥护的准则。1927年9月,毛泽东领导湘赣边秋收起义时,要求部队官兵注意军民关系,对老百姓说话要和气,买卖公平,不拉夫,不打人,不骂人。过了一个月,在江西省遂川县动员部队向井冈山进发时,发现有的士兵自由散漫,随便拿群众的红薯吃,私藏打土豪得到的钱财等,随即又规定了三项纪律:行动听指挥,不拿群众一个红薯,打土豪要归公。这就是最初的三大纪律五项注意。1928年1月,部队进驻遂川县城,分散到县城周围农村发动群众时,将五项注意调整充实为六项注意:上门板,捆铺草,说话和气,买卖公平,借东西要还,损坏东西要赔。

1928年3月30日,部队到达湖南省桂东县沙田村,将"不拿群众一个红薯",改为"不拿工人农民一点东西"。1929年以后,又将"行动听指挥"改为"一切行动听指挥",将"不拿工人农民一点东西"改为"不拿群众一针一线",将"打土豪要归公"改为"筹款要归公",后又改为"一切缴获要归公"。六项注意也逐步修改补充为八项注意:说话和气,买卖公平,借东西要还,损坏东西要赔,不打人骂人,不损坏庄稼,洗澡避女人,不虐待俘虏。后来,又将"洗澡避女人"调整为"不调戏妇女"。1947年10月,三大纪律八项注意的内容被统一规定,用解放军总部训令的方式予以颁布,最后明确下来。三大纪律:一切行动听指挥,不拿群众一针一线,一切缴获要归公。八项注意:

说话和气,买卖公平,借东西要还,损坏东西要赔,不打人骂人,不损坏庄稼,不调戏妇女,不虐待俘虏。这项 61 个字的规则几十年来一直规训着中国军人、军队,并形成军人、军队在军民关系上的素质。

最初的人民军队是以农民群众为基础组织起来的。由于传统的一家一户的小农耕作,农民养成了私有、自由、散漫的习惯,要将其组织起来,成为一支特别能战斗的军队,就要用规则去训练。农民天生不知道人民军队是什么样的,但三大纪律八项注意等规则让他们练就了人民军队战士的素质,也让民众从他们身上看到了人民军队的模样。军队的素质从规则训练中来,有什么样的规则,就能练出什么样的素质。

规则要通俗易懂,明确具体,切实可行,便于自律和监督。如果笼统、空泛、不着边际,人们就无法执行,也无法训练。例如,如果将"一切行动听指挥"改为"要遵守纪律";将"一切缴获要归公"改为"大公无私";将"不打人骂人"改为"不要野蛮",则改后的说辞就不是规则,而是说教的道理。说教可以让人们懂得道理,但无法让人们知道该如何做。即使人们按照道理做了,也是按照各自的理解去做的。没有规则就没有标准,没有规则就难以训练,没有训练就不会有能力和素质。

国民素质是按规则训练出来的。例如,遵守交通规则并不是人的天性。因为人们天生并不知道交通规则是什么;即使知道规则也不知道现场应当如何遵守;即使亲临现场还是不知道违反规则后的惩罚是什么。从不知道到知道就是个训练过程;从知道到按规矩办,到不按规矩办受到惩罚,再到自觉按规矩办成为习惯,这也是个训练过程。

为了自身安全和他人安全,驾驶机动车不准饮酒。这个道理和规则多数人都懂。懂得道理和规则与行为上遵守并不一定一致,有人就是明知故犯。例如,规定机动车在高速公路上行驶时,不得倒车、逆行、穿越中央分隔带掉头或者在车道内停车,但事实上,就是有人敢倒车逆行。所以,交通规则就要对违规的人进行处罚。例如,对饮酒驾驶机动车的人,暂扣 6 个月的机动车驾驶证,并处 1 000~2 000 元的罚款;因饮酒被罚,再次饮酒后驾驶机动车的,处 10 日以下拘留,并处 1 000~2 000 元罚款,吊销机动车驾驶证。对醉酒驾驶机动车的人,吊销机动车驾驶证,依法追究刑事责任;5 年内不得重新获取机动车驾驶证。交通警察会严格执行规则,严惩酒后驾车行为。现在,人们已将"喝酒不开车,开车不喝酒"看成每个驾驶者都应具备的素养之一。

(二)国家以规则为基础,对国民行为进行训练和规范

个人、军队能够以规则为基础进行训练,整个国家也能够以规则为基础进行规范。宪法、法规、规章、条例等都属于规则体系。国家以规则为基础,对国民行为进行规范,使国民具备必要的素质,便于有序安全地生活。

以日本为例。日本制定了《轻犯罪法》,从 1958 年开始实施。之所以称为"轻"犯罪,是因为这些"罪行"大多都是在人们看来并不严重影响公共秩序和安全的行为,但在日本却被规定为"罪",如果违犯,就要受到处罚。

例如,《轻犯罪法》中的轻犯罪行为包括:无故潜入无人看管的建筑物或船舶者;无故携带刀械、铁棒或可以伤害他人的器具者;无故携带可侵入他人住宅用的工具者;有工作能力但没有职业亦无求职意愿、游手好闲者;在公共场所举止粗暴、制造麻烦者;无故关闭公共场所灯火者;无故在水道上放置船伐妨碍水路交通者;无故出入发生灾害或犯罪的场所,或不听从该场所救援人员、公务员指示者;无视安全,于建筑物、森林或是易燃物附近生火者;无视安全,使用或玩弄枪炮、火药、锅炉者;无视安全,在有人场所中丢掷、灌注、发射可能伤人之物品者;无故释放可能伤人之鸟兽类,或使之逃脱者;在公共场所插队者;制造噪声妨碍近邻安宁且不接受公务员制止者;诈称拥有国内外公职、爵位、学位,或穿着不符身份的法定制服或相似服装者;向公务员虚报犯罪或灾害者等 16 条。还有从事典当、古物交易时,个人资料记载不实者;知道自己占有场所中有尸体或是需要救助之老弱伤病,而不向公务员报告者;无故移动不明死尸者;在公共场所造成他人不快,或者露出大腿或身体其他部位者;乞食者或让人乞食者;无故于他人不穿着一般服装之场所(住宅、浴厕、更衣室)进行偷窥者;妨碍公共仪式进行,或对之进行恶作剧者;妨碍河川、沟渠水路流通者;在公共场所吐痰、大小便者,或让人吐痰、大小便者;随便丢弃垃圾、鸟兽尸体、污物、废弃物者;妨碍他人行走,或接近、跟踪他人,使他人感到不安者;共谋伤害他人身体,且实施犯罪准备行

为的共谋者;利用狗或其他动物对人畜进行威吓,或惊动牛马使牛马逃走者;妨碍他人工作业务进行,或对之进行恶作剧者;无故进入禁止进入场所或他人田地者;随便于他人住宅或物品上张贴东西,或随便移除、污损他人的标示物者;贩卖物品或提供服务时,使用欺骗他人,或让人产生误解的广告者等 17 条。

如果具有上述行为,被举报或在现场被抓,则由警察来认定和处罚。警察将根据情节不同,予以免罪、拘留、罚款或者拘留与罚款并处等四种处罚。根据情况,可能会被拘留关押 1~29 天,或是被罚款 1 000~9 999 日元,也有可能在拘留的同时再加上罚款。犯罪者行为会被书面记录,留下案底。日本人普遍很在意自己的名誉,除了不去做不雅的事情,更不愿意留下不好的案底。《轻犯罪法》共计 33 条,用以警示国民注意自己的日常行为。

(三) 垃圾的收集与分类是对国民环境保护素质的长期训练

还有一件事,就是垃圾分类、垃圾处理、垃圾再生、资源利用的问题。其实,垃圾分类与处理不仅是个环境治理问题,更重要的是对国民规则及国民素质的训练过程。

与居民相关的主要是生活垃圾。对居民而言,没有多少人清楚地知道他们每天接触的究竟有哪些垃圾。所以,要通过宣传让居民知道垃圾的种类和其中的可回收物的类别。可回收物包括废纸(报纸、期刊、图书、各种包装纸等)、塑料(各种塑料袋、塑料泡沫、塑料包装、一次性塑料餐盒餐具、硬塑料、塑料牙刷、塑料杯子、矿泉水瓶等)、玻璃(各种玻璃瓶、碎玻璃片、暖瓶等)、金属(易拉罐、罐头盒等)、布料(废弃衣服、桌布、毛巾、书包、鞋等)等。不仅要知道这些与垃圾相关的知识,还要知道对这些垃圾进行回收利用可以减少污染,节省资源。例如,每回收 1 吨废纸可造好纸 850 公斤,节省木材 300 公斤;每回收 1 吨塑料饮料瓶可获得 0.7 吨二级原料;每回收 1 吨废钢铁可炼好钢 0.9 吨,比用矿石冶炼节约 47% 的成本,减少 75% 的空气污染,减少 97% 的水污染和固体废物。这样的知识需要从小就灌输教育。

垃圾分类是按一定规定或标准将垃圾分类储存、投放和搬运,从而转变成公共资源的一系列活动。分类的目的是提高垃圾的资源价值和经济价值,力争物尽其用,减少垃圾处理量和处理设备的使用,降低处理成本,减少土地资源的消耗,具有社会、经济、生态等几个方面的效益。2020 年 5 月 1 日起,《北京市生活垃圾管理条例》开始实施。北京市政府应该对此进行宣传贯彻,北京市居民应该遵照执行。如果没有做到这些,政府官员和市民在垃圾管理方面的素质就不会得到提高。

使垃圾的收集和分类成为居民的自觉行为,垃圾再利用成为整个社会的基本意识、规则和风气,需要很长时间的训练、沉淀并成为习惯。不能仅靠号召、运动、掀起高潮来推动,更要有具体的规则、监督、鼓励、惩罚等办法,使全社会长期坚持做下去。

德国从 1904 年就开始实施城市垃圾分类收集,至今已有 100 多年。通常情况下,每栋住宅楼内都有三四个垃圾箱,分别存放各种包装物、不可回收垃圾、纸制品以及玻璃瓶。垃圾公司根据住宅楼的住户密度,决定垃圾箱的大小,确定住户需要支付的垃圾处理费用。老师和父母通过言传身教培养孩子的垃圾分类意识,孩子从懂事时开始,就知道垃圾需要分类。在瑞典,家家户户都在厨房的水池下或抽屉中放置不同的垃圾收集容器,分别收集玻璃瓶、金属、纸张、塑料和厨余垃圾等;每条街边都设有不同类别的大垃圾箱,每家每户附近都有一个垃圾回收中心,专门收集分类后的垃圾。

日本从 1980 年就开始实行垃圾分类回收,至今已有 40 余年的历史。日本国民已经形成自觉地进行垃圾收集和分类的良好习惯,没人监督也会严格执行。日本已经成为世界上垃圾分类回收的典范。每周 7 天,每天回收垃圾的种类各不相同。居民需要在当天早晨 8 点前把垃圾堆放到指定地点,错过时间就要等到下周。若要更换电视、冰箱和洗衣机等,必须和专门的电器店或者收购商联系,并要支付一定的处理费用。人们在超市买了白色饭盒装的东西回家,吃完食物不会随手把饭盒扔掉,而是会在使用后把饭盒再交回超市,由超市把饭盒统一返还给厂家进行再利用。日本生产饭盒的企业有的也回收饭盒。

在日本,市民如违反规定乱扔垃圾,就违反了《废弃处置法》,会被警察拘捕并课以罚款。因违规被警察拘捕、罚款,在日本是很影响声誉的事情,所以,居民一般都会自觉执行规定。孩子的垃圾分类知识、行为、习惯是父母以及幼儿园和小学的老师手把手教育出来的。在小学,学生处理废弃饮料瓶的流程必须经过五个步骤:一是将饮料喝完或倒完;二是简单水洗;三是去掉瓶盖,撕掉标签;四是踩扁;五是送到塑料瓶回收箱。尽管烦琐,但他们从小就养成了处理废弃塑料瓶的习惯。如果遇到有人不这样做,就会觉得很不舒服,甚至会在自己父母的做法不正确时予以纠正。

垃圾经过分类处理后,有的用于火力发电,有的用于建造蒸汽游泳池,或者从中提取金属成为原料,最后剩下来的垃圾渣用来铺路和填海。日本有个娱乐区叫台场,有一半是垃圾填出来的。日本居民了解垃圾分类带来的环境与经济方面的好处,所以就会愈加自觉地进行垃圾分类。能做到这种程度,依赖的不是发达的科技,而是民众对环境保护真挚的情感和高度的自觉性。类似这样的经由良好的规则训练出来的素质,铸就了一个训练有素的民族。

(四)防止文明衰退和生活富裕之间"贫富"差距的扩大

经济上的富裕,并不直接带来素质上的提升;物质文明的发达也不直接导致精神文明的富足。精神文明、人的素质的提升,还需要制度文明的约束,通过以规则为基础的严格的一代又一代的持续训练,才能形成所需要的素质和习惯。

在生活、工作、交往中,我们经常会看到和听到素质缺陷的事例。素质缺陷是由缺少规则或缺少以规则为基础进行的训练、缺少对文明的自觉自悟及良好环境的熏陶所造成的。例如,有的企业暗地里排放污水,往河道里扔垃圾;有人威胁公交驾驶员,抢夺方向盘;有人在高铁上霸座,恶语伤人;有人经常加塞插队,随手乱扔垃圾,在公共场所高声喧哗;有人跌倒反而诬陷扶起自己的人;等等。我们不能期望国民行为都十全十美,但自身素质的缺陷会不由自主地影响个人所涉足的领域和所在的群体。缺陷集成会形成团队缺陷,团队缺陷对群体、对国家都是痼疾。

在某些领域,社会风气有些退化。例如,不顾事实,说假话、空话;不守规矩,不讲信用;官员渎职腐败,不为百姓着想等。对这些情况,中央、地方、各机构都在下大力气进行整治。民众的习惯风气与其素质有关,但也和官员的影响有关。从多年来整风实践的效果来看,基本经验是治民先治党,治党先治官,治官先治风,治风先治规。定规则并以规则为基础进行训练,是行之有效的办法。

我国长期处于不富裕状态。变穷困为富裕是多年来力求的目标。现在国民的富裕程度在不断提高,全面实现小康,正在向现代化强国方向发展。但有个情况值得注意,那就是,即使生活富裕后,人们身上的素质缺陷也不会轻易得到弥补,社会中不好的风气也不会轻易得到扭转,这就会形成文明衰退和生活富裕之间的"贫富"差距问题。例如节俭问题。穷困时的节俭是被逼的,富裕后的节俭才是文明和素质的体现。怎么保持富裕后的节俭?那就需要开导、模仿、训练、官员带头等,通过长期的教育影响,让人们练就富裕后仍能保持节俭的素质。文明还是要首先通过教育来传承。

我们再说到日本。日本明治维新后特别重视国民教育,加上规则训练,造就了训练有素的国民,形成了守规矩、讲卫生、重品质、勤俭节约的风气。2015年我们一行几人到日本考察,住在一个山庄里。晚上要从山脚开会的地方回到半山腰的住处,有三四公里的距离。平时有区间车来回接送,当时已经晚上九点多,区间车已经停运了。于是我们几个人便顺着山路往上走。忽然一辆中巴车从后面驶过来,停在我们几个人的旁边。车上的一位日本姑娘问明情况后,便招呼大家上车,表示愿意送大家到住地。我们中的一位男士赶紧掐灭了烟,把它丢在路边的草丛里,便上了车。谁知那位姑娘下车将烟头捡了起来,用纸包住,放在自己的包里,说是到酒店后放入垃圾箱。那位男士无地自容,连声说着对不起,其他人也都愧疚地看着那位姑娘。按说车已经过了营运时间,可以不接送任何人;车上不准抽烟,将烟头丢在路边,对外国来的人而言似乎也很正常;晚上丢的烟头,没有管理人员看到,可以不去捡。但令人出乎意料的是,日本姑娘不但例外地送人,还下车捡起了烟头。这就是普通民众的素质,是通过理念、规则、训练长期形成的习惯。

从长远看,教育和民众素质是影响中国长期持续健康发展的基础因素,因此,要把"发展教育,增强国民素质"作为第一国策、第一要务,作为国家战略,采取各种办法,推动国民经济转向以国民素质为基础的轨道上来,为国家现代化奠定长远的基础。

十个领域未来发展的战略关注点

张国有

本书所选的十个领域的问题,即经济空间结构调整、科技的长远基础、高端制造、乡村现代化、中医药产业发展、中国生态足迹、废弃物收集处理数字化、"一带一路"的持续点、2035经济愿景、教育作为第一国策等,都是中国未来发展需要特别关注的问题。本部分想集中谈谈这十个领域未来发展中的战略关注点,并分析其轨道方向。

一、 内在动力与外在扶助相结合,促进区域间的协调发展

为什么要把地域经济问题作为十个领域的首要问题?因为地域是国民生存的首要条件,同时地域上的国民创造了国民经济。没有哪个领域的活动能够脱离地域而存在。国民的地域生存机制是国家战略的重要组成部分。

国民在区块上生息。中国14亿多人口分布在960多万平方公里国土中不同的区块上。自然的迁徙流动、世代的繁衍生息、族群的文化异同等形成了村寨、乡镇、城市的居民聚集,形成了生活、生产、交往等生存单元,出于行政管理的原因,现在分为三十多个省区市。中央选拔官员进行地方区域管理。多年的累积发展使得经济上的差异不断明显化,落后区域的问题引起中央、地方、当地民众的担忧。

社会主义的本质在于追求国民的安居乐业、共同富裕、文明生活。从国家角度要力求避免出现过大的区域差异和严重的发展不平衡,但区域发展的相对不平衡问题在社会主义初级阶段仍将长期存在。那么,谁来改善经

济空间格局、促进区域协调发展？

区域成效首先出于区域自身的努力。何为"区域"？按现在的行政区划,有各省区市,其下有各县市(城市中有街道、社区),县市之下有各乡镇(乡镇之下有行政村、自然村)。国家的基层政权设置就到乡镇政府。从行政区划来看,基层区域就是乡镇。区域发展在基层就是乡镇发展,区域差别体现在基层就是乡镇发展的差别。乡镇的成效首先在于乡镇自身的努力。有的乡镇年人均可支配收入4万多元,有的1万多元。差别有的在于辖区内的资源不等。例如,一个乡,54平方公里,6.9万居民,31个行政村,6.9万亩耕地。另一个镇,102平方公里,34个行政村,7.8万居民,8.8万亩耕地。① 除资源外还有村民的素质、乡镇政府的作为以及由此产生的组织能力对资源利用程度的不同。乡镇在其所辖的区域内,凭借自身能量,谋求发展,由此产生最为基层的区域成效及其差别。乡镇组成县市,县市组成省区,省区的区域成效及差别根源于乡镇的区域成效及差别。通过自身的长期努力仍不能改变落后状态的区域,需要外部的干预和扶助。2020年脱贫摘帽的832个县就是中国1 827个乡村县市中当初相对贫困的县域。

2020年12.8万个贫困村全部出列,9 899万农村贫困人口全部脱贫,区域性整体贫困问题得到解决。这些区域除自身努力外,还需要外部干预,进行扶助,才能在一定时期内走出绝对贫困。外部由谁来促进、由谁来扶助呢？总体上有中央政府、地方政府、党政军民学各相关机构等。据统计,全国累计选派25.5万个驻村工作队、300多万名第一书记和驻村干部进入贫困区域进行帮扶。中央、省、市县财政、金融、调剂、协作、支援等各种渠道,近年来累计投入资金13.71万亿元。北京大学对口帮扶云南省弥渡县,就是外部机构扶助贫困县的万千事例之一。832个贫困县全部脱贫摘帽,这是以县级行政区为单元来缓解区域间发展不平衡问题的典型。县域发展是中国区域发展的基础,县域发展的不平衡问题也是中国的基础性问题。大区域发展问题需要分解细化到县市、乡镇层次,才可以看清问题的类型和症结。

区域成效及其差异由多种因素影响导致。除自然禀赋的不同之外,还

---

① 数据源自我们在河南省周口市淮阳区调研时获得的数据。

有人力资源聚集的数量、质量和区域政府的有为程度。自然禀赋的丰歉+人力资源的多寡+地方政府的作为,这三者构成区域发展的基本影响要素。当地民众根据实际情况,不管政府是否作为,总要通过不同的形式利用当地的资源求得生存。聚集的民众越多、素质越高,利用当地禀赋的效果越好。当地政府干什么？个人、企业、机构依法想做又做得了、做得好的事情,政府不必管。政府就是去做个人、企业、机构想做但又做不了、做不好的事情,去颁布政策,制定规则,创造安全有序的环境条件。在民众自主可为的基础上,加火添柴,锦上添花。以乡镇为基础,以县市为基本区域,将省区作为领导及协调机构,使地方经济活跃起来。省区市之间的区域成效及差异,也是其自然禀赋、人力资源和政府的作为问题。

省区市的发展也可以归结为自身活力和外部干预问题。有些区域的户籍人口大于常住人口；当地的年轻人留不住,外地的年轻人不愿意来；新企业、新投资不愿进入。这样下去,当地发展的活力就难以维持。年轻人看重的是发展的环境、机会和收益,企业看重的也是投资的环境、机会和收益,深圳的自然禀赋并不好,但发展环境好,机会多,收益比其他地方高,企业愿意去,年轻人愿意去,人去了活力就有了。海南的区域发展也有这个问题。需要有好环境、好机会、高收益。若能吸引大量年轻人到海南去,海南的活力就大有希望。改革开放,市场竞争,省区市之间的差距就逐渐显现出来了。现在看,东北省份、西北省区自身并不是不发展,而是发展速度慢,相对落后,趋势不乐观。其关键还是内生动力问题、人的问题。人及动力问题又反映到环境、机会、收益上。因此,外部的干预也应该多往人力资源和政府作为这些方面考虑。

省区市的成效集合成大区域成效,中央出台激励扶助措施,显现出对大区域间失衡的关注。改革开放后,中央着手考虑大区域带动发展及缓解大区域间相对失衡的问题。2000年1月,中央启动了涵盖12个省区市的西部大开发战略,过了几年,又有了东北振兴战略。西部的问题主要是西北,西南追赶的速度比较快。东北振兴推动了18年,至今与南方的经济差距反而愈加明显。据2020年各省区市GDP数据,黑龙江、吉林、辽宁三省的GDP总量为51 124.8亿元人民币,是广东、江苏、浙江三省GDP总量278 092.9亿元的

18%,是全国 GDP 总量的 5%。推动东北区域加快发展的任务仍然很艰巨。

中央的大区域战略接连出台,全国覆盖。西部、东北两个大区域战略出台后,又出台了七个中央大区域战略。中部崛起、珠江三角洲发展、京津冀协同发展、长江三角洲发展、长江经济带发展、成渝城市群发展、粤港澳大湾区建设等中央战略规划出台后,形成东西南北中全国覆盖,发达区域、欠发达区域无一缺漏。

为什么各地期望中央出台大区域战略?无非有三个基本考虑:一是显示中央重视,中央指明方向,期望中央给予特别政策;二是期望中央给予大项目布局的倾斜及资源支持;三是期望中央进行跨省域协调,疏通渠道等。发达区域内生动力强,条件好,发展没有大的问题。关键在欠发达区域,需要通过中央的大区域战略给予发展上的扶助。例如,明确方向后,给予一定时限内的特别政策或地方法则变通;给予资金、技术、项目等方面的支持;给予人力资源集聚、得力的行政官员和教育扩展上的支持等。就目前看,东北、西北地区仍是中央扶助的重点区域。尽管是大区域发展,着眼点还在省区市,省区市的落脚点在县市。县市的内生主动力极为重要。如果上面管得太死,追责又追到下面,县市就难以放开手脚去干。

在未来现代化建设中,以县市为考虑问题的基础,促进大区域之间的相对协调发展。重构重大生产力布局,长短互补,优化国土空间配置结构。在各区域自主积极努力下,中央政府发挥干预扶助功能,使西部大开发逐渐形成新的格局,使东北全面振兴能够取得新突破,使中部地区能加快崛起,使东部地区能够站在现代化的前列。

对一些新生的协作发展的块区、带区等,能够发挥资源、技术、人力、信息、政策等方面的协同机制,能够创造延伸发展、特别发展的典型经验,起到带动和激励的作用。例如,京津冀区域发展、长江经济带发展、长三角一体化发展、黄河流域生态保护和高质量发展、雄安新区建设、成渝地区双城经济圈建设等,都是新生的典型区域。还有一些需要特别关注的区域,例如革命老区、民族地区、边疆地区等,也需要给予特别扶助,加快建设,缩小与先进区域的差距。

上述不同的区域协调发展类别及方式,最终还是要落实到以县市为基础的区域发展上来。以县市为基础的区域发展,将涉及以区域国民为本、乡镇现代化、田园城市化、以县城为载体的现代化建设、以县市为基点的大中小城市协调发展等。中央政府要引导超大特大城市资源向大中小城市转移,带动大中小城市发展,引导城市居民流向乡镇、流向田园城市等,从基础面上缓解区域协调发展中的主要矛盾。

对于省区市、县市等区域,如何评价其发展成效?用总量 GDP 去衡量发达、欠发达区域的发展没有太大的意义。可以考虑一些实质性指标。例如,年人口吸引力(年流进人口数/年流出人口数)、人均 GDP 和人均 GDP 年增长率、使用面积的亩均 GDP、人均可支配收入、五等分收入中最高组平均收入与最低组平均收入之间的差距、区域人口平均受教育年限和区域人口受高等教育比例,以及省区及县市党政首长变动频率等。选择一些切实有效的指标来观察和比较区域及区域间的发展状态。

二、人才、人才成长、体制机制:中国科技发展的长远基础

国民和机构一直在研究规律、探索方法、寻求工具,力求通过创新来改善自己生存和更好生存的科技环境。

新的科技革命和产业变革正在重塑创新版图和经济结构,形成新的挑战。中国科技发展的长远基础是什么?这些年美国给了我们难得的警醒。

美国政府的制裁,凸显了我国科技领域的短板;华为等企业的抗争,凸显了科技人才的关键作用。基础研究是大国科技长远发展的基础,而人才素质与结构是基础研究的基础;看重基础研究和科技人才,政府的作为非常重要,但人才体制机制更重要。创造有利于人成长和创新的体制机制,是政府的首要责任,也是社会各界的责任。上述理念在高等院校、在研究机构、在明智的科技官员那里都很清晰,为何非要别人来敲我们的脑袋,才去用力推动基础研究,匆忙建设一批数学中心、前沿物理中心、生命科学中心呢?

我国从 20 世纪 50 年代开始进行工业化建设,引进苏联和东欧国家的设备、系统,后来的引进方向转向欧美和日本。那个时代,欧美的发达国家尤其是美国在科技上处于先进行列,而日本和中国等处于追赶阶段。对于中

国、日本、美国在科技发展上引进结果的差别,80年代有个说法,说中国是引进和不断地引进设备,得到的是设备;日本是引进设备后进行消化和改进,得到的是技术;美国是引进人才,得到的是源源不断的科技实力。美国利用其体制机制和教育科技的条件,在全球吸引优秀人才,打造自己的科技基础。有了卓越人才和机制,就会产生卓越的基础研究成果,就会有卓越的应用技术,就会产生卓越的设备和专利。美国的战略值得深思。

美国一家智库研究机构指出[①],自1901年以来,在获得诺贝尔化学奖、医学奖和物理学奖的美国人中,约1/3是在外国出生的研究人员;经济领域的外国移民比美国本土居民更具有创业精神;进入《财富》500强的美国企业中有20%是由移民创建的;移民在科学、技术、工程、数学等领域的工作和创业,成为美国历史上发明和创新的源泉。近些年美国吸引全球人才尤其是高技能人才的优势在不断弱化,这家机构建议美国政府把引进高技能移民作为竞争优势的重要来源,改革人才政策,留住全球顶尖人才,以便长期保持美国的经济实力和国家的科技力量。

科学研究本是全球性的事业。由于科技人员的国别归属,其掌握的知识和技术就有了国别特征。由于科技人员的跨国流动,就有了知识和技术在国家间的此消彼长,因此,国家的人文环境、创新环境、科技人员的规模,以及科技人员的组合和成果,就有了吸引力,成为国家竞争力的组成部分。近三十年来,全球的高知识、高技能人才国际流动性增强,高素质的国际移民数量在不断增加。发达国家已经深刻认识到吸引高知识、高技能国际移民的重要性,积极采取各种措施调整政策。例如,加拿大出台创业签证计划,利用风险资本公司或投资集团对初创企业的资助可立即获得永久居留权;澳大利亚在其永久和临时移民政策中优先考虑高知识、高技能人才;德国修改了移民政策,以便提升对高技能移民的吸引力;日本也松动了移民政策,支持高技能移民。

报告指出,并非每个在美国接受教育的外国人都会留下,有些顶尖工程

---

① 李溯,《美国企业研究所:"人才之争"是全球领导力竞争的核心》,参考消息网,2021年6月16日。

师和科学家不是出于本意而是因缺乏机会或者对生存环境不满意而离开。所以,我国要特别关注吸引顶尖科学家、工程师的因素究竟是什么。美国对全球人才的相对吸引力包括一系列因素。例如,全球竞争优势、就业机会、移民政策、人权保护、对企业家精神的重视、自由创新的文化等。但近些年美国移民政策的不确定性、国内的反移民情绪、限制签证的规则和绿卡待遇的改变等,使其吸引力有所减弱,不过在全球人才竞争中仍处于优势地位。

中国的科技发展,除本国大力培养高精尖卓越人才之外,也要特别重视吸引国外科技人才。例如,改革签证及绿卡制度,提高办事效率;与国外相比,能够同业同岗同酬同待遇;改善工作环境,减少不必要的干预,减少后顾之忧;坚守和保护知识产权;坚守和保护年轻人的创新精神及"百家争鸣"的机制。

中国的科技发展,除建设创新型国家等宏大愿景之外,还需要特别重视分析结构问题和机制环境问题,更要重视科学家、战略科学家的作用和对创新领导方式的改进。尽管要从国家规划角度去明确前沿问题和攻关方向,例如,选择人工智能、量子信息、集成电路、生命健康、脑科学、生物育种、空天科技、深地深海等政府投入领域,但这并不等于限制或完全限制住实验室里年轻科学家的创新活动。需要警惕科研领域平庸的问题及后果。现在世界科研领域有种情况,即对唾手可得问题的研究、对前人成果注解式的研究、平庸论文的发表等越来越多。缺乏创新的知识积累已经成为前进的负担,无意义的低水平重复导致了突破性创新的相对停滞。

基础研究、应用研究、技术研发、产品设计、流程改造、专利保护、变革方式、循环发展等,都生长在科学家、工程师、技术操作者与技术服务者之中。科技生长的动力不在上层而在基层。政府的作为就是要千方百计地为基层动力创造前进的条件,其作为的核心是服务而不是指挥。中国科技发展的长远基础是人才、人才成长、人才平台及其体制机制。对此,我们需要有清醒的认识。

人才、人才成长、人才平台及其体制机制源于具有创新素养的国民、企业、机构、政府及整体的创新环境。没有国民创新素养的普遍提高,就不会有源源不断的卓越人才。国民的创新素养是各领域发展的基础。2005年中央提出 2020 年进入创新型国家行列。当初设想,实现愿景的前提是:科技创新对经济发展的贡献率在 70% 以上,研发投入占 GDP 的比重超过 2%,技术对外依存度低于 30%,所获专利数位居世界前列等。有人建议对这些目标指标进行分解细化,建立达成目标的组织架构和任务体系,让各部门、各层面、各单位按照明确的目标任务予以推进。以为达成这些指标,就成为创新型国家了。

创造国家财富不仅要借助于资源禀赋以及外部力量的扶助,更重要的是要通过人和技术的创新来实现。这是一项基本原则,也是个长期的过程。但没有必要将这个水到渠成的过程转化成指标性的运动。世界在乎一个国家是否有创新但不在乎其是否为创新型国家。

如果真要建设具有创新性格的国家,首要的就是提高国民素质。要有切实的措施,例如,增加教育投资,提高教师待遇,强制受教育年限,提高受高等教育人才的比例,激发国民的主动意识,使其敢冒险能想象、提高创造力等。其次是营造创新环境。有些不好的环境因素需要改变。例如,学校的"记忆力教育"、企业的假冒伪劣、机关的官老爷作风、家长的压制或溺爱、同事对创新冒尖的冷嘲热讽等。要推广创造力教育、倡导诚实劳动公平竞争、以创新为荣、鼓励多出创新成果等。再有,就是建立及完善对创新的保护和鼓励机制。在多出创新成果的情况下能够保证创新成果不受非法侵害,例如,坚守知识产权规则、严惩学术剽窃、打击假冒伪劣、奖励创新成果、按规则合理分享创新成果等。

在国家现代化建设中,需要强化国家战略科技力量,优化配置创新资源,优化国家科研机构和高水平研究型大学及科技领军企业的定位布局,统筹推进国际科技创新中心和区域科技创新中心建设,加强科技基础能力建设,强化科技战略咨询,提升国家创新体系整体效能。上述指向非常必要,但都要落实到人才基础、人才团队和吸引人才、留住人才的政策及规则上。没有这种落实,原则就是空话。

所以,使中国科技发展长远基础中的人才和人才团队回归到国民素质的培养上,使体制机制回归到创新环境的建设和对创新成果的保护上,落实到能够抓得住的层次,科技发展的基础会更加牢靠。

三、深层次发现中国高端制造的关键点

我国规模以上机床企业 5 720 家(2020 年数据),主要分布在东部地区(长三角和珠三角),以及四川、陕西、重庆、云南等西部省区市。现在进入数字技术时代,我国的机床产业将大型、精密、高速数控机床主机,数控系统,功能部件,以及数字化生产线作为主要的发展方向。

近年来,我国在中高端机床市场上所占的份额不断提升,部分高端产品的性能已达到或接近国际领先水平。但由于历史较短、基础有限,与世界强国相比,我国的高档数控机床整体上还处于追赶世界先进水平的阶段。机床产业的状态,是我国高端制造的缩影。那么,如何从机床产业的发展态势看待和发展我国的高端制造业呢?

机床是先进制造技术的载体和装备工业的基本生产手段。机床是制造机器的机器,也是制造机床本身的机器,所以,通常将机床产业称为"工业母机"产业。我国现在是世界上最大的机床消费国和机床进口国,也是位居世界前列的机床生产国。这个结果源于中华人民共和国成立七十多年来的积累。

2009 年我国开始实施"高档数控机床与基础制造装备"国家科技重大专项,当时期望到 2020 年实现航空航天、船舶、汽车、发电设备制造所需的高档数控机床与基础制造装备生产能够 70%～80%立足于国内。2020 年在满足重点领域需求方面,航空航天、汽车、船舶、发电设备制造这四大领域所需高端装备的品种满足度已经达到 90.9%。我国今后一段时间(到 2035 年)的发展战略主要是响应重点行业发展急需,全面提升行业基础能力和产业链发展水平,培育出一批具有世界竞争力的领军企业,使"工业母机"产业达到世界领先水平。

我国制造业需要清醒地判断高端化和谨慎地向高端化进军,扎扎实实促进机床产业不断上台阶。近年来有个说法:中国以拥有 39 个工业大类、191 个中类、525 个小类,成为全世界唯一拥有联合国产业分类中全部工业门类的国家。这一说法没有大毛病,且经常被人引用,甚至被用来作为制造强

国的论据。之所以说起这件事,是因为该说法过于笼统容易使人忽视高端发展的深层次问题。

联合国经济和社会事务部统计司 2008 年发布的《所有经济活动的国际标准行业分类》C 门类中 10-33 类是"制造业"类。制造业类中的二级分类 33 是"金属制品业",三级分类 332 是"金属工具制造",四级分类 3321 是"切削工具制造",至此是该分类目录的最终分类。"切削工具制造"这一类制造指的是"手工或机床用可互换的切削工具的制造"。从这四级分类来看,我国机床行业确实具有并已涵盖。

如果再往下细分,就可以看出问题了。五级分类可能分为"手工切削工具"和"机床切削工具"。其中的"机床切削工具"再往下分,到第六级,就可能分为"钻头、车刀、铣刀、钻刀、磨轮、镗刀"等。刀具的材料又有工具钢、硬质合金等。如果加工特别硬的金属就需要更硬的刀具,所需的高端刀具和刀具材料有的要靠进口。有时切割刀具也不只是刀具本身,而是包括刀柄在内的一整套刀具系统,在刀柄内部嵌入传感器,或开发新的功能模块。这些高性能刀具系统有些在国内市场几乎买不到。

按粗类划分,表面上看我国的制造业和工业体系几乎涵盖了所有工业门类,但在分级的细致程度提高以后,例如出现激光切割工具等,情况就不那么乐观了。德国和日本技术特色鲜明的中小企业,专门做四级、五级以上的产品,有大量的隐形冠军企业。这些企业规模不大,针对性强,技术精深,生存状态好。在我国,这些专精尖的中小企业(以新兴民营企业为主),因为缺少与高端用户的密切联系,规模小,高技术风险大,问津的风险投资机构并不多,银行也不太乐意贷款,营商环境并不是很好。

制造业的门类和细化程度首先与所在国家的最终需求密切相关。美国对军备的需求导致其军工产业链相对完整;中国高铁的需求旺盛,和其相关的产业链也相对完整;阿尔卑斯山等山区的滑雪需求旺盛,相关国家滑雪橇、滑雪板等制品的产业链相对完整;有些国家的民众喜欢赛车及赛车运动、帆船、运动滑翔机等,就刺激了相关产业链的完整发展。上述细分有的在我国几乎找不到。在更加细分的部分,往往能发现我们的短板。

机床产业在工业化初期通用性发展多一些,在工业化中后期,专门性发展就越来越多了。这一时期,机床产品作为加工用的工具性产品,需要根据不同的加工对象、加工材料、工艺流程等进行专门化生产。机床产业都要与加工对象的需求和工艺流程、加工的工艺需求密切结合,面向专业需求提供服务。

有活力的机床企业大多针对个性化服务对象,遵循细分化、专业化的发展战略。例如,德国格劳博(GROB)公司针对轿车发动机缸体/缸盖的工艺需求开发制造此类机床,占据了我国轿车发动机缸体/缸盖机床加工领域70%以上的市场份额;济南二机床在整车冲压工艺领域的机床不仅占据了我国轿车加工领域近80%的份额,还进入了美国市场。这类企业有特定而有限的细分目标市场,产品具有鲜明的市场针对性,突出优势是对目标市场用户的工艺进行了深入的研究,具备很强的为用户提供成套解决方案的能力。

有些企业在高涨发展期不大考虑如何去适应市场专业性的需求,而是期望市场适应自己的产品类别化需求,高涨期一过就陷入被动。这些企业往往专注于某一类或某几类产品(如车床类、铣床类、磨床类、齿轮机床类等),追求广泛覆盖,但缺乏特定的目标领域,缺乏对用户工艺的深入研究,缺乏为用户提供有价值的成套解决方案的能力。在市场细分化趋势中,大类产品推销容易使其陷入困境。

机床市场的发展趋势需要两类企业。一类是信息、科技、制造、延伸能力雄厚的大企业、超大企业,例如中国的央企宜专注于行业基础和共性技术研究,关注关键领域产品、关键零部件、数字技术系统的研发与制造。作为大平台,有能力、有责任分化、衍化细分技术及产品。这类企业提供的产品和服务可侧重于国民经济关键领域,例如能源、汽车等重点用户的高端需求,可侧重于市场失灵领域,例如军工等重点用户的高端需求。另一类企业宜专注于细分目标市场的需求,不做大而全,只做专而精,深入研究专类用户的工艺和流程要求,专门为用户提供成套解决方案,在某个专门领域成为难以替代的制造商。这类企业多是中型企业或小型企业,可依托央企和科研院所形成的产业基础及共性技术平台,成为市场专业化型的供应商,力求做深、做精、做高端。

我国机床产业近二十年的发展过程中,高端制造有五个值得关注的问题。一是不要追求大而全，一定要专而精，这是趋势中的生存之道。二是对新潮保持冷静，不必张口互联网思维、工业4.0，闭口新制造、新业态、商业模式再造等，这种浮躁之风对高端制造伤害很深。三是与来自外部的不适当的干预保持距离。企业营收超过100亿元，外部或上级机构就有可能提出500亿元的目标。这种跟随性的盲目扩张有可能使企业陷入困境。四是力求摆脱整体上在价值链中低端徘徊的状态，与高端用户形成密切合作关系，要在基础共性技术、产业前沿技术、数控机床核心技术的功能单元和关键零部件上下功夫，提升"产学研用"的实际效果。五是要特别关注和支持中小企业隐形冠军的发展，这些往往是高端制造的新星和突破力量。

国内外的服务对象需要更多高速、高精度、复合、柔性、多轴联动、智能、高刚度、大功率的数控机床，中国的数控机床制造企业应越来越快地适应这些市场需求。这里，关键是人才团队、创新平台和激励机制的问题。企业、政府、研究机构联合起来，集合人才，促进建设更高水平的产业平台，通过政策环境与激励机制，创造"三个协同"（用户与机床主机企业的协同、机床主机企业与系统零部件企业的协同、机床制造企业与科研机构的协同）的平台，搭建联合研发、试验测试与应用的场景，使数控机床和制造主机、数控系统和功能部件等关联单位建立长期稳定的合作伙伴关系及配套关系，建设比较完整的数控机床和基础制造装备配套的产业链体系。

数控机床是制造业中的高端制造。中国制造业不仅需要一般制造，还需要高端制造。对制造业的高端分析，需要冷峻地直面短板，切莫自视甚高。高端制造业今后的发展，要特别关注和瞄准尖端需求，集聚力量进行原创性技术攻关，在特殊的、关系长远及安全发展的重点领域，尽力上等级补短板，实现高水平制造的自立自强，建设具有持续竞争力的高端制造产业集群。

四、将现代化发展作为乡村振兴的基本方向

建设农业、工业、科技、国防四个现代化，最艰巨的是农业现代化。在什么体制基础上推进农业现代化？是人民公社体制，还是农户联产承包体制，

抑或是农户合作共有体制？过去，人民公社体制没搞好，整个解体了；现在，农户联产承包体制实际上是小农地块经营，承担不起机械化、高科技、信息技术、生态协调的重任；农户合作共有体制比小农个体经营有优势，为大农业生产力的发展搭建了一个阶段性进步的阶梯。将来，在农民合作社基础上建设农民合作联盟社，将小农地块转化成大农地域，在更大范围、更高层次上推进农民合作共有制，支撑机械化、高科技、信息技术、生态协调的发展，吸引城市人口回流乡村，建设乡村城镇，实现农业农村农民现代化。

农业经济体制似乎经历了一个"圈"。中华人民共和国成立初期是分田到户的小农经济，后来变更到将田入社合作合力的农民合作社和联社；"大跃进"中构建起人民公社，村里各户的田地连成一片，形成土地生产队占有和生产队管理的体制，生产队长每天组织农民劳力进行农业生产，用工分记载劳力支出，年终按工分分配，效率低下；改革开放后，生产队解体，分田到户，承包经营，激励性强，效率提高，农业发展。经过几十年的发展，发现小农经营方式解决不了科技进步、规模效益、共同富裕的问题，合作制又成了基本趋势，有的还提出了合作社基础上的联盟社的需求，似乎又回到了公社时期，但实质上，这时的体制基础已不是人民"公社"，而是人民"共社"。

农村土地经营体制似乎经历了一个"圈"，回到起点。即便这样，在18亿亩耕地上，农业生产的科技含量还比较低，附加值比较低，成本比较高。现行的农业生产关系与农业生产力的现代化需求并不匹配，这种状态迟早会改变。可以根据现在的实际情况，在继续实行农户联产承包责任制的同时，试行和推行合作共有制，试行和推行村级集体共有制，试行和推行联村的现代化城镇建设，试行和推行更加合理的合作共有制经济模式。

除合作共有制外，还有种情况，即有的村将村民承包的小块土地流转出来，集中由合作社经营或转包给外部企业经营。土地的所有权、承包权、经营权、收益权适当分开，各得其所。村民不再承包土地，除获得土地出让利益外，还作为劳动力在社企机构中就业，获得工资。由合作社集中经营的可为共有经营，而转包给外部企业经营的既非公有也非共有，可看作通过村社转租获取收益而已。将来转租结束，回归后，仍可为合作共有体制。

2020年中国贫困县全部脱贫，指标上实现小康。实现小康后乡村发展的基本指向是什么？总体趋向看，是在乡村振兴的基础上指向现代化。中华人民共和国发展的各个阶段都有乡村振兴。中华人民共和国成立后农民分到土地，相对中华人民共和国成立前，乡村振兴了；实行合作制，相对个体私有，乡村振兴了；改革开放后实行农户土地承包经营制，相对"大锅饭"，乡村振兴了；832个贫困县脱贫，相对脱贫前，乡村振兴了。尽管振兴的内容和幅度不同，但中华人民共和国成立以来的70多年中，已经经历了多阶段的乡村振兴。从2021年开始，按照国家现代化蓝图，用30年左右的时间，建成社会主义现代化强国。这个愿景使得中国所有的乡村县市都转向现代化发展轨道。这个"现代化"的指向就是中国乡村未来发展的基本趋势，也是可鉴可依循的基本准则。

乡村现代化是以村民为基点扩展开来的现代化，归纳起来有五个领域的现代化可供选择。第一个领域是"村民生产的现代化发展"。这个领域的事情，包括土地、林地、水塘等生产对象的合理开发利用，机械力、电力、喷灌滴灌、温室、无人机、无土栽培、数字化生产与管理等生产技术手段的更新使用，农户承包、家庭农场、入股合作社、城乡合作、共有制集体经济等生产关系的变化，等等。在这个领域，有的村落已经使用机械化及喷灌操作，有的已经熟练运用温室作业，有的在城乡合作社里经营，有的在发展集体经济，有的在进行数字化管理的探索等。不同的追求呈现出对不同梯阶生产现代化的场景选择。

第二个领域是"村民生活的现代化发展"。这个领域的事情，包括住房的砖瓦房、混凝土钢筋构造，健康型人居组合，功能环保等居住条件的次第改善；村民对乡村的居屋布局、集会、文化、民俗机构的关注，以及对自行车、公交、铁路、小轿车等出行工具的选择；电视、手机、网上社交、网上交易系统的使用；品质化多样化生活用品、休闲服务的便利程度；等等。在这一领域，现代化程度的特征性差别在于居屋的新型构造及布局、小轿车的拥有、计算机网络的使用等。不同的追求也呈现出对不同梯阶生活现代化场景的选择。

第三个领域是"村落生态的现代化发展"。这个领域的事情，包括水土渠堰的修整、林地植被的涵养，家庭厕所与公共厕所的改造建设，垃圾、污水、废旧农膜、包装废弃物的回收处理,农作物秸秆、畜禽粪污的资源化利用,清洁能源、可再生能源的使用,等等。在这一领域,现代化程度的特征性差别在于家庭厕所及公共厕所的改造升级、废弃物的分类与处理、清洁能源的使用等,不同的追求也呈现出对不同梯阶村落生态现代化场景的选择。

第四个领域是"村落文化的现代化发展"。村落文化的现代化不大好充分界定。可触及的包括承继健康的风俗习惯;发展健康的文化艺术活动;建设村庄的图书室、展览室、视听网络、体育运动区;建立和维护良好的邻里关系,倡导尊老爱幼的传统;等等。在这一领域,现代化程度的特征性差别,除硬件文化设施建设之外,主要在于软性的理念、规则、行为的涵养与养成,对勤劳致富、关心集体、诚信和睦、互帮互助等良好传统的坚守等。不同的追求也呈现出对不同梯阶村落文化现代化场景的选择。

第五个领域是"村落治理的现代化进步"。乡村治理的重心是村落治理,而村落治理是在村民不断进步的理念规则基础上推进的。所以,村民素质的涵养是村落治理的关键。例如,根据不同的发展阶段,制定不同阶段的村民行为规范,村民按规范自律行事;制定不同阶段的公共规则,村民按规则自律行事;制定不同阶段的合作共治制度,村民按制度贯彻遵行。在村民培训的基础上,还有行政村干部及管理人员的培养培训和整个良好风气的塑造。这样做,就可以逐渐形成自治、法治、德治相结合的现代化基层治理体系。在这一领域,现代化程度的特征性差别在于,能否依据村民的素质层次有针对性地制定现代化规则,以规则为基础进行村民训练和管理。[①]

各县市、各乡镇、各村社的情况不同,现代化的时段和步伐也不一样。有的起点高一些,有的起点低一些,但总体都是朝着现代化方向发展的。在考量乡村现代化水平时,考量的是现实的步伐、现实的台阶,测度再上台阶的能力。根据现实的评测结果,再激励村民去登更高的现代化台阶。

乡村现代化进程总在引发富裕程度的提高。乡村现代化进程引发的富裕来源,有的寄托在引进采矿业、机械制造业、化工业、制药业等非农产业

---

① 五个领域的现代化梯阶是我们 2021 年 5 月在河南周口市淮阳区乡村进行调研时提出的看法,其内容在 2021 年 7 月的《国家治理》上刊出。

上。在乡村致富的过程中,在 GDP 牵引的机制中,把这些产业引入乡村,增加村民收入,这是以往的选择,是利用乡村的土地、劳动力、环境的相对低成本获得眼前的利益。长远来看,用越来越贵重的乡土更多地生产服装、家具、汽车、药品等,这不符合乡土的本性。

推进乡村现代化,就要在田园环境中,通过科学技术使田园的本性充分体现出来,使田园的价值不断提高。其本性是高品质地生产粮食、蔬菜、肉禽蛋奶等,而且是用高科技手段、信息化技术、适宜的经营模式来高效地生产。乡村管理者的理政重点应该是把农业搞上去,把农民的素质提升上去。在乡村建设田园城市,在乡村建设农产品实验室和种子库,研究土壤保护、温室种植、无土栽培、多层种植、转基因、喷灌滴灌、有机无机肥料、无人机使用、新型仓储与物流、田园数字化管理等。采用高科技手段改造农业,使用尽可能少的土地资源,产出尽可能多的农产品。

在乡村搞智慧农业,将农产品生产用高科技、数字技术、新兴工业装备起来,将智慧农产品的价格提上去,将农村农民富裕的来源建立在农产品生产的高科技、数字技术、新型农产品工业上,这才是乡村现代化需要特别关注的方面。

中国农村农业建设,今后的主要问题是,如何使新农人掌握新技术,通过农业农村的现代化发展,完成中国农业的使命和任务。例如,如何坚实粮食安全根基,守住十八亿亩耕地红线;如何把永久基本农田全部建成高标准农田;如何健全种粮农民收益保障机制和主产区利益补偿机制;如何统筹乡村基础设施和公共服务布局、建设宜居宜业的和美乡村;如何发展新型的农村共有制经济、新型农业经营主体和社会化服务等。这些使命和任务,今后都需要用新思维新方式高效率地去完成。例如,十八亿亩耕地红线的问题,简单地监控固守,不是长期有效的办法。可以考虑在坚守的同时,用现代化的手段,用更少的土地面积生产更多的粮食。例如,强化农业科技和装备支撑,提高田亩效率;发展多层立体栽培等设施农业,构建多元化的粮食供给体系等。想办法通过现代化的过程去解决使命和任务问题。

五、以中医药服务业带动中医药产业链的发展

中医药及以中医药为主的中西医结合方式取得了世界独有的医学与医疗成效。甘肃是中医药文化的主要发祥地,素有"千年药乡""天然药库"的美誉。中央政府在甘肃设立"国家中医药产业发展综合试验区"和举办"中国(甘肃)中医药产业博览会",足见甘肃中医药在全国的地位和影响。近年来,其他省区市的中医药产业上升、发展得很快,河北、安徽、天津、山东、四川、贵州等省区市,都在积极推动中医药产业在本地的发展。《中华人民共和国中医药法》于2017年7月开始实施,《关于促进中医药传承创新发展的意见》于2019年11月由中共中央、国务院发布,《"十四五"中医药发展规划》于2022年3月由国务院印发。中国的中医药产业发展势头良好。中药材种植业、中成药制造业、中医药服务业所构成的中医药产业链中,发挥引擎作用的是作为第三产业的中医药服务业。

中医药服务业是中医药产业链的需求领域,是使用中药材和中药材制品、提供医疗服务和健康服务的领域。其主要构成包括医院、医馆、诊所、卫生院、药店、中医药养生机构、药膳等使用中药材制品、中医药技术的机构,以及为中医药发展提供科学研究、人才培养、流通交易、咨询、对外交流等的机构。预防、治病、养生都在这个领域。

中医药服务领域是个广泛而深厚的需求平台。截至2020年年底,全国中医医院有5 482家。99%的社区卫生服务中心、98%的乡镇卫生院、90.6%的社区卫生服务站、74.5%的村卫生室能够提供中医药服务,设置中医临床科室的二级以上公立综合医院占比达86.75%,备案中医诊所达2.6万家。同时,中医药已开放传播到196个国家和地区[①],国际影响越来越大。中医药一直在治未病、重大疾病治疗、疾病康复中发挥重要作用,全方位、全周期地保障人民健康。

中医药诊疗量占总诊疗量的1/6。据统计,2020年,全国中医总诊疗量

---

① 国务院办公厅,《"十四五"中医药发展规划》,2022年3月3日。

10.6亿人次,中医总诊疗量占全国总诊疗量的16.8%。① 尽管每年都在增长,但和西医总诊疗量相比,占比仍较小。2020年,中医机构的财政拨款为981.9亿元,占卫生健康部门财政拨款13 331.5亿元的7.4%。② 用财政占比的7.4%支持了占比16.8%的诊疗量,说明中医药在中国医疗中的特殊地位和特别贡献。

中医药服务业如何为中医药产业链提供需求,如何持续激发中医药发展的活力,如何长久地传承中医药的精髓,都是其未来发展面临的问题。

中医药体系是中国独有的历史积淀。只有中国拥有三种体系:中医药体系、西医药体系、中医药西医药相结合的体系,而欧美国家仅有西医药体系。这就是说,当疾病来临时,中国至少多了一种学说和手段。对付新冠病毒,甚至对付今后的任何病毒,中国都会有自己独到的理解和方式。

中医药主要指的是汉族医药,除汉族医药以外,中国还有藏族医药、苗族医药、傣族医药、维吾尔族医药、蒙古族医药、朝鲜族医药等。所以中医药体系是包括汉族和其他民族医药在内的中国各民族医药的集合,反映了中华民族对生命、健康和疾病的认识,具有悠久的历史传统和独特的理论及技术方法。

中医中药学主要涉及阴阳、五行、运气、脏象、经络等学说,以及病因、病机、诊法、辨证、治则与治法、预防、养生等内容,一般简称中医。中医药最具代表性的奠基性著作《黄帝内经》经多年积累,大致成书于战国时期。若从战国末(公元前221年)算起,中医药救死扶伤、济世养生,至今已有2 200余年的积累。

欧美医学医药在中国一般统称西方医学,简称西医。西医学是以解剖生理学、组织胚胎学、生物化学、分子生物学等为基础,从微观层面来研究人体的生理与病理现象,形成现代医药医学体系。若将文艺复兴鼎盛时期作为开端,将布鲁塞尔的安德烈·维萨里(Andreas Vesalius)编写的《人体构造论》(1543年出版)作为一个标志,成体系的西医学至今已有470余年的历史。

---

① 国家中医药管理局,《2020年中医药事业发展统计提要报告》,2022年1月13日。
② 同上。

现代医药医学体系形成之前,各国民众的疾病治疗大多依靠本民族的民族医学医药来支撑。最有成就、历史最悠久、面对人数最多的民族医药当属中医药。以一份很小的中成药药单为例,从虚滞的亚健康开始,到风湿、胃痛、中风,再到肿瘤等,计67类病,其中分为197种症状,分别对应289种中成药。如果展示更多的中医药方,那可是一个浩瀚的宝库。这个宝库可以在应对各种病患时,比其他国家多一种手段。中医药是中国特有的健康手段,是21世纪中国人生存和发展的优势。

中医药学与西医药学的理念、规则、方法有明显的区别,二者各有所用,各有所长。近年来,在中医学领域,有医生采用西医的诊断仪器设备,参考得到的数据进行中医药诊治。在西医学领域,也有医生从综合角度研究系统医学、预防医学,实则是中医的整体观和"治未病"理念。两种医学体系都在分置的情况下寻求相互可借鉴的部分。

21世纪是治病医学转向健康医学的世纪。总体上,应以中医药的"治未病"理念为宗旨,遵循人体健康的整体思维和对疾病辨证施治的方法,从人体的整体结构和具体分布结构出发,集合西医学、中医学有效的研究成果、临床经验、技术方法、诊断仪器设备等,通过预防、诊治、调理等,使人体达到整体平衡。

在人的身体失衡、有病的情况下,才有病治病,医治手段可在中医、西医中选择,宜中则中,宜西则西,哪种合适就用哪种。可以使用西医的检测技术对身体进行检测,也可使用中医望、闻、问、切的方法予以判断。对得到的信息进行综合分析,然后考虑用什么方法予以防治。如果无病,那就进入卫护健康的领域;如果有病,则依症予以治疗。

有人说,中医药不科学,而西医药是科学的。这种看法确实很流行。但这里有三种情况值得关注:一是西医学利用现代科学技术,尤其是检测工具、手术工具、合成医药等将自己装备起来,并在治病领域迅速见效方面具有明显的优势,故其具有现代科技基础,无可争议。再加上西方医药资本的长期传播,显示出西医学"唯一"的科学性。二是在没有形成西医体系的1700多年里,中医药学就是"有效"基础上具有科学内涵的医疗体系,只是近代有了数理化准则后,才将中医药纳入数理化范畴予以判断,因此才称其

"不科学"。所以,是否科学是相对的。三是中医学所显示的能效,例如汤方、成药、经络指压、针灸,以及望观气色、闻听声息、问询症状、切摸脉象的四诊方法等为何有效,许多西医学也解释不了,这就说明了西医学在科学上的局限性。

中医学面临的问题,也是西医学的研究对象。中西医应相互尊重(如甘肃倡导的"西医学中医、中医学西医、一技为主、兼收并蓄"),共同研究中医学的实际问题,共同寻找内在规律,为人类的健康共同做出贡献。中西医结合、中西药并用,实行中西医协同诊疗,确保每一位确诊患者第一时间、全程接受最合适的治疗。

中医药在骨伤、肛肠、儿科、皮肤科、妇科、针灸、推拿以及脾胃病、心脑血管病、肾病、肿瘤等领域具有特色优势,民众对中医药的认识、认可程度普遍较高,但在不同的方面也会存在差异。国家中医药管理局对16~69岁的人群多年进行中医药健康知识的普及情况和中医药健康素养水平的调查研究,以此来反映中国公民对中医药的认识和奉行中医药理念健康生活的状态。

中医药公民调研的内容包括两部分:一部分是中医药健康知识的普及程度,具体指标有普及率、阅读率、信任率、行动率等四个维度;另一部分是中医药文化素养水平,具体指标有中医药基本理念、中医药健康生活方式、中医药公众适宜方法、中医药文化常识、中医药信息理解能力等五个维度。

以2020年为例,在16~69岁公民中,中医药健康知识的普及率为94.2%,阅读率为92.6%,信任率为92.9%,行动率为62.2%。[①] 从结果看,均处于高度水平;相对而言,认识度较高,行动率稍微偏低。这一年的中国公民中医药文化素养水平为20.7%,也就是说,100人中有20人具备中医药的基本理念,掌握了中医药健康生活方式,知晓中医药常识、养生保健的行为方法等。2020年,16~69岁的人口数量约为9.6亿人[②],其中20.7%的人口数量(约1.98亿人)具有中医药健康文化素养。

---

① 国家中医药管理局,《2020年中医药事业发展统计提要报告》,2022年1月13日。
② 根据国家统计局《第七次全国人口普查公报(第五号)——人口年龄构成情况》(2021年5月11日)的数据进行的整合。

20.7%这个比例并不算高,但和五年前相比,还是提高了不少。资料显示,中国公民中医药健康文化素养水平 2014 年为 8.55%[1],2016 年为 12.85%[2],2018 年为 15.34%[3],2020 年为 20.69%[4]。与 2014 年相比,2020 年民众的中医药健康文化素养水平提高了 12.14 个百分点。民众的中医药健康文化素养水平呈增长趋势。知识普及程度高,中医药健康文化素养水平低,这一差距应当引起我们的特别关注。在中国大地上,中国公民中医药健康文化素养水平这一指标应该不断提高。

中医药服务业的引擎作用在于提供需求和动力。这种需求和动力源于中医药机构广泛的全国性布局,源于中医药的特殊地位、特别贡献和特有手段,源于中西医结合的前景,源于民众对中医药的认识、理解和认可程度。在中医药服务业的带动下,中医药产业链的动力会越来越强,活力会越来越足。

六、 与自然合作,以自然为基础寻求解决问题的方式

全球温度升高将威胁地球生态和人类生命。2021 年,政府间气候变化专门委员会(IPCC)[5]发布的第六次评估报告第一组报告[6]指出,自 1900 年以来,全球地表平均温度上升约 1℃;从未来 30 年的平均温度变化来看,全球温度升高预计将达到或超过 1.5℃。如果确实如此,极端高温将超过临界值,不断威胁自然生态和人们的健康。

全球温度升高的趋势将使极端高温事件、海洋热浪和强降水的频率增

---

[1] 《国家中医药管理局、国家卫生计生委发布全国中医养生保健素养调查结果》,人民网,2016 年 4 月 1 日。
[2] 《国家中医药管理局发布 2016 年中医药健康文化素养调查结果》,人民网,2017 年 12 月 29 日。
[3] 《我国公民中医药健康文化素养水平显著提升》,人民网,2019 年 12 月 26 日。
[4] 《我国居民中医药健康文化素养水平提升》,新浪网,2021 年 10 月 25 日。
[5] 由联合国环境规划署和世界气象组织建立的政府间气候变化专门委员会有三个工作组:第一工作组的主题是气候变化的自然科学基础,第二工作组的主题是气候变化的影响、适应和脆弱性,第三工作组的主题是减缓气候变化。从 2021 年 8 月到 2022 年 4 月,三个工作组先后发布最新版的第六次评估报告。
[6] 《速看!IPCC 第六次评估报告第一工作组报告出炉》,中国天气网,2021 年 8 月 10 日。

加、强度提高。2021年7月17日至21日，我国郑州出现罕见天气，三天下了一年的雨量，暴雨成灾；2021年8月11日，意大利西西里岛沿岸城市锡拉库萨的气温达到48.8℃；2021年11月7日至9日，我国辽宁出现历史罕见的特大暴雪、雨雪冰冻、寒潮及大风天气。北美、欧洲、澳大利亚、拉丁美洲众多地区、南部非洲的西部和东部、西伯利亚、俄罗斯到整个亚洲，地球上大部分地区已经在遭受高温极端天气的影响。

人口在增长，欲望在增加，地球的生物承载力将不堪重负。人类的作为构成人类在地球上的生态足迹。针对气候变化，除探究地球周期活动的影响以外，还要关注人类活动对气候变化的影响。人们需要从人类活动的方向上加以控制。世界人口在不断增长，到2022年4月世界人口总数为78.98亿人。① 联合国秘书处经济与事务部预测，世界人口2030年可能达到85亿，2050年可能达到97亿，21世纪末可能达到110亿。② 到2050年，预期全球的粮食需求将增长54%，能源需求将增长56%。而全球一半多的GDP依赖于自然的惠益，地球的生物承载力将不堪重负。

在人口持续增长、贫困人口脱贫、致富道路上新的需求又持续增长的情况下，粮食供给愈加不稳定，能源需求越来越多，甚至淡水资源也会日渐短缺，日益壮大的人类与日益疲惫的自然之间的冲突在加速升级，资本的逐利机制也在加剧这一进程。将来有一天，地球养活不了人类，不再适于人类生存。人类要么消亡，要么移居其他星球。所以，需要重新审视人类对待自然的方式，需要重新审视人类的发展方式，关注人类在地球上的足迹，关注地球的可持续生存。

减少国家生态赤字，增加国家生态盈余，各国共同行动，来拯救地球生态。地域上的生态及其变化不但影响国家经济，同时也影响民众的生存环境。生态赤字将成为全球关注的问题。林地、农田、草地、建成区面积和渔场面积等构成国家的生物承载力禀赋，其所消费的生态足迹总量若低于本

---

① 数据源于联合国及各国统计局，更新时间：2022年4月28日。全球238个国家和地区人口总数为7 898 236 143人。中国以1 447 301 400人位居第一，印度以1 403 018 576人位居第二。第三至第十名分别是美国、印度尼西亚、巴基斯坦、尼日利亚、巴西、孟加拉国、俄罗斯、墨西哥。

② 联合国秘书处经济与事务部（UNDESA）《2019年世界人口展望：重点》中的预测数据。

国的生物承载力禀赋,则出现生态盈余;若其所消费的生态足迹总量高于生物承载力禀赋,则出现生态赤字。各国要尽力避免的是生态赤字。转赤为盈,我国面临着长期的艰巨挑战,世界各国也都面临着长期的挑战。

地球生态系统具有惠益人类、维持人类生存的功能。这种功能一是供给性的惠益,例如生态系统提供食物、纤维、水、燃料、药物、生物化学物质、基因资源等。二是调节性的惠益,例如生态系统能够调节气候、调节空气质量、涵养水源、净化水质、保持水土等。三是支持性的惠益,例如养分循环、土壤形成、固碳释氧等。四是文化性的惠益,例如地球生态累积成人类的生产功能、交往功能,精神、宗教、娱乐价值,美学、教育价值,文化多样性等。人类尽管可以凭借科学和技术去改变生态,但生态系统的惠益功能依然对人类的生存和发展起着决定性作用。[1] 地球生态系统每天都给人类源源不断地提供生存和发展所需要的空气、水、土壤等各种资源,但人类对自然的保护和回馈远远不及人类从自然中汲取的资源。

要用"与自然合作"、以自然为基础寻求解决问题的方式,来应对自然退化、气候变化、环境污染、生态复苏等可持续发展问题。例如,在城市中种植树木来缓解城市空气污染及气候变化导致的城市高温胁迫问题;重新引入自然排水系统以减少城市内涝;保护、修复和增加森林、草原、泥炭地以及其他自然生境;重新引入自然农业实践来构建可持续的食物系统。[2]

"基于自然的解决方案"是"与自然合作"、进行地球生态保护的基本准则。[3] 坚守这一准则,就是通过对自然的保护、对自然的修复,通过构建人工生态系统和对自然的可持续管理,进而涵养水源、增加土壤健康、净化大气环境、保护生物多样性、固碳释氧等来增进自然生态惠益人类的能量。

进行地球生态保护有三种情况:一种是对自然生态系统的保护,即对自然生态系统无干预或最小干预,让生态按其规律自在生存、自在生长。例如设立野生植物、野生动物、鱼类保护区,人们不对区域内动植物的生长进行

---

[1] MEA, *Ecosystems and Human Well-being*: *Synthesitesis* 2005, Washington, DC: Island Press.
[2] 大自然保护协会编著,《基于自然的解决方案:研究与实践》,北京:中国环境出版集团,2021年,序言。
[3] 这个概念 2008 年由世界银行明确提出,大自然保护协会将其作为应对气候变化、保护生物多样性、防治污染、支持家庭和社区发展等方面的基本理念。

任何干预,维护自然生态。另一种是对自然生态系统进行修复和可持续管理,即对自然生态系统进行适度干预,提升其惠益功能。例如,对森林进行适当的抚育间伐,或改进树种和遗传多样性,促进其天然更新和演替,增强对自然灾害的韧性。再一种是新建或重构自然生态系统,即对自然生态系统进行高度干预,通过人工去营造生态系统。例如,在沙漠上植树造林,开挖新的河流、建造新的湖泊,构建城市的绿植屋顶、绿色基础设施等。①

具体而言,应根据不同的情况,在不同的地域,采取不同的保护措施。例如,进行森林的保护、植树造林等可持续的森林经营;进行内陆湿地的保护、湿地修复,进行功能性人工湿地、河漫滩湿地、河岸带缓冲区的构建;进行草地的保护和改良、以草定畜、划区轮牧、林牧复合的可持续草地管理;进行农田的养分管理,进行覆盖作物、秸秆还田、秸秆生物炭、少耕和免耕、农林复合的可持续农田管理;进行城市中的海绵城市、城市森林和绿地、生境花园、绿色屋顶的可持续城市绿色管理;进行海岸带、海洋的红树林、盐沼、海草床、珊瑚礁、贝类礁体的保护和修复以及修复性水产养殖等可持续渔业管理。②

就中国而言,大自然保护协会的大中华区秉承"基于科学方法,注重实地示范"的基本原则,开展各种自然保护工作。例如,在云南和四川,保护大熊猫、滇金丝猴等具有代表性的物种,惠及整个栖息地,并为当地居民提供新的就业与发展机会。在浙江,用水基金的方式改进农田管理,控制面源污染,保护下游上千万城市居民的水源地。在内蒙古,落地推广气候智慧型农业,帮助农民在提高资源使用效率的同时获得增产、增收。在上海和深圳,与社区居民共建"生境花园""海绵社区"。③

以自然为基础寻求解决问题的方式,应确立"生态产出"与"生态价值",建立"生态经济循环"。生态产出是地球生态系统为人类的生存和发展所提供的惠益性产出。这种惠益性产出,如前所述,包括物质性惠益、调节性惠

---

① 大自然保护协会编著,《基于自然的解决方案:研究与实践》,北京:中国环境出版集团,2021年,第13页。
② 同上书,第12页。
③ 同上书,序言。

益、族群文化性惠益等。产出的前提是不损害生态系统的持续性、稳定性和完整性。生态价值是生态产出的价值计算,应该计算生态产出的惠益效应,计算对人类社会的贡献,例如水源的惠益效应、空气的惠益效应、森林的惠益效应、鱼群资源的惠益效应、石油的惠益效应、地理空间的惠益效应等。生态产出的生态价值得以实现,获得回馈,并在生态系统持续性、稳定性和完整性中继续产出,这样就构成了生态经济循环。

生态产出对人类普惠的外部效应,常常与其应得到的回报之间并不匹配。常常是付出多而回报少,甚至会得到恶回报,例如污染水源、恶性采伐等。所以,应使生态资源的权属明确、生态产出的边界清晰,有定价主体,能够合理估值,能够展示生态价值,进入资源—产出—价值—回馈—保护—产出的生态经济循环中。例如,对河流水源,处于上游的县乡有责任投入资源进行保护和改善,使水质从三类上升为五类。对五类水质进行生态价值评估计算,上、中、下游城乡对价值予以回报,中、下游城乡不能再低费使用。这样,上游可以继续保护和改善水源,保证水源不断发挥惠益效应。这是一个基于生态价值的合理循环。依赖水资源的饮料企业、依赖海域的渔业企业都应该基于生态价值进入"以自然之道,养万物之生"的循环之中。

七、废弃物处理流程的数字化改造更重要的是社会治理问题

本书中提及的危险废物和生活废弃物的数字化流程改造都是在台州市进行实验的。进行危废物收集处理的数字化改造是位于台州市的浙江蓝景科技有限公司进行研发并实施的。对废弃物中生活垃圾处理流程的数字化改造是在台州市黄岩区实施的。这两个实例都说明了技术背后的社会管理规则和民众素养的问题。

场景记录。[①] 2021 年 3 月 1 日上午,台州市黄岩区嘉盛苑小区的林女士提着分拣好的纸箱、塑料瓶、玻璃瓶,来到小区垃圾智能分类桶前进行分类

---

① 记者蒋奇军、通讯员蒋敏,《借助"人工智能十大数据"技术 我区垃圾分类工作驶入"快车道"》,《今日黄岩》,2021 年 3 月 2 日。

投放,投放后获得了相应的积分。黄岩区垃圾分类智慧运营监管平台的大屏幕上显示林女士已投放废纸 300 克、塑料瓶 200 克、玻璃瓶 550 克。

黄岩区的做法是通过安放智能分类垃圾桶、安装 GPS 系统、发放垃圾分类积分卡、接通视频网络等数字技术手段,收集垃圾分类各项数据信息。垃圾分类智慧运营监管平台涵盖全区 104 个小区、75 个机关单位、55 所学校、37 581 户居民,建立起数据监测分析中心,使得垃圾分类的各事项在平台上一览无遗。

垃圾分类智慧运营监管平台通过数据监测中心、车辆监管中心、视频监控中心等,可以清晰地看到前端的分类投放情况、中端的车辆收运情况和末端的垃圾处置情况,可以进行全流程的监测管理。有了数据分析,可以调整一些不合理的情况,例如车辆收运线路的修正等;可以对收集、转运、处置全过程进行监管,确保垃圾分类的准确率,杜绝混装混运现象,将生活垃圾分类落到实处。

构建和落实废弃物管理数字化流程不仅是一个数字技术问题,更是一个社会管理问题,关系到每个个体、每家机构能否科学而自觉地分类,关系到每个转运点、处置点能否合理无误地执行管理规则,关系到整个流程是否有效、有益。所以,在关注利用数字技术进行流程改造的同时,还要特别关注技术背后的人和机构如何看待废弃物、如何管理废弃物、如何协调各种关系。

例如,政府的主导愿望与民众的实际情况。现在的垃圾分类数字化管理技术系统主要由政府来铺设和推动,但对象是社区民众。所以要兼顾社区民众的实际情况,分阶段逐步推进,不能指望一声令下就见大成效。一些村社仿照城市,通过扫描二维码来规范垃圾分类行为。实际情况是有大量的留守老人,他们不会使用二维码,还是按习惯将垃圾堆放在垃圾桶旁边,因此数字系统形同虚设。将村社村民固有的传统行为改变为主动地使用数字系统进行垃圾分类,是一个长期的教育转化过程。要有专人指导、帮助,并长期推动,直到他们形成新的习惯。现在常见的情况是,分类垃圾桶摆放得到处都是,但人们的习惯照旧,垃圾桶前仍是乱放的垃圾,与初衷大相径庭。

再如,显示数字图表与解决实际问题。垃圾分类数字化管理技术系统会输出大量的数据、图表,看起来"很科学"。下级管理人员常常拿着这些数据、图表向上级汇报,似乎每个事项都有数据依据。构建系统收集数据是为了分析和决策,并最终解决问题。所以,废弃物管理数字化流程构建和升级的基本目的是提高效率、降低成本并合理地解决问题。例如,垃圾总量中哪些被精准地分类了,分类后是否分类转运、分类处置了。这些问题都应在垃圾分类数字化管理技术系统中得到解决。此外,对没有合理进行垃圾分类的居民该怎么处罚,现在的技术系统没有顾及的问题该如何在系统升级中得以改进。上述情况除应在数据、图表中得到反映外,还应能及时解决实际问题。

还有,人类产生的废弃物根除不了,关键在于如何处理。国民经济的产出,除正产出之外,还有负产出。负产出主要包括环境污染,例如生产过程中的噪声、废渣、废水、异味,汽车产生的废气,食品中的不良添加剂,产品使用后的丢弃,人的行为和机器行为对大气的负影响等。这些都是负产出。还有一大类负产出就是人类的废弃物,俗称"垃圾"。人类不但制造了地球垃圾,还制造了太空垃圾,也就是游荡在太空中失去用途的各种人造物体,比如被遗弃的多级火箭、脱落的航天器材料、报废的卫星、火箭和航天器爆炸后的碎片等。有人类存在,与人类相关的垃圾就会存在。各国都在采取积极措施处理地球上的垃圾,太空垃圾的危害也越来越受到人类的关注。使用数字技术来解决垃圾问题应是首选。目前,处理地球垃圾是当务之急。

采取措施,力求减少旅游废弃物。喜马拉雅山珠穆朗玛峰周围原本是干净的,但登山、旅游使得每年有 7 万到 10 万人到访珠穆朗玛峰的大本营,留下了大量的垃圾。西藏自治区日喀则市的定日县在珠穆朗玛峰大本营沿线配备环卫工人 27 人、垃圾箱 63 个、清运车 4 辆,投入运营资金 360 万元,建立起废弃物人工处理系统。2018 年,这一系统在海拔 5 200 米以上区域清理垃圾 8.4 吨,在海拔 5 200 米以下区域清理垃圾 335 吨。乱扔的废弃物触目惊心。2019 年 1 月,定日县珠峰管理局发布公告,禁止任何单位和个人进入珠穆朗玛峰国家级自然保护区绒布寺以上核心区域旅游。① 这一特殊区域将来可进一步完善数字化管理系统。

废弃物处理流程的数字化改造主要做的是将废弃物的前端分类、中端运输、末端处置等过程用互联网、大数据、人工智能等数字技术装备起来进行管理。目前看来,用数字技术进行改造并不难,难在需要总体上改变人们不合理的生活方式和生产方式,减少废弃物并合理处置废弃物。在这个基础上,再采用数字技术才会更有效、更合理。在使用数字技术改造之前,我们先要明确三个问题:一是人们每天产生多少废弃物?二是如何减少每天的废弃物?三是如何处理废弃物比较科学有效?

第一个问题:人们每天产生多少废弃物?生态环境部对2019年196个大中城市生活垃圾做了统计。其中前五位的城市,上海市2019年常住人口2 428.14万②,年产生活垃圾1 076.8万吨,计算结果,人均年产生活垃圾443.47公斤,人均日产垃圾1.21公斤。北京市2019年常住人口2 153.6万③,年产生活垃圾1 011.2万吨,计算结果,人均年产生活垃圾469.54公斤,人均日产生活垃圾1.29公斤。广州市2019年常住人口1 530.59万④,年产生活垃圾808.8万吨,计算结果,人均年产垃圾528.42公斤,人均日产生活垃圾1.45公斤。重庆市2019年常住人口3 124.32万⑤,年产生活垃圾738.1万吨,计算结果,人均年产生活垃圾236.24公斤,人均日产生活垃圾0.65公斤。深圳市2019年常住人口1 343.88万⑥,年产生活垃圾712.4万吨⑦,计算结果,人均年产生活垃圾530.11公斤,人均日产生活垃圾1.45公斤。上述五个城市中,人均日产生活垃圾最多的是深圳(1.45公斤),最低的是重庆(0.65公斤)。重庆乡村人口较多,占常住人口的比重为33.2%;深圳乡村

---

① 《定日县珠峰管理局发布公告保护珠峰生态》,《西藏日报》,2019年1月16日。
② 上海市统计局,《2019年上海市国民经济和社会发展统计公报》,2020年3月10日。
③ 北京市统计局,《北京市2019年国民经济和社会发展统计公报》,2020年3月2日。
④ 广州市统计局,《2019年广州市国民经济和社会发展统计公报》,2020年3月27日。
⑤ 重庆市统计局,《2019年重庆市国民经济和社会发展统计公报》,2020年3月19日。
⑥ 深圳市统计局,《深圳市2020年国民经济和社会发展统计公报》,2021年4月23日。
⑦ 上海、北京、广州、重庆、深圳2019年的垃圾数据源自生态环境部,《2020年全国大、中城市固体废物污染环境防治年报》,2020年12月30日。

人口很少,仅占常住人口比重的0.48%。城镇人口多的城市,统计的人均日产垃圾就比较多。2019年五个城市平均的人均日产生活垃圾为1.21公斤。这一数据既顾及了城市也顾及了乡村,具有一定的代表性。再算个大数,若以1.21公斤为基准计算,中国有14.12亿人口(2021年数据),一天产生的生活垃圾就有170.85万吨。

第二个问题:如何减少每天的废弃物?日均1.21公斤生活垃圾,包括餐食、衣物、报纸书籍、塑料玻璃制品、家具家电、医用品等使用后的废弃物。我们希望每个人都能主动减少每天的废弃物,但直接有效的措施并不多。一是节俭不浪费。有个调查报告显示,餐食浪费率达12%,蔬菜浪费量最大,餐馆规模越大,食物浪费越严重,朋友聚会、商务消费的食物浪费量更大。① 现在的"光盘行动"就是在倡导节俭不浪费。二是摒弃过度包装。有的企业产品的包装量远远超过物品重量,产生大量废弃物。不过,何为"过度包装",却又难以界定。三是简化物品结构设计,在废弃时减少废弃量。除了生活垃圾,废弃物还包括废土废渣等一般工业固体废物、废蓄电池和医疗废物等工业危险废物等。对后两类废弃物更需要一系列的措施进行处理。

第三个问题:如何处理废弃物比较科学有效?数字技术可以节省人工、减少环节、加速沟通、提高效率,但不能替代民众素质及其积极性、自觉性的培养。日本并未快速使用数字技术,仍然依赖几十年积淀起来的民众素质,将废弃物的管理搞得井井有条。垃圾分类很精细,有的城市把垃圾类别由原来的5类细分为10类,给每个市民发放27页的手册,条款达518项之多。即便如此,日本民众仍能记住并遵守,实在难得。人人自觉的习惯,从儿童时期起就通过家庭和学校教育养成了。废物利用也很到位,各种废弃物被送到处置机构那里进行资源化处理。我国的废弃物处理多数还是填埋和焚烧,少数分类后进行资源化处理。要从现在开始关注源头设计上的简约,设法节省原材料,同时考虑如何不产生废弃物。理念和措施上都需要越来越进步。

---

① 中粮营养健康研究院消费者与市场研究中心,《中国城市餐饮食物浪费报告》,2019年11月19日。

各国情况不同。我国在废弃物处理流程数字化改造领域已经有了很好的实践，现在能够在民众素质基础上做好规则训练，更加广泛地促进废弃物收集—转运—处置行业的数字化改造，使得数字技术、规则、民众方面都能全面发展。

八、数十年后的国际经贸合作区，串联起来就是持续发展的"一带一路"

"一带一路"的挑战在于其持续性。在"一带一路"沿线建设国际经贸合作区，将沿线国家的国际经贸合作区串联起来，"一带一路"的发展就有了持续存在的机制。中国的对外经济活动，2013年是个节点。习近平主席2013年提出"一带一路"国家间合作发展倡议，将原本分散的几十个国家和地区用"一带一路"的方式串联起来，在各国合作基础上启动了金融支持和协商机制。在对外非金融直接投资、对外承包工程、劳务合作等领域，与以前直接对应的全球散点性投向不同，2013年之后呈现出与"一带一路"相关的带路链条性投向。在"一带一路"链条上，又出现了一百多个国际经贸合作区，形成一个个集聚性的投资点，出现了区域集点性投向。这个区域性集点，对所在国家、对"一带一路"沿线国家将影响深远。

全球性散点投向是对世界上相关国家的投资，根据项目、地域、条件、机会、利益进行选择，并无永久确定的区域。全球性散点投向是企业以往国际经营的常态。2013年以后，企业的外向战略思维在全球性散点投向的基础上又多了一个选项，就是沿着"一带一路"方向进行投资的带路链条性投向。链条性投向由政府首先推动。链条性投向上有特别惠益的政策，因此具有吸引力。我国的全球性散点投向、带路链条性投向在对外直接投资和对外承包工程方面有所不同。

我国对外直接投资领域80%以上是全球性散点投向。2021年我国全球性的直接投资额（不含银行、证券、保险领域）为7 332亿元，折合1 136亿美元。其中,对"一带一路"沿线国家直接投资额(非金融类)为 203 亿美元。① 前一项是我国全球性散点投向总额,后一项是我国对"一带一路"相关国家的链条性投向额。我国对外的链条性投向额占全球性散点投向总额的 17.86%。说明在对外直接投资领域,80% 以上还是全球性散点投向。

我国对外承包工程领域一半以上是带路链条性投向。2021 年我国对外承包工程完成营业额 9 996 亿元,折合 1 549 亿美元。其中,对"一带一路"沿线国家完成营业额 897 亿美元。② 前一项是我国全球性散点承包总额,后一项是我国对"一带一路"相关国家的链条性承包额。链条性承包额占全球性散点承包总额的 57.90%。说明在对外承包工程领域,一半以上在"一带一路"的链条性投向上实现。

区域集点性投向的主要对象是国际经贸合作区。目前"一带一路"链条上中国企业主办或经营着一百多个国际经贸合作区,形成一百多个区域性的集中投资点。总体来看,截至 2021 年年末,分布于 46 国的境外经贸合作区,累计为当地提供了 39.2 万个就业岗位,为东道国缴纳税费 66 亿美元。③ 具体观察,这些合作区都是中国股份制企业主办经营;大多是为中国企业对"一带一路"国家投资搭建的平台;业务类别较多,通常为 8~10 个;有的签约土地使用权达 99 年;目前营利压力很大。

集点性投向的三类国际经贸合作区互有竞争。集点性投向除中国企业投资主办的国际经贸合作区这一类情况外,还有两类:一类是东道国企业或政府投资主办的国际经贸合作区,这大多是仿照中国模式由东道国自建的合作区;另一类是非中国企业在东道国投资主办的国际经贸合作区。这三类都是区域集点性投向,相互之间都在争取资源和机会。东道国自建的合作区属于后起合作区。尽管后起,但也可能会影响或替代其他两类合作区。这要看东道国政策的变化和自建合作区的实际发展状况。三类合作区将来的挑战主要取决于谁能更好地继续生存下去。

---

① 国家统计局,《中华人民共和国 2021 年国民经济和社会发展统计公报》,2022 年 2 月 28 日。
② 同上。
③ 胡必亮,《以共建"一带一路" 促高质量共同发展》,《光明日报》,2022 年 4 月 4 日。

国际经贸合作区具有长期存续的经济基础。根据2021年的相关数据，包括中国在内的149个共建"一带一路"国家中，高收入国家有35个，占23.5%，其余的76.5%都属于中低收入国家。① 2021年我国货物进出口总额39.1009万亿元人民币（折合6.0607万亿美元），比2020年增长21.4%。对"一带一路"沿线国家进出口总额11.5979万亿元（折合1.7877万亿美元），比2020年增长23.6%。② "一带一路"国家进出口总额占全国进出口总额的29.66%，且增速比全国高2.2个百分点。据估算，从2013年到2021年9月，我国与"一带一路"沿线国家货物贸易额累计达10.4万亿美元，对"一带一路"沿线国家非金融类直接投资超过1300亿美元。③ 长期看，"一带一路"沿线国家需要中国的国际经贸合作区长期发挥桥梁和扩张作用，国际经贸合作区具有长久生存发展的环境需求。但如何长久存续，还有许多方面需要关注。

国际经贸合作区要吸引更多的企业和机构进入园区，共同成长。近年来，贯通"一带一路"的交通条件越来越好，在国际经贸合作区进行集点性投资也越来越方便。现在，国际陆路连通可达19国，国际水路运输线可达100多国，国际航空货运通航80国，中欧班列连通23国的180座城市。国际经贸合作区更有条件吸引各国企业入园共同发展。

国际经贸合作区不仅要在实业上，还要在科技领域发挥作用。中国的北斗卫星导航系统已经建成并在"一带一路"链条上发挥作用。国际经贸合作区可作为科技性的集点性投向区，引入和利用中国科技为当地数字经济的发展提供平台支持，例如智能制造、智能灌溉、选育良种、建设大数据中心等。搭建线上线下、国内国际对接平台，促进网络渠道相互联通、平台载体深度融合，加快数字赋能，培育新业态、新模式，增加国际经贸合作区数字技术的含量。

数十年后，将存续的国际经贸合作区串联起来，就是持续发展的"一带

---

① 胡必亮，《以共建"一带一路" 促高质量共同发展》，《光明日报》，2022年4月4日。
② 国家统计局，《中华人民共和国2021年国民经济和社会发展统计公报》，2022年2月28日。美元兑人民币汇率按2021年1美元兑6.4515元人民币的平均汇率折算。
③ 胡必亮，《以共建"一带一路" 促高质量共同发展》，《光明日报》，2022年4月4日。

一路"。未来半个世纪的发展,国际经贸合作区将会越来越成熟。所在国政府的政策优惠及政策边际效应会逐渐弱化,最后国际经贸合作区和当地企业会拉平待遇。国际经贸合作区将来能够存留下来的是什么?是两个东西:一是园区中已经成长起来的企业,二是已经成长起来的园区支持环境。园区企业和园区环境仍然需要当地政府在政策、法规及行政上提供便利,但是特殊的优惠已经越来越少了。如果到那个时候,许多国际经贸合作区仍然存活,园中企业有出有进,仍能保持生机和活力,那么,这个合作区就是我们现在所期望的合作区。将这样的合作区串联起来,就是那个时候持续发展的"一带一路"。

九、 中国现代化愿景构思中的经济步骤

现代化是全球范围内以先进状态为标杆相互比较、不断激励的进化过程。这一过程的核心问题有三个:一是在什么范围内?是全球还是一国、一地?这里先以全球为范围。二是先进的标杆是什么?相比之下,什么产品效率更高、什么规则更合适、什么理念更具前瞻性等,谁先进谁就代表了"现代"。三是如何进步转化?相互比较、相互学习、相互激励,而不是强迫、威胁和发动战争。就生产工具而言,蒸汽机、纺纱机比手工纺车现代化,电力牵引机车比蒸汽牵引机车现代化,电子计算机比算盘、计算尺现代化。就生产方式而言,流水线比作坊现代化,无人工厂比多人工厂现代化,3D打印比积木制造现代化。就生活环境而言,砖瓦结构比土坯房现代化,城市比乡村现代化,大城市比中小城市现代化。上述先进的现代化产品、工具、方式、场景等被学习、采纳、保留、传续、再创造,非现代化的一切被替代、淘汰,成为物质遗产或非物质遗产。近代中国的现代化就是在全球范围内与美国、苏联、英国、法国、德国、日本等先进国家相互比较、不断激励、引进输出的过程中发展起来的。

经济现代化是什么?也是在经济领域的全球范围内以先进状态为标杆相互比较、不断激励的进化过程。经济现代化是社会生产、分配、交换、消费

总体性的现代化进程。其中包括生产者、生产技术、生产工具、生产材料、生产关系、分配制度、交换方式、消费习惯等在内的先进程度，以及相互学习、创造、引进、输出的过程。数字技术、机器人、数据要素、流量索酬、电子货币、游戏空间消费等虚拟经济形态是经济现代化的其中一个特征。人们目前追逐的"元宇宙"是现代化的一个场景。除虚拟经济以外，实体经济也有一些现代化特征，例如，农业的无土栽培、工业的智能制造、交通运输的高速铁路、买卖的电子商务、交易的电子支付、餐饮的外卖服务等。如果谁现在还拿现金支付，谁就不被认为"现代"。

现在常说的经济现代化还有一个角度，就是着重考虑经济发展的愿景、道路、模式的现代化问题。例如市场机制与政府干预何者为主、资源开发与环境保护如何兼顾、规模高速扩张如何转为高品质发展、知识技术如何转化为人力资本、如何协调各国关系获得所需的外部资源、如何凝聚国民力量实现国家愿景，等等。中华人民共和国成立之后，宏观上经常考虑和颇具争议的就是共和国发展的愿景、道路、模式，以及如何规划的问题。中华人民共和国已有七十余年的历史。七十余年中，如何构思、规划国家现代化、经济现代化，成为人们常常特别关注的事情。

20世纪50年代，建设现代工业、现代农业是国家现代化的核心。1957年毛泽东同志在《关于正确处理人民内部矛盾的问题》的讲话中说："将我国建设成为一个具有现代工业、现代农业、现代科学文化的社会主义国家。"[①]这是中华人民共和国成立之后，党和国家领导人明确提出国家现代化建设的方向。那时的经济现代化主要指的是工业和农业。那时的中国比较落后，被形容为"一穷二白"。那时，人们对工业现代化的印象就是烟囱林立，炼钢、炼铁、采煤、造汽车。人们对农业现代化的印象就是要用拖拉机代替耕牛，施用化肥，合理密植等。交通上要修公路、通汽车，而不是使用马车、驴车。商业上要建百货大楼，而不仅仅是小店铺。这些都是那个时代对经济现代化的设想。毛泽东同志提出的现代化中还有"现代科学文化"，分解

---

① 毛泽东，《关于正确处理人民内部矛盾的问题》（1957年2月27日），载《毛泽东选集》（第五卷），北京：人民出版社，1977年，第366页。

开来就是科学技术现代化和文化现代化。如果是这样,那就是当初的"四化",但当时强调的重点还是经济中的工业、农业现代化。

工业、农业等经济现代化的道路怎么走,中央、各部门及地方都高度重视。1957年2月,毛泽东同志在最高国务会议上讲到工业化道路,以及农业、重工业、轻工业的发展比例问题。他说:"工业化的道路,苏联有一条。我们现在走的是不是完全跟苏联相同?我想有些不同。……重工业、轻工业、农业的投资比例,应该比较过去有一点改变。苏联是九比一,即百分之九十的重工业,百分之十的轻工业和农业,对于农业刮得太多。这里有个问题,就是农民的积极性不高,市场就不繁荣。重工业的市场在什么地方?在轻工业和农业。我们第一个五年计划的比例是八比一,实行的结果是七比一,比苏联好。我看这个比例,第二个五年计划还要考虑一下。重工业还是优先发展,但要走新的道路。他说,一切国家都要学,美国也要学,这是肯定了的。但是我们主要还是学习苏联。学习有两种态度。一种是什么都学,教条主义,坏经验、不适用的东西都搬来。这种态度不好。我们讲的是学习苏联先进经验。"①

20世纪,上半个世纪搞革命,下半个世纪搞建设。如何搞建设,对中国未来几十年上百年的发展如何构想,中国领导人在20世纪50年代曾有过大致的描绘。1957年3月,毛泽东同志在南京党员干部会议上讲到国家建设好需要多少年的问题。他说:"把我们的国家建设好要多少年呢?我看大概要一百年吧。要分几步来走:大概有十几年会稍微好一点;有个二三十年就更好一点;有个五十年可以勉强像个样子;有一百年那就了不起,就和现在大不相同了。要一百年,我就不在这个世界上了,就不能享福了。要进行艰苦奋斗、白手起家的教育。我们现在是白手起家,祖宗给我们的很少。让我们跟全国人民一道,跟国家一道,跟青年们一道,干他个几十年。这个世纪,上半个世纪搞革命,下半个世纪搞建设。现在的中心任务是建设。"②毛泽东同志的描绘代表了中央的意图。现在看来,这是当初的现代化"四步走"构

---

① 中共中央文献研究室编,《毛泽东传》(第四卷),北京:中央文献出版社,2011年,第1592页。
② 同上书,第1612页。

想。尤其重要的是提出上半个世纪搞革命、下半个世纪搞建设、今后的中心任务是搞建设这样的指导思想。虽然提及下半个世纪搞建设,但遗憾的是相当长的一段时间并没有真正这样做。

现在中央的愿景和20世纪中央的设想基本吻合。当初的"四步走"设想,第一步的"十几年",大致是1957年之后,经过三个五年计划十五年左右的时间,国家会稍微好一点,时间段为1958—1972年。第二步的"二三十年",大致是再经过三个五年计划十五年左右的时间,总共前后三十年左右,国家会更好一点,时间段为1973—1987年。第三步的"五十年",大致是在三十年的基础上再经过二十年左右时间的建设,国家像个样子,时间段为1988—2008年。第四步的"一百年",大致是从2008年后再发展五十年,国家"那就了不起",时间段为2009—2059年。这里的国家"那就了不起",大致是现在所说的"社会主义现代化强国"。按"四步走"的设想,我们现在行走在2009—2059年第四步时间段内的第十四个年头。

20世纪50年代的"四步走"设想,后来做了几次修订。到了60年代,1963年11月至12月,第二届全国人民代表大会第四次会议号召全国人民"奋发图强,自力更生,为把我国建设成为具有现代工业、现代农业、现代国防和现代科学技术的强大的社会主义国家而奋斗"①。和50年代相比,这个设想增加了"现代国防"。到了20世纪70年代,1975年1月,第四届全国人民代表大会第一次会议提出,"我国国民经济的发展,可以按两步来设想:第一步,用十五年时间,即在一九八〇年以前,建成一个独立的比较完整的工业体系和国民经济体系;第二步,在本世纪内,全面实现农业、工业、国防和科学技术的现代化,使我国国民经济走在世界的前列"②。这个设想,四个现代化的内容没变,但顺序发生了变化,农业现代化被放在了第一位,体现了以农业为基础、工业为主导,协同国防与科技,在2000年之前,全面实现四个现代化的基本意图。到了80年代,1987年10月,党的十三大确定:我国经济建设的战略部署大体分三步走。第一步,实现国民生产总值比一九八〇

---

① 《第二届全国人民代表大会第四次会议新闻公报》,《人民日报》,1963年12月4日。
② 周恩来,《在第四届全国人民代表大会第一次会议上的政府工作报告》(1975年1月13日),《人民日报》,1975年1月21日。

年翻一番,解决人民的温饱问题。这个任务已经基本实现。第二步,到本世纪末,使国民生产总值再增长一倍,人民生活达到小康水平。第三步,到下个世纪中叶,人均国民生产总值达到中等发达国家水平,人民生活比较富裕,基本实现现代化。80年代的设想,与以前不同的是将国家现代化推移到21世纪中叶实现。到了21世纪,2017年10月,党的十九大提出,在2020年实现全面建成小康社会宏伟目标后,"从二〇二〇年到本世纪中叶可以分两个阶段来安排。第一个阶段,从二〇二〇年到二〇三五年,在全面建成小康社会的基础上,再奋斗十五年,基本实现社会主义现代化""第二个阶段,从二〇三五年到本世纪中叶,在基本实现现代化的基础上,再奋斗十五年,把我国建成富强民主文明和谐美丽的社会主义现代化强国"①。21世纪的设想,与以往不同的是将现代化分成基本实现现代化和建成现代化强国。2022年10月举行的党的二十大,承继了党的十九大所确立的国家现代化目标及步骤。所不同的是提出以中国式现代化来推动实现第二个百年的奋斗目标,并特别强调中国式现代化是中国共产党领导的社会主义现代化,既有各国现代化的共同特征,更有基于自己国情的中国特色。同时指出中国式现代化的主要特征体现在五个方面,即人口规模巨大、全体人民共同富裕、物质文明和精神文明相协调、人与自然和谐共生、走和平发展道路。现代化目标步骤上有个不同的方面,就是到二〇三五年人均国内生产总值达到中等发达国家水平。而1987年党的十三大提出的是到下世纪中叶,人均国民生产总值达到中等发达国家水平。就此看,这个目标的实现提前到了二〇三五年。而后到本世纪中叶,把中国建设成为综合国力和国际影响力领先的社会主义现代化强国。

经济现代化是一个具体的、自然的、随机的过程。从1957年到2021年,观察经济中工业、农业的现代化进步,比较简便直观的办法就是去做可比实物量的比较。因为实物量不存在价值、价格的时期转换。这里选择1957年可比的实物量与2021年比较,来观察经济现代化的进步。下面列举一些数据,如表1所示。

---

① 《习近平在中国共产党第十九次全国代表大会上的报告》,新华社,2017年10月18日。

表 1　实物量比较

	2021 年	1957 年	增扩倍数
人口（亿人）	14.126	6.4653	1.18
工业			
钢产量（万吨）	103 524.3	535	192.50
发电量（亿千瓦时）	85 342.5	193	441.19
原煤产量（亿吨）	41.3	1.31	30.53
原油产量（万吨）	19 888.1	146	135.22
化肥产量（万吨）	5 543.6	80	68.30
汽车产量（万辆）	2 652.8	0.75	3 536.07
拖拉机产量（万台）	41.2	2.46	15.75
农业			
粮食产量（亿吨）	6.8285	1.85	2.69
棉花产量（万吨）	573	164	2.49
生猪产量（万头）	67 128	14 590	3.60
交通运输建设			
铁路通车里程（万公里）	15	2.9862	4.02
公路通车里程（万公里）	528	25.46	19.74

资料来源：1957 年人口数据源自国家统计局编，《新中国五十年统计资料汇编》，北京：中国统计出版社，1999 年。其他数据，1957 年的来自刘国光主编，《中国十个五年计划研究报告》，北京：人民出版社，2006 年，第 148 页；2021 年的来自《中华人民共和国 2021 年国民经济和社会发展统计公报》（2022 年 2 月 28 日）。

工业产品领域，1957 年还没有集成电路、程控交换机、移动通信手持机、微型计算机设备、工业机器人等产品。交通运输建设领域，1957 年还没有高速公路、高速铁路等。上述无论哪个产品领域的增扩倍数，都超过甚至远远超过人口的增扩倍数，说明人均可享用的产品规模大幅增加，同时也体现了经济现代化进步的效率和效益。

经济现代化进程中，GDP 总量是个很有参考价值的分析指标，中国的经济现代化需要 GDP 总量统计，但不需要以它为经济努力的目标。今后的发展更要看重国民的就业状况、人均收入、人均收入增长率、人均收入差距、国民受教育程度、国民健康水平、国民创新动力、国民文明行为、国家法治程度等。中国的经济现代化要建立在国民素质和国民能力发挥的机制上。中国更需要在 GDP 总量之外的诸多方面去借鉴、追赶和超越先进国家。

四个现代化中,工业、科技、国防现代化都有了明显的进步。相比之下,农业现代化的差距比较大。中央一再强调,"坚持农业农村优先发展,坚持农业现代化与农村现代化一体设计、一并推进"①。举全党、全社会之力加快农业、农村现代化,让广大农民过上更加美好的生活。中央将农业现代化、农村现代化又一次推到了前列。

农业现代化、农村现代化的基础是乡村居民的现代化。让生于乡村中的居民实现现代化,让城市中的现代化居民到乡村中来,形成乡村成规模的现代化人群,以乡村现代化的人群去促进农业的现代化和农村的现代化,才是农业现代化、农村现代化的根本。如何促进乡村人的现代化问题,将成为中国经济现代化的战略性问题。

十、生产者的知识积累关乎发展基础和经济效能

国民经济生产力的构成有两个基本要素:一是生产者,二是生产工具。生产者是主体,是第一生产力;生产工具由生产者使用,是第二生产力。生产者+生产工具是基本要素,在进行某种生产活动(例如种植稻谷、制造计算机、缝制衣物等)时,还需要土地、资本、知识、技术、管理、数据、环境条件等要素的支持。所以,包括生产者和生产工具在内的上述九要素是生产力运行的基本条件。

九要素中,生产者居首位。生产工具,例如弓箭、犁杖、蒸汽机、纺纱机、电动机、计算机等,是直接对生产对象进行加工和传导的工具。生产者在使用工具对生产对象进行加工的同时也在利用土地、知识、技术、管理、数据和环境条件。上述八要素是从人类原始时期开始就始终存在的生产要素。其

---

① 《中共中央 国务院关于全面推进乡村振兴加快农业农村现代化的意见》(2021 年 2 月 21 日)。

中的"数据",到了信息社会显现出更加重要的地位,但不能说原始社会就没有数据和数据的作用。"环境条件"也是生产要素,例如水源、气候、森林、山石、社会安全、公共管理等。社会若总是处于战争状态,生产就无法进行。还有两个要素需要特别说明:一是土地,土地用于耕作、植林、种草、建造厂房、开办矿场、修建道路、办公等,都是必需的生产条件。但在信息社会数字技术阶段,在计算机系统中从事软件设计和在虚拟空间进行交易活动,就不需要实体的土地资源。所以,土地就某项生产活动而言,并非必要的生产要素。二是资本,这里的资本并不是经济关系,而是资金要素、货币资本。货币资本是商品社会、市场经济条件下进行生产不可或缺的要素。但如果商品社会消亡,货币资本要素也会随之失去作用。所以,货币资本也并非人类所有时期都必需的生产要素。

在数字技术时代,机器人出现了。这就将生产者分为两类:一类是人,另一类是机器人。人作为生产者,按通常标准,16～64 岁为劳动适龄范围(国际一般标准为 15～64 岁)。按上述标准,2021 年中国适龄生产者有 9.4902 亿人[①],占人口总量(14.126 亿人)的 67.18%。9.4902 亿人的现实素质影响着国民经济的现时素质。这种关联,就是我们将"发展教育,增强国民素质"作为第一国策在生产领域的考虑。机器人生产者直接在生产线上生产,由计算机系统进行操控,形成无人生产线、无人车间、无人工厂等。人只是监控、维护、维修硬件系统和软件系统。机器人的效率、精度、进度都优于人类。将来企业在统计生产者数量时,可否将机器人的数量也统计进去?尽管机器人生产者的规模会越来越大,但我们仍要特别强调将"发展教育,增强国民素质"作为第一国策。因为设计、制造、使用机器人的还是人。

人的素质架构至少取决于四个部分:一是知识积累,二是智慧能力,三是规则自律,四是社会经验。这四个部分搭建起人的基本素质架构。知识积累是从幼时起开始积累起来的各种知识容量,通过知识积累开阔人的视野。智慧能力是在知识容量基础上认知、理解、贯通、思考的能力,有的人知识积累量很大,但贯通思考能力不足。规则自律是对公共规则和私人规则

---

① 按《中华人民共和国 2021 年国民经济和社会发展统计公报》的人口数据计算而得。

的认识、遵守及自律的程度,那些不但遵守公共规则而且遵守私人规则的人,其规则自律的程度就比较高。社会经验是人的社会经历和体验的时间及领域,经历的时间长、体验的领域多,社会经验就比较丰富。四个部分中,知识积累位于首位。知识积累首先与教育有关,与受教育年限有关。其他三个部分暂且不谈,这里重点分析生产者的知识积累首先达到12年受教育年限、首先达到高中文化程度对生产者素质结构的影响。

现代社会理想的国民受教育年限是16年,即大学文化程度。按中国常规学历计算,不计学前教育,小学6年,初中3年,高中3年,大学本科4年,共计16年。这是国民达到高等教育水平的受教育年限。世界上有的国家受过高等教育的人口占到总人口的一半以上,那些国家的人均素养、人均收入就高于其他国家。中国2020年拥有大学(含大专)文化程度的人口为2.18360767亿人[①],占当年人口总量(14.43497378亿人[②])的15.127%。如果计算22岁以上拥有大学(含大专)文化程度的人口,则占当年22岁以上人口(10.5579343亿人[③])的20.682%。两项占比都不高,这也是中国在教育上落后的原因。国民受教育年限达到16年(大学文化程度)可作为第二步的目标。但第一步,应该首先实现国民受教育年限普遍达到12年这个目标。

国民受教育年限达到12年,即国民的知识积累应当普遍达到高中文化程度。中国目前的状态离这个目标的差距还比较大。现在的状态,2020年拥有高中(含中专)文化程度的人口为2.13005258亿人[④],占当年18岁以上人口(不含大学文化程度)9.07192665亿人的23.480%。这个比重也比较低。为什么要特别重视国民的知识积累首先达到高中文化程度?因为高中文化程度是国民可自立的知识条件、可自习的知识前提、可交往的知识桥梁、可深造的知识基础。有的人即使不上大学,也可以在知识网络的环境下依赖12年的知识积累,通过自学达到相当理想的水平。高中毕业生究竟具有什么样的知识结构和能力结构呢?我们来看看高中的课程和训练科目,

---

① 国家统计局,《第七次全国人口普查公报(第六号)——人口受教育情况》,2021年5月11日。
② 国家统计局,《第七次全国人口普查公报(第二号)——全国人口情况》,2021年5月11日。
③ 依据《第七次全国人口普查公报》和1999—2007年度统计公报计算而得。
④ 国家统计局,《第七次全国人口普查公报(第六号)——人口受教育情况》,2021年5月11日。

就知道为什么要如此看重国民受教育年限达到12年这一点了。

高中毕业生的知识积累,总体上涉及语文、政治、历史、外语、数学、物理、化学、生物、地理、技术、体育、艺术、社会实践等十多个领域。具体细分后,就可以看出每个领域的知识点、能力点都相当有分量。①

在语文领域,高中阶段涉及现当代诗歌散文阅读与欣赏、古代散文阅读与欣赏、古典诗词阅读与欣赏,以及《论语》研读、《红楼梦》研读、《唐诗宋词经典一百首》研读、《鲁迅作品》研读、语文基础之古诗文、说理写作等。拥有这样的知识积淀,读古文没有问题,在语文方面已有相当的素养。在思想政治领域,涉及经济与社会、政治与法治、哲学与文化、中国特色社会主义、当代国际政治与经济、法律与生活、逻辑与思维、政治学科思维与训练、哲学原著选读、经济学原著选读、法律基础与案例分析等。这样的知识积淀让学生对政治、经济、法律、国际风云都有了基本的认知。在历史领域,涉及中外历史纲要(中国通史纲要、世界通史纲要)、国家制度与社会治理、经济与社会生活、文化交流与传播、史学入门等。这样的知识积淀,让学生对中国史、世界史及朝代更替都有了基本的了解。在英文领域,除连续的基础训练外,还有各种时文阅读、原著阅读、英文写作阅读等,英语词汇量一般在3 500个左右,这种能力积淀,进行一般的阅读、对话、对外交流都基本可行,通过网络遍游世界没有太大的障碍。

在数学领域,涉及数列与立体几何、概率统计、解析几何、函数与导数等。在物理领域,涉及匀变速直线运动、运动和力的关系、万有引力与宇宙航行、机械能与守恒定律、电场和电路、电磁波、机械振动、机械波、光、安倍力与洛伦兹力、分子动理论、热力学定律、原子结构和波粒二象性、原子核等。在化学领域,涉及物质结构与变化规律、新物质创造、化学反应原理、有机化学基础以及各种实验研究等。在生物领域,涉及分子与细胞、遗传与进化、稳态与调节、生物与环境、生物技术与工程以及实验研究等。在地理领域,涉及自然地理、人文地理、区域地理、区域发展、资源环境与国家安全等。

---

① 列举的各领域的知识点、能力点,参考了北京大学附属中学的课程体系,主要资料来自北京大学附属中学官网。

在信息技术与通用技术领域,涉及创意编程、数据结构与算法、数字媒体、设计制作、环境艺术设计、智能硬件、机械智造、实用设计软件、三维设计与应用、基于中国古建筑文化的文创设计、自主实践等。上述各领域为理解一般的理工原理及过程奠定了基本认知,为就业和从事一般的技术活动奠定了必要的科学基础。

在体育和健康领域,涉及武术、柔道、跆拳道、散打、击剑,智能健身、智能高尔夫、田径、羽毛球、乒乓球、网球、健身健美、轮滑、足球、篮球、排球、旱地冰球、软式棒垒球、健美操、啦啦操、手球、橄榄球、网棒球、街舞、飞盘,各种体育俱乐部、校园赛事等。在艺术领域,涉及音乐、舞蹈、美术、视觉设计、戏剧、影视制作等。在社会交往领域,有多个社团可供选择,例如管乐团、舞蹈团、设计工作室、足球俱乐部、柔道俱乐部、篮球俱乐部、空间设计俱乐部、数字媒体工作室、心理社、红十字会等,参与社团活动有助于自主发展、认同差异和多样性。体育、艺术、社团提供了高中阶段跨领域、跨年级的交谊交流以及培养社会能力的各种场景。

上面列举的高中课程架构、知识点、能力点等,尽管比较细微,但只有这样,才能真切地体会达到高中文化程度时是个什么样的知识积累量,才能理解为什么国民达到12年受教育年限是基本可自立的知识条件、可自习的知识前提、可交往的知识桥梁和可深造的知识基础。

我国生产者现在的平均受教育年限并不长。2020年,我国15岁及以上人口的平均受教育年限为9.91年。与10年前(2010年)的9.08年相比,增加了0.83年。不含港澳台地区,就31个省区市来看,15岁及以上人口平均受教育年限最长的是北京(12.64),只此一个超过了12年。两个直辖市超过了11年:上海11.81年,天津11.29年。在9年以下的省区有4个:青海8.85年,贵州8.75年,云南8.82年,西藏6.75年。2020年高中阶段的入学率(高中在校学生总数占16～18岁人口数的百分比)为91.2%。[1] 将来的期望是国民的受教育年限继续增加,不但达到和超过12年,还要力争达到16年。只有这样,创新型国家才有实际的可行性,现代化强国才有素质基础。

---

[1] 国家统计局,《第七次全国人口普查公报(第六号)——人口教育情况》,2021年5月11日。

这里还要说到文盲人口。2020年我国文盲人口（15岁及以上不识字的人）还有3 775.02万人,文盲率达到2.67%。[①] 40岁以上不识字人口的存在,有各种难以避免的原因。但40岁以下的人口,尤其1985年之后出生的人口,就不应再有文盲存在。将来法律要有规定,除特殊的健康原因之外,阻止孩子上学或有意纵容孩子不上学的父母要负相应的法律责任,对于愿意上学而又无条件上学的孩子,当地政府要担负起相应的职责。

　　生产者应首先普遍达到12年的受教育年限,生产者的知识积累应首先达到高中文化程度。由此可以看出:第一,生产者的素质首先与平均受教育年限有关;第二,平均受教育年限与省区发展状态有关;第三,提高国民平均受教育年限的重点在于相对落后的区域;第四,政府负责在1985年之后出生的人口中杜绝文盲;第五,在经济脱贫后的区域,继续扶持的方向是教育扶持;第六,在国民受教育年限达到12年的区域,向受教育年限达到16年的目标发展,做提高国民素质的先行者。

---

① 国家统计局,《第七次全国人口普查公报(第六号)——人口教育情况》,2021年5月11日。

后　　记

本书的相关研究始于北京大学光华管理学院设立的"光华思想力"项目。

2017年下半年"远望15年中国发展研究"课题获批。2017年12月26日,"远望15年中国发展研究"启动第一场研讨会,2018年先后召开过7次研讨会。本书的大部分研究成果就源自研讨会的碰撞与交流。

从2019年开始,课题组内部进行交流并陆续发布研究成果;2020年进行补充和修订,筹备出版;2021年下半年,稿件交付审读、修改、审核等。经几轮审校,这本论文集现在终于面世了。

因稿件在几年中陆续成形,且多是在2021年结稿的,所以引用的多是2020年或稍早一些的资料,但这并不影响实证分析及结论的得出。

本书的编写者包括李国平、张国君、侯锐、郭传杰、苏锌、王曙光、张国有、韩晶岩、金华、蒲永杰、陈映龙、王会东、武常岐、武亚军等14位专家学者,他们从不同的领域阐述了其真知灼见。

本书的出版仰赖各方人士的关注、参与和支持。

开始筹备"远望15年中国发展研究"课题和进行相关研究的过程中,北京大学光华管理学院刘俏院长及班子成员给予了首肯,北京大学研究生院常务副院长姜国华教授、北京大学光华管理学院肖婷助理教授、北京大学科技开发部姚卫浩部长、北京大学中国社会与发展研究中心研究员王勇博士、和君咨询董事长王丰博士、北京大学光华管理学院院长办公室张琳主任等给予了鼎力支持。北京大学当时的博士生方帅和卢天池、博士后张斌等在课题研究、研讨、会议组织方面做了许多工作。

除论文研究外,课题组还对中央政策规划做了研究,并以国家"十二五"规划为实例进行了分析。方帅认真收集了大量的资料,并将其汇集成册。

在本书出版的过程中,北京大学出版社经济与管理图书事业部林君秀主任、贾米娜编辑辛勤策划、细心编辑、多方协调,给予了大力支持。

感谢各位的参与及关心。

张国有
2023 年 5 月